Hans Krieger

Wortschritte

Über Kunst und Politik, über Gott und die Welt

Hans Krieger

Wortschritte

Über Kunst und Politik, über Gott und die Welt

mit einem Vorwort von
Horst-Eberhard Richter

Arcos Verlag

Satz und Layout: Repro Griesbeck GmbH - *medienwelt* -
Druck und Bindung: Bosch Druck Ergolding

ISBN 3-935339-08-9

Vorwort

Eduard Spranger, einer meiner philosophischen Lehrer, sprach von geisteswissenschaftlicher Psychologie, als er den systematischen Versuch unternahm, die geistige Situation einer Zeit aus den unterschiedlichen Bereichen ihrer Kultur heraus zu verstehen. Hans Krieger hat sich beileibe kein so anspruchsvolles Ziel gesetzt. Aber wer die ausgewählten 44 Texte dieses Buches gelesen hat, kann nur staunen, wie hier ein gelernter Theaterkritiker in scheinbar unzusammenhängenden Betrachtungen und Analysen immer wieder entdeckt, woran unser heutiges Bewußtsein arbeitet und wie sich gemeinsames Fragen, wissenschaftliches Forschen, künstlerisches Produzieren und politisches Handeln zum Gesamtbild einer zeittypischen geistigen Verfassung zusammenfügen. Es ist eine Verfassung voller Widersprüche und Irrungen, aber auch durchsetzt mit hoffnungsvollen Einfällen und Gestaltungen.

Das Buch liest sich unter anderem deshalb so spannend, weil sich Krieger einfühlsam Persönlichkeiten vornimmt, die mit ihren Zeugnissen und Erzeugnissen zu Kernfragen unserer Zeit durchdringen. Auf seiner Bühne tauchen anerkannte neben verkannten und umstrittenen Figuren auf - sie alle prägnant beschrieben und zugleich in die Regie eines Autors eingeordnet, der seine persönlichen Maßstäbe nirgends verleugnet, so etwa gegenüber der Entsinnlichung der zeitgenössischen Kunst und den Allmachtsvisionen der Gen-Medizin oder in der offenen Sympathie für den weisen, hellsichtigen Forscher und Essayisten Erwin Chargaff.

Hans Krieger, ein Sprachkünstler und zugleich ein unerbittlicher Kritiker des Sprachverfalls und einer verirrten Sprachreform, verfügt über die einzigartige Gabe, im Ästhetischen die symbolische Manifestation unserer geistig-politischen Krise direkt sichtbar zu machen.

Nur in Stichworten eines von vielen Beispielen: Alle haben wir schon von der Großplastik Fritz Koenigs vor den Zwillings-Türmen Manhattans gelesen, die am 11. September in den Trümmern versunken war, dann auf wundersame Weise, wenn auch blessiert, aus den Schuttbergen wieder auftauchte und in einer provisorischen Gedenkstätte im Battery Park aufgestellt wurde. Krieger, der diese Skulptur immer als Totenschädel empfunden hatte, sieht darin eine Mahnung „an die grundsätzliche Verletzbarkeit alles Menschlichen, die Amerika am 11. September erstmals schmerzlich erfuhr, und an die mitmenschliche Verbundenheit, die aus dem Annehmen dieser Verletzbarkeit erwächst..."

Solchen blitzartig erleuchtenden oder auch bestürzenden Tiefblicken begegnet der Leser in dieser Textsammlung auf Schritt und Tritt. Sie erscheinen nie aufdringlich, nie moralistisch, stets eher als behutsames, aber eindringliches Fragen.

So hat es ja auch lange gedauert, bis der Autor sich aufgerafft hat, eine Auswahl seiner meist in der Bayerischen Staatszeitung erschienenen Texte endlich gebündelt zu präsentieren. Es ist ein Buch geworden, in dem man - ich kann es nur wiederholen - viel über die innere Befindlichkeit unserer Gesellschaft, aber auch über sich selbst erfahren kann. Ich beglückwünsche alle, die diese Gelegenheit wahrnehmen und dabei einen in seiner Bedeutung noch nicht genügend gewürdigten Autor kennenlernen.

Gießen, im Dezember 2002 Horst-Eberhard Richter

Über Gott und die Welt

Eine Vorbemerkung des Autors

„Worüber schreiben Sie eigentlich?“ Der Dame, die mich das auf einem Empfang fragte, war ich als Journalist und Schriftsteller vorgestellt worden. Was antworten, wenn man sich der Spezialisierung entzogen hat und gerne an wechselnden Gegenständen das eigene Auge und den eigenen Verstand erprobt? „Ach, über Gott und die Welt“, sagte ich. Das war eine Verlegenheitsantwort, und erst nachträglich wurde mir klar, daß ich ganz unbewußt, fast aus Versehen, das genau Treffende gesagt hatte. Über „Gott und die Welt“ schreiben heißt so schreiben, als ginge es nie allein um einen konkreten Anlaß, ein bestimmtes Thema, ein spezielles Problem, sondern stets, wie fragmentarisch auch immer, um das Ganze der Welt. Das war es, worauf es mir immer angekommen war: das Einzelne durchscheinend zu machen für umfassendere Zusammenhänge und Ausblicke. Eine strenge Gliederung nach Themenkreisen verbietet sich darum für die vorliegende Auswahlsammlung von Texten. Sie sind zu fünf Durchgängen gruppiert, die mit wechselnder Akzentuierung immer um das Eine kreisen: um „Gott und die Welt“.

I. Spuren und Zeichen

Ein Kunstwerk wird zum Mahnmal

Fritz Koenigs zerstörte New Yorker Kugelkaryatide

Die Toten fielen auf die Toten. Nicht unmittelbar unter den Zwillingstürmen des World Trade Centers, die ein beispielloser Terrorakt in Asche verwandelt hat, aber gleich daneben waren im 18. Jahrhundert die toten afrikanischen Sklaven beerdigt worden: an die 20 000 Gräber, dicht an dicht gedrängt auf knapp zwei Hektar Grund. Die kühnen Symbole grenzenloser Wirtschaftsmacht erhoben sich über den Gebeinen ihrer frühen Opfer. Seit Jahren mühte sich eine kleine Studiengruppe um Erforschung und Dokumentation des „African Burial Ground", des Sklavenfriedhofs. Gut 400 Gräber waren freigelegt worden. Perlen und Münzen, mit denen in Westafrika gehandelt wurde, und die traditionellen Nadeln, mit denen die Leichentücher befestigt wurden, ließen ahnen, daß die als Sklaven Verschleppten an den Bestattungsriten ihrer Heimat festhielten. Nur äußerst zäh waren die Bemühungen vorangekommen, nach und nach eine würdige Gedenkstätte zu schaffen. Und ungewiß ist, was davon übrigblieb.

Fritz Koenig, der Bildhauer aus Bayern, konnte von diesen Hintergründen nichts wissen, als er 1968, gerade 44 Jahre alt und noch an der Schwelle zum internationalen Ruhm, überraschend den Auftrag erhielt, für die Piazza vor den beiden geplanten Riesentürmen eine Großplastik zu schaffen. Erst viele Jahre nach der Eröffnung des World Trade Centers stieß man bei Ausschachtungsarbeiten auf einem Nachbargrundstück auf Überreste des Friedhofs, von dem kaum eine Erinnerungsspur sich erhalten hat. Warum dann hat Koenig, der leidenschaftliche Liebhaber und Sammler afrikanischer Kunst, für diesen Ort eine Skulptur von so unzweideutiger Todessymbolik geschaffen? Wer die in prekärer Balance emporgehobene aufgeborstene Kugelform nur von Abbildungen kannte, mochte sie für eine Chiffre des Erdglobus halten; wer aber jemals leibhaftig vor ihr gestanden ist und sie genau betrachtet hat, der hat ganz unmittelbar und unabweislich gespürt: dies ist ein Totenschädel.

„Der Kugelform ist die Vorstellung eines Kopfes zugrunde gelegt, dessen obere Hälfte an eine Schädelkalotte oder einen Helm zu erinnern vermag und damit Spannungen fühlbar macht, die dem Tod benachbart sind", hat Kurt Martin 1974 über das Werk geschrieben. „Wo die Oberfläche zerklüftet, aufgebrochen ist, als wäre sie verletzt, wurde . . . eine Kugel eingefügt und in der Ausführung durch geschliffene Teile noch hervorgehoben, auch sie durch äußere Kraft beschädigt, ein zyklopisches Auge mit unabänderlichem Blick, in den Bedrohliches, Bestürzendes gelegt zu sein scheint." Eine Interpretation, deren Tiefenverständnis der Künstler noch immer für unüberbietbar hält.

Für Fritz Koenig, der – Zufall hin oder her – gerade das faustgroße Kleinmodell seiner New Yorker Kugelkaryatide in der Hand hielt, als seine Frau mit der Schreckensnachricht von der Zerstörung des World Trade Centers hereinstürzte, war der Verlust seines spektakulärsten und für seine Entwicklung wohl folgenreichsten Werkes ein Moment nachhaltiger Erschütterung, aber kein Anlaß zu selbstbezogener Klage. Als ein Künstler, der schon immer die formentreibende Schöpfungslust der Katastrophenahnung, die erostrunkene Lebensfeier der stets gegenwärtigen Todesdrohung abgerungen hat, sieht er sich im Zentrum eines umfassenden Bebens, das keine egozentrische Nabelschau zuläßt. Die Anregung, das Werk zu rekonstruieren, hat er sofort mit Vehemenz von sich gewiesen. Nicht nur, weil der nun 77jährige sich die Kraft zu einem solchen Gewaltakt nicht mehr zutraut. Sondern weil es Vermessenheit wäre – so wie auch ein Wiederaufbau der Twin Towers ihm als „Frevel" erscheint. Mit gefaßter Trauer und einer Spur Verwunderung hat er Abschied genommen vom unwiederbringlich Verlorenen.

Groß war dann das Erstaunen, als aus den Trümmerbergen das Verlorene geborgen wurde: zerbeult und aufgeborsten zwar, aber keineswegs zur Unkenntlichkeit zerquetscht; die Kugel stand noch aufrecht. Ein Wunder? Der Gedanke, das versehrte Kunstwerk als Mahnmal zu verstehen, lag nahe, und allmählich setzte er sich durch. Das Kugel-Wrack wurde in den Battery Park an der Südspitze Manhattans gebracht und wird dort - „vorübergehend", wie es vorerst heißt - an den Tag des Grauens erinnern; am vergangenen Montag wurde die provisorische Gedenkstätte in Anwesenheit des Künstlers eingeweiht. Das ist eine sinnvolle Art des Gedenkens, eine sinnvollere wohl als die Lichtprojektion „Tribute in Light", die nun einen Monat lang allabendlich die Illusion der unversehrten Türme in den New Yorker Nachthimmel zaubert. Denn die von Wunden zerrissene Skulptur mahnt an die grundsätzliche Verletzbarkeit alles Menschlichen, die Amerika am 11. September erstmals schmerzlich erfuhr, und an die mitmenschliche Verbundenheit, die aus dem Annehmen dieser Verletzbarkeit erwächst: in der weltweiten Solidarität des Mitgefühls nach dem Terrorakt hätten die USA eine ganz andere Stärke finden können, als ihnen die neuerliche Demonstration von militärischer Schlagkraft jemals sichern kann.

Zu Minora Yamasaki, dem Architekten des World Trade Centers, hat Koenig während der Planungsgespräche einmal gesagt: „Ich möcht nicht derschlagen werden, wenn deine Dinger umfallen." Erst nachträglich ist er über diesen Satz erschrocken. Und erst nachträglich erschrickt er darüber, daß er vor vier Jahren, als er sich intensiv mit den Schnitten und Faltungen von Kartonreliefs beschäftigte, eine Arbeit geschaffen hat, in der über wankender Erde zwei Turmbauten einstürzen. Nein, er will da keine visionäre Vorahnung hineindeuten. Aber der Zusammenhang, nicht klar zu fassen, läßt ihn nicht los.

Unfaßbares Wunder

Und auch das Staunen nicht, wie alles überhaupt möglich war, damals, vor gut 30 Jahren. Daß ein deutscher Künstler, international noch nicht sehr bekannt, wenn auch von der New Yorker Galerie Staempfli vertreten, in Amerika einen Auftrag dieser Größenordnung erhalten konnte - absolut unwahrscheinlich. Daß auf einem niederbayerischen Moränenhügel vor den Toren Landshuts eine Großskulptur geschaffen würde, die zwei 420 Meter hohen Quadern (dem damals höchsten Gebäude der Welt) standzuhalten vermöchte - undenkbar. Und unkalkulierbar waren die Risiken, die geschäftlichen und juristischen (vertragliche Absicherungen gab es kaum) wie auch die technischen und die rein physischen von Unfällen und Stürzen beim waghalsigen Herumklettern am mehr als sieben Meter hohen Gipsmodell. Daß dann doch eines Tages der fertige Koloß aus der eigens für ihn in Ganslberg errichteten riesigen Werkhalle gefahren werden konnte, um in 63 Teile zerlegt per Bahn nach Bremerhaven verfrachtet zu werden und von dort in der größten Kiste, die je in einem Hafen verladen wurde, die Schiffsreise nach New York anzutreten, erscheint Koenig noch heute als ein unfaßbares Wunder.

Der Anfang war eine formale Überlegung. Oder besser: ein formales Gewahrwerden. Gegen die Maßlosigkeit der himmelragenden Quader konnte nur die vollkommenste, komprimierteste, autarkste aller Formen bestehen: die Kugel. Man muß aber bedenken, daß auch formale Entscheidungen existentielle sind. Es ging um Konzentration gegen Expansion, um die Wendung nach innen gegen die auftrumpfende Gebärde. Und es war ein langer Prozeß, bis in unzähligen Entwürfen und Modellen die Gestalt sich geklärt hatte als ein Inbild der Verwundbarkeit, der Gefährdung, des Umschattetseins vom Tode - Gefährdung noch in der verwegen exzentrischen Aufsockelung, auf der die Kugel mehr zu schweben als aufzuruhen schien. Beruhigt aber war das Ganze durch die fast irreale Glätte des Wasserspiegels, über dem die Kugel sich nahezu unmerklich drehte.

Vor dem Fenster in Fritz Koenigs geräumiger Wohnstube in Ganslberg ziehen langsam die Wolken vorüber; mit wippender Krone stolzieren draußen die Pfauen. Im überirdisch gläsernen Licht des Spätnachmittages gewinnt der stehende weibliche Akt im Garten, eine Skulptur von Koenigs Lehrer Anton Hiller, eine ordnende Energie, als seien hier die Achsen der Welt zentriert. Man spürt: dies ist ein guter Ort; alles ist fest gefügt und zugleich kosmisch geöffnet. Ein verläßlicher Boden für die gewagten Aufschwünge ins grenzenlos Ungesicherte. Fritz Koenigs Blick ist grüblerisch und zugleich sehr weich und eigentümlich gelöst. Wenn die Bilder der Zerstörung aus Manhattan an ihm vorüberziehen, muß er immer wieder an Hiroshima denken, an Nagasaki. Als ahne er dunkel einen untergründigen Zusammenhang.

Auf der Fensterbank steht die Bronzehand von Auguste Rodin, auch sie aus Trümmern gerettet und vom Feuer versehrt. Eine Hand zum Loslassen, nicht zum Festhalten. Die Kugel aber ist noch da. Und welch ein Paradox: jetzt, wo sie verstümmelt ist, wird sie wahrgenommen.

In Wort-Steinen ein karges Welt-Muster

Harald Grill liest aus seinem Lyrikband „einfach leben“

Wenig ist viel, sehr wenig ist sehr viel, und ganz ganz wenig ist beinahe schon alles. „Einfach leben“ hieß der schmale Band mit kargen bairischen Gedichten, den der Oberpfälzer Harald Grill 1982 vorgelegt hat; jetzt hat er wieder einen schmalen Band mit kargen bairischen Gedichten vorgelegt und reist lesend damit durch die Lande, und der heißt auch wieder „einfach leben“, und zum großen Teil sind es dieselben Gedichte. Der gleiche Band oder ein anderer? Weder noch oder beides zugleich. Es scheint, als ob auch das Buch „einfach leben“ wolle, also fortexistieren in jenem Fluß des dauernden Wechsels, dessen immergleiches Wellenspiel schon für Heraklit zum Inbegriff der Unwiederholbarkeit des Augenblicks wurde: anders im Gleichen und im Veränderten sich gleich.

„Einfach leben“ - der Titel ist fast selber schon ein Gedicht. Handschmiegsam und kieselrückig liegen die beiden Worte da wie zwei Steine, die gerade ein Bauer aus dem Acker geklaubt hat; will man aber ergründen, was sie eigentlich bedeuten, so kann man gut und gern ein halbes Leben lang darüber meditieren und ist dann immer noch nicht fertig damit. So einfach nämlich ist das Einfache, daß man sehr lange braucht, um herauszufinden, was das eigentlich ist. Und gar: Leben! Wir arbeiten, um zu leben, und dann erholen wir uns, um wieder arbeiten zu können, um zu leben; wann leben wir? Und „einfach leben“: Wie denn ist das Wort „einfach“ mit dem Wort „leben“ verknüpft? Wer die beiden Worte laut spricht, interpretiert sie durch Betonung, setzt den Akzent entweder auf „einfach“ und meint dann ein bescheidenes, anspruchsloses, genügsames oder auch unkompliziertes Leben, muß sich aber fragen, ob nicht dies eben das anspruchsvollste und komplizierteste überhaupt ist, oder setzt den Akzent auf „leben“ und meint damit so etwas wie „Leben an sich“ oder „bloß leben und sonst nichts“ und weiß dann immer noch nicht, was genau damit eigentlich gesagt ist. Was denn ist dem Leben beigemengt, das etwas anderes wäre als „einfach nur leben“, von diesem als Uneigentliches ablenkt, es verfälscht oder entstellt oder es gar verschüttet?

Die Yequana, ein Indiostamm in Venezuela, mußten sich täglich ihr Trinkwasser von weit her holen in beschwerlichen Fußmärschen, die über schroffe Hänge und durch gefährliche Schluchten führten. Als man ihnen vorschlug, eine Rohrleitung mit Pumpstation zu bauen. waren sie fassungslos vor Staunen über die Verrücktheit einer solchen Denkweise. Denn diese täglichen Gänge nach Wasser, für den modernen Zivilisationsmenschen sinnlose Plackerei, waren für sie ihr Leben, waren „einfach leben", und Jean Liedloff hat es wunderbar geschildert, mit welcher Lebenslust sie genießen, was uns als Mühsal erscheint, wie sie, auf einem Baumstamm über einen tosenden Wildbach balancierend, plötzlich alle stehenbleiben und sich schütteln vor Lachen, weil einer einen Witz gerissen hat.

Bei Harald Grill heißt eines der Gedichte „einfach leben (2)", und es geht so: „acht stund fabrik/ drei stund busfahrn/ vier stund hausfrau// a krummer buckl und/ zammagwerklte händ// übernaachtige augn// und unter dir/ im kellerzimmer klopft/ da alt vatter an d zimmerdeckn/ weil a sein tee no net hat// einfacher/geht s nimmer."

Das Leben der Pendlerin aus dem Bayerischen Wald, die vielleicht bis nach Fürth muß, um eine Arbeit zu haben, ist von ganz anderer Art als das der Yequana, die für „Arbeit" nicht einmal ein Wort haben, und in dem „einfacher geht s nimmer" steckt eine grimmige Ironie. Harald Grill hat ein „kritisches", ein „gesellschaftskritisches" Gedicht geschrieben, gewiß; es prangert Zustände an, in denen das Leben verstümmelt ist. Aber das ist nur die eine Seite, und wenn es die einzige wäre, dann hätte auch dieses Gedicht, bei aller menschenfreundlichen Absicht, teil an der Unmenschlichkeit, gegen die es sich wortkarg kehrt: weil es das Leben, über das es spricht, zum bloßen Objekt der Erkenntnis machte und damit verdinglichte. Die andere Seite aber ist ein pures Gewahrsein jenseits von Mitleid und Anklage, reine Aufmerksamkeit für etwas, das ist, und das so ist, wie es ist. Aufmerksamkeit für ein unscheinbares Leben, das so aufs Einfachste reduziert ist, daß es einfacher nimmer geht, das sich als sorgendes Dasein verzehrt und nicht zu sich selbst kommt, aber eben doch Leben ist. Einfach Leben?

Harald Grill schreibt Gedichte in einer beschädigten Welt. Wenn auf einem Baum ein Vogel singt, können wir den Gesang nicht mehr hören, ohne uns zu fragen, wie lange es noch Vögel gibt und noch Bäume gibt. Das kann einem die Sprache verschlagen. Harald Grill schreibt nicht nur darum so lakonisch, als ob jedes Wort schon ein Wort zu viel wäre, weil er vom Land kommt, wo man nicht viel Worte macht, und weil er aus der Oberpfalz kommt, wo eh alles karg ist. Harald Grill ist ein Dichter, dem es die Sprache verschlagen hat. Eine Kultur der wörterreichen, der verstandesüppigen, der gedankenkundigen Überwältigung der Welt hat uns nah an den Rand des Abgrundes gebracht; wie soll einer da noch zu reden wissen? Grill würgt die Wörter hervor wie harte Gesteinsbrocken. In dürren Figuren legt er das Muster der Welt nach als sprödes Gebilde aus Ackerkieseln. In dem Gedicht „Heimat“ klingt das so: „unser dorf is da mittlpunkt/ vo da ganzn welt// was bei uns/ schlecht is/ des is woanders/ net besser// drum/woaß i net/ wohi“. Auch das heißt „einfach leben“: den besänftigenden Wortnebel des vermeintlichen Bescheidwissens, der Ausflüchte und der Hoffnungen beiseitelassen und die einfache Wahrheit der Erfahrung ganz nackt aussprechen: „i woaß net wohi“.

Harald Grill kam nach München ins Institut für Bayerische Literaturgeschichte und las in jenem kahlen Seminarraum, der so aussieht, als wäre er noch nie benützt worden und auch gar nicht dazu bestimmt, benützt zu werden, aus seinem Gedichtband „einfach leben“. Er las nicht nur, er erzählte auch ein wenig zu seinen Gedichten, und er erzählte mit der gleichen bedachtsam schwerflüssigen Wortsprödigkeit, mit der seine Gedichte geschrieben sind: alles schlicht und knapp und handfest wie ein Kanten Bauernbrot. Und eine Stunde lang schien alles so einfach, wie es ist, nämlich ungeheuer schwer und unauslotbar und trotzdem ganz einfach. Ob die Welt noch gerettet werden kann, wissen wir nicht, aber wenn sie noch gerettet werden kann, dann nicht durch Geschäftigkeit, die ja erst nötig gemacht hat, daß die Welt gerettet wird, sondern durch eine bedächtige Gelassenheit, die es bei dem beläßt, was wirklich Erfahrung ist. „Wovon man nicht sprechen kann, davon muß man schweigen“, hat Wittgenstein gesagt, aber damit ist eigentlich gemeint: „Wovon man nicht sprechen kann, davon muß man sprechen, sprechen nämlich, indem man von dem spricht, wovon man sprechen kann, und zwar so, daß gespürt wird, wie furchtbar wenig das ist, wovon man wirklich sprechen kann, und welch ungeheures Gewicht darum darauf liegt.“

Harald Grill erzählt von seinem Vater, wie ihm das Bein weggeschossen wurde im Krieg, weil er unbedingt noch hat mitkämpfen wollen müssen, um fortzukommen von daheim, wo es eng war, und dann hört man das Gedicht gleich noch einmal ganz anders: „in meine gschichtsbiachln/ steht vül/ vo dene/ wo schuld san/ daß mei vatter grad/ a halberts leben hat lebn kinna// in meine gschichtsbiachln/ steht nix// vo meim vattern". Er liest das Gedicht über die Donaulandschaft von Albrecht Altdorfer: „Mia taat ma gern lebn/ weit drin in/ deine altn farbn/ weit drin in// deiner landschaft// weil aaf de/ passn s aaf." Er erzählt, wie er immer wieder in die Pinakothek gegangen ist, um das Bild anzuschauen, und weil das jedesmal ein Geld gekostet hätte, hat er seinen Lehrerausweis hervorgeholt und gesagt, daß er für die Klasse einen Museumsbesuch vorbereiten muß, und sein Bub, den er dabeihatte, war eben der Klassensprecher, und da spürte man dann, wie gut aufgepaßt wird auf die gemalte Natur, im Unterschied zu der, die nicht gemalt, sondern bloß wirklich ist, und wie groß die Sehnsucht ist nach einer Natur die in ihren „altn farbn" noch da ist, weil auf sie so gut aufgepaßt wird.

„Wia wenn ma no lebn taatn"

Er erzählt aber auch von dem Nachbarn, der nicht müde wird, mit Geduld und Mühe die Ritzen zwischen den Platten vor seiner Garage mit Herbiziden auszugießen, daß ihm ja nicht der kleinste Grashalm auskommt, und wie lange er, der Grill, das jetzt schon beobachtet und daß er es immer noch nicht versteht. Kein Zorn, nur eben: er kann es einfach nicht verstehen. Und auf einmal ist klar, daß wir das alle nicht verstehen, was wir schon so lange mit der Erde und mit uns selber machen, es gibt tausend gute und noch mehr schlechte Gründe dafür, aber wir verstehen es nicht und können es nicht verstehen, denn es ist nicht zu verstehen.

Und er erzählt von seinem Stammtisch daheim im Dorf, wo er, der Dichter, der in Wackersdorf dabei war, auch mit dazugehört. Er erzählt, wie lange das am Abend dauert, bis er recht haben darf, wieviel Bier geflossen sein muß, bis es nicht mehr heißt „du Depp, was redst", sondern „recht hast", und wie das am nächsten Tag von vorne angeht und genau so lange dauert, bis er wieder recht hat mit dem, was er sagt von der Welt. Aber das

Gedicht, das er über sie gemacht hat, auf das waren sie dann doch mächtig stolz, seine Stammtischbrüder, obwohl es ihnen gar nicht schmeichelt, und aufgehängt haben sie es über dem Stammtisch im Dorf: „gscheidhaferl neber gscheidhaferl/ neber gscheidhaferl neber/ gscheidhaferl// große politiker/ große christn// im vollrausch/ ziahgt se s zamm/ wia r a brennade zeitung// im vollrausch san s/ fast ganz normale menschn."

Ja, das ist der Zustand unserer Welt: verdammt spät muß es immer werden, bis eine Einsicht sich durchsetzt, aber schon anderntags gilt sie nicht mehr, und wieder muß es furchtbar spät werden, und so geht das fort; Sisyphus wälzt seinen Wörterstein und ist dabei vielleicht, wie Camus gemeint hat, ein glücklicher Mensch. Nichts ändert sich, aber das Gedicht darüber, daß nichts sich ändert, hat seinen Ehrenplatz über dem Stammtisch. Einfach leben?

Einfach leben - das geht auch so: „in meim tisch nix sehng/ wia r an tisch// koa tischdeckn/ solls holz verstecka// a jede kerbn/ möcht i gspürn kinna// wenn i mit meim bleistift/ was aafschreib." Vor zweieinhalb Jahrtausenden hat drunten in Unteritalien ein Philosoph ein Gedicht geschrieben über „das Herz der Wahrheit", in dem der dunkle Satz steht: „Ist aber ein selbiges Gewahren und Sein". Parmenides hieß dieser Philosoph, und was er gemeint hat, darüber hat der Heidegger Martin ein Leben lang meditiert und dicke Bücker geschrieben mit vielen dunklen Sätzen über die „Seinsvergessenheit" des modernen Menschen. Der Grill Harald schreibt keine dicken Bücher, sondern ganz kleine Gedichte aus ganz einfachen Wörtern, die so rund nebeneinanderliegen wie die Klicker im Hosensack. Und wenn dreizehn Jahre hingegangen sind, dann ist das gleiche Buch wieder da und ist ein bißchen anders geworden und ist das gleiche geblieben, obwohl es nicht mehr das gleiche ist.

„Die Sprache ist das Haus des Seins", hat der Heidegger auch gesagt, und auch das wäre dem Harald Grill nie eingefallen - viel zu groß solche Worte. Wie soll man vom „Sein" reden, wenn schon die Kerbe im Holz des Tischs ein solcher Abgrund von Wirklichkeit und von Geheimnis ist? Etwas ganz anderes hat er geschrieben, über seine Arbeit als Dichter: „mei arbat wachst ma/ überm kopf/ zamm// a daachl/ unter dem/ bin i guat aafghobn." Kein Haus, nur ein Dach, aber ein wenig Schutz eben doch, nicht für das Sein, aber für den Dichter, dem es um das Sein geht.

Ein Nachwort hätte der Band nicht gebraucht, aber er hat eins bekommen, von Benedikt Gondolf. Als „typisch" für Grills „poetische Technik" (ja, tatsächlich: „Technik"!) wird darin hervorgehoben: „Verzweiflung und Trost sind ununterscheidbar ineinander verschränkt." Etwa so („Übermorgen"): „wenn/ de baam alle/ wegga san// dan/ miaß ma uns/ selber histelln// d händ ausbroatn wia äst/ d fiaß miaßn wurzln schlagn/ und schaung miaß ma/ wia wenn ma no lebn taatn." Einfach leben?

Ein Pyrrhussieg des Traditionalismus

Vom Umgang mit Symbolen
Ein Madonnenstreit in Passau

Madonna mia! mag der Passauer Soziologieprofessor Albrecht Mintzel gedacht haben, als er sich klar wurde, was seine Universität im Schilde, pardon: im Siegel führt. Nein, gerade das hat er bestimmt nicht gedacht, denn es war nicht seine Madonna, ganz und gar nicht seine Madonna, die er dort erblickte. Er wird sie weiter dort erblicken, braucht das Siegel aber selbst nicht mehr zu verwenden und darf darauf bauen, daß die Hochschulleitung in Siegelfragen künftig die „notwendige Sensibilität" walten lassen wird. Mit dieser Einigungsformel – „ein Kompromiß, mit dem die Universität leben kann", kommentierte Mintzel - endete der Passauer Madonnenstreit gütlicher, als er begonnen hatte.

Es war nicht die erbarmungswürdige graphische Qualität des Siegelschnittes, die Anstoß erregt hatte. Und vielleicht, wer weiß, hätten Mintzel und sein Professorenkollege Bernhard Haffke aus der Juristenfakultät sich auch damit abgefunden, daß ihre Universität, gewiß eine weltliche Einrichtung, sich mit einem religiösen Symbol schmückt. Eine Pflanzstätte der Wissenschaft unter den Schutz der Gottesmutter zu stellen, mag ja durchaus Sinn machen in einer Zeit, in der der Siegesrausch moderner Forschung in den Nutzanwendungen technischer Weltbemächtigung unübersehbar auch destruktive Züge enthüllt hat. Der Zentrifugalkraft der Wissenschaft der Macher als einer Errungenschaft eines einseitig männlich orientierten Weltalters die Integrationskraft des „Ewig-Weiblichen" entgegenzustellen als Mahnung, die entfesselte Ratio einzubinden in die umfassendere Weisheit des Geistes, wäre zumindest ganz im Sinne des unverdächtigen und gewiß nicht kirchenfrommen Dichters und Naturwissenschaftlers Johann Wolfgang von Goethe. Goethe hat in seinem „Faust", dem Zentralwerk eines langen Dichterlebens, ja die Katastrophenträchtigkeit des enthemmten männlichen Expansionsdranges (schrankenlose Gier nach Wissen, Genuß und Macht) prophetisch vorweggenommen und läßt den auf ganzer Linie gescheiterten Faust am Ende allein durch das Eingreifen der „Mater gloriosa" Errettung finden. Diese „Mater gloriosa" - und sie natürlich, nicht etwa das zur himmlischen Büßerin verklärte Gretchen ist das „Ewig Weibliche" - hat im letzten Augenblick offenbar am Geisteshimmel die Führung übernommen, denn von „Gottvater", der mit einer reichlich zynischen Wette dem Unheil freien Lauf gelassen hatte, ist am Schluß des Dramas nicht mehr die Rede.

Vielleicht wäre Sophia als Inbild der Weisheit das einer Universität angemessenere Symbol. Nur weiß man eben nicht so recht, wie Sophia eigentlich aussieht, während die Züge der Madonna jedermann vertraut sind, und die göttliche Mutter mit dem göttlichen Kind mag als Vereinigung von Geist und Leben, von Logos und (durch das Mysterium der Inkarnation geheiligter) Natur sprechender sein. Die Madonna von Passau hat allerdings eine Besonderheit, und an dieser entzündete sich der Streit: dargestellt ist die „Maria vom Siege"; das Kind auf ihrem Arm durchbohrt mit einer Lanze den Drachen als Verkörperung des Antichrist. Es handelt sich um ein Symbol der militanten Gegenreformation; es stammt aus jener Epoche, als man auf Kirchenfresken gerne den Triumph des Himmels über die Mächte der Finsternis verherrlichte - gemalt war der stürzende Satan, und gemeint war Luther. Ein solches Symbol streitbarer Intoleranz aber ist nicht sehr passend für eine Stätte des Geistes, der die Achtung vor dem Andersdenkenden und damit vor der Freiheit des Gewissens oberste Maxime sein muß. Auch dann nicht, wenn es die historische Kontinuität eines Hochschulstandortes zur Anschauung bringt (was es in diesem Falle gar nicht tut: die 1622 gegründete Philosophisch-Theologische Hochschule als Vorgängerin der jungen Universität Passau führte die

„Maria vom Siege“ nicht seit Jahrhunderten, sondern erst seit 1950 im Siegel).

Das alles wäre wohl weiterhin nicht sonderlich aufgefallen, wenn nicht jemand die unselige Idee gehabt hätte, über die „Maria vom Siege“ eine Dissertation zu verfassen. Woraus man wieder einmal sehen kann, daß Wissen nicht immer nur Gutes stiftet, sondern manchmal auch Unfrieden. Unfrieden mag nötig sein, um etwas zu klären. Jedenfalls: die Passauer Traditionspflege war mit dem Offenbarwerden des Sinnes der Siegelmadonna aus dem Stadium der Unbewußtheit herausgetreten. Nun war sie zu einer bewußten Entscheidung herausgefordert. Die Lösung des Konfliktes, die man in Passau fand, tut niemandem weh, aber sie ist darum noch nicht weise, sondern nur bequem. Das Festhalten an einer Tradition wird erkauft mit dem Eingeständnis, daß man die Tradition nicht ernst nimmt. Salopp gesagt: Leute, denkt euch nichts dabei, es war nicht so gemeint. Daß dabei auch wirtschaftliche Überlegungen im Spiel waren - die „Maria vom Siege“ ziert längst, gewinnbringend für die Hochschule, so manches profane Accessoire, vom Herrenschlips bis zum Bierkrug -, offenbart die Bodenlosigkeit der geistigen Misere. Der Traditionalismus hat einen Pyrrhussieg der Selbstvernichtung errungen; er rettet sein Symbol, indem er es inhaltslos macht, also Verrat begeht an seinem eigenen Prinzip. Schon darum müßte das Siegel nun geändert werden: die Lanze des Kindes trifft nicht mehr das Drachentier, sondern die Madonna selbst.

Die Universität mag mit dem Kompromiß „leben können“ - nach jenem Prinzip, nach dem wir alle mit den Dingen leben, mit denen man nicht leben kann: nicht hinschauen; wenn wir hinschauen: nichts wahrnehmen; wenn wir etwas wahrnehmen: nichts dabei denken. Von einer Universität erwarten wir freilich einen anderen Umgang mit Symbolen und Traditionen. Die echten Hüter der Tradition sind diejenigen, die die Tradition ernst nehmen. Und sie darum ändern, wenn sie nicht mehr stimmt. Aber diesen Schritt irgendwann aus freien Stücken noch zu tun, bleibt der Universität Passau unbenommen. Auch längerfristige Vermarktungsverträge laufen ja einmal aus.

Das Ich und die Geschichte

Ruth Rehmanns exemplarische Annäherung an das Phänomen DDR

Endlich! Endlich ein ganz und gar wahrhaftiges Buch über jenes Deutschland, das einmal „DDR“ hieß und jetzt wieder rückgegliedert ist an die größere Einheit, aber immer noch das „andere“ Deutschland bleibt und wohl auch eine Weile bleiben wird - aus Gründen nicht nur der wirtschaftlichen Disproportion, sondern ganz anderer historischer Erfahrung und daraus resultierender Mentalitätsprägung, aus Gründen aber auch, die nicht ausschließlich als Defizite zu beschreiben sind. Ruth Rehmann hat dieses Buch geschrieben, ein Buch fernab von Anklage und Rechtfertigung, von Besserwisserei und moralischem Aufarbeitungspathos und völlig frei von Ideologie, auch jener allersubtilsten, die sich durch die scharfsichtige Demontage gegnerischer Ideologien als unideologisch ausgewiesen glaubt. Ruth Rehmann hat dieses Buch geschrieben mit einer Liebe, die sich nichts vormacht, einem Klarblick, der nicht mehr zu sehen vorgibt, als er tatsächlich sieht, und mit jener beherzten Bescheidenheit und behutsamen Unerschrockenheit, die sie schon in ihren Büchern „Der Mann auf der Kanzel“ und „Abschied von der Meisterklasse“ befähigt hat, Verdrängungszonen des historischen Bewußtseins der Deutschen ebenso sanft wie unnachgiebig aufzuhellen. Vor allem aber – und das ist wohl das Wichtigste – mit einer rückhaltlosen Ehrlichkeit.

Ruth Rehmann weiß, daß man über die Welt nicht schreiben kann, ohne über sich selbst zu schreiben, daß man es auch dann tut, wenn man es geflissentlich vermeidet, nur dann eben verstellt, und daß es darum richtiger ist, es ausdrücklich und mit vollem Bewußtsein zu tun. Ruth Rehmann bezieht sich also ein; sie erforscht sich selbst, indem sie - ausschnitthaft natürlich - die dahinsinkende Realität der DDR erforscht, und niemals tut sie so, als hätten die Trauer, die sie überkommt, und auch der Zorn nur mit den Dingen und Vorgängen draußen zu tun und nicht auch mit ihr selbst.

„Unterwegs in fremden Träumen“ heißt das Buch - ein Titel, der vieles anklingen läßt. Man muß sich auf den Weg machen, um das Fremde besser verstehen zu lernen, also selber Schritte tun und nicht erwarten, daß es sich von selber der Ferndiagnose öffnet; man muß es von innen anzuschauen versuchen, noch in den Refugien seiner Traumhaftigkeit, und muß darauf gefaßt sein, daß es dennoch das Fremde bleibt – ein nun vertrauteres Fremdes zwar, aber immer noch eines, das sich nicht restlos der Zudringlichkeit des Be-Greifenwollens preisgibt, dafür in seiner Fremdvertrautheit geachtet, jedenfalls respektiert werden kann.

Ruth Rehmanns Annäherung an das Phänomen DDR ist eine im striktesten Sinne literarische; sie schreibt kein „Sachbuch" über das andere Deutschland, sie schreibt Literatur. Auch wenn es sich in vordergründiger Betrachtung um eine Art Reportage handelt, noch genauer um die Reportage über das Mißlingen einer Reportage. Gegenstand der Recherche ist ein Schriftstellerkongreß, der im Oktober 1947 im noch ungeteilten Berlin stattfand, der erste gesamtdeutsche Schriftstellerkongreß nach dem Krieg, dessen Protokolle der Westforschung jahrzehntelang unzugänglich blieben. Ein gescheiterter Kongreß natürlich, wie der Verlauf der Geschichte bald zeigte, aber doch eine jener Scharnierstellen, wo die Möglichkeiten aussortiert werden in das nun Reale und das fortan nicht mehr Mögliche. Oder wo doch wenigstens ein Widerschein dieses Sortierungsvorganges zu beobachten ist.

Was geschah damals wirklich und warum geschah es so - das ist in etwa die Ausgangsfragestellung, die den Prozeß des Forschens und Schreibens in Gang setzt, aber sie erweist sich nicht nur als unbeantwortbar, sondern verliert auch an Bedeutung. Die Schwierigkeiten nicht nur des Antwortfindens, sondern schon des Suchens selber werden immer mehr zum eigentlichen Thema, und diese Schwierigkeiten liegen nicht nur in der sklerotischen Abwehr, mit der sich der untergegangene sozialistische Staat umgeben hatte, und den Zuckungen seiner Verwesung, sondern auch in der Schreibenden selber. Zunehmend sieht sie sich mit Erinnerungen ihrer eigenen Lebensgeschichte konfrontiert, Erinnerungen an das junge Mädchen, das sie damals, 1947, war, politisch noch ganz unerwacht und eingesponnen in ihre Liebesgeschichte, in die – es handelt sich um einen amerikanischen Besatzungsoffizier – ganz von ferne die Zeitgeschichte des beginnenden Kalten Krieges wetterleuchtet.

Dieses Wiedererinnern aber, schubweise sich zum fragmentarischen Mosaik fügend, formt den Resonanzboden, der die noch kaum vernommenen feinen Obertöne der Geschichte widerklingen läßt. Und es schärft den Blick für Menschen, für ihre enttäuschten Hoffnungen, ihren bitteren Stolz, ihre verschwiegene Trauer. So gelingen Ruth Rehmann Porträts - von Anna Seghers etwa, von Stephan Hermlin -, die man nicht vergessen wird, Momentaufnahmen scheinbar, die doch mit feinem, knappem Strich die Tragik eines ganzen Lebens umspannen. Sie wären keinem Schreibenden möglich, der nicht über dem Porträtieren auch fragt, wer er selber eigentlich ist. So aber kann jene menschliche Heimholung glücken, ohne die eine Aussöhnung mit der Geschichte, die die unsre ist und bleiben wird, nicht möglich ist.

„Ich habe nicht an den Kommunismus geglaubt, aber sein schäbiges Ende macht mir angst um der Hoffnungen willen, die mit ihm verschwinden", schreibt Ruth Rehmann ganz am Ende ihres Buches. Und wieder urteilt sie nicht, sondern sie spricht von sich, von ihrer Angst. Eben dieses beharrliche Bei-sich-selber-Bleiben macht das Buch so exemplarisch, und eben dies meine ich, wenn ich es ein im striktesten Sinne literarisches nenne. Denn genau dies ist noch vor den fiktionalen Berauschungen und symbolischen Teppichwebereien der erzählerischen Phantasie die ureigenste Schriftstelleraufgabe: die unbeirrbare Annäherung an den Weltzustand durch das Medium des hellwachen und selbstkritisch reflektierten Ich, unbelastet durch vermeintliches Vorwissen und nur gerüstet mit Neugier, geschärftem Sensorium, introspektiv gestützter Luzidität und Gespür für das nuancierte Wort. Der Schriftsteller liefert uns damit das Modell, nach dem sich für uns alle das Chaos der Eindrücke in erfahrbare Welt verwandelt, und erinnert uns daran, daß wir „Wirklichkeit" niemals „an sich", sondern immer nur im Spiegel unserer Subjektivität haben - je geklärter der Spiegel, desto getreulicher das Bild.

Schon in Ruth Rehmanns „Der Mann auf der Kanzel" (Auseinandersetzung mit dem Vater) und „Abschied von der Meisterklasse" (Auseinandersetzung mit der abgebrochenen Musikerkarriere) gaben gerade die autobiographischen Brechungen der Konfrontation mit den Abgründen der bildungsbürgerlich-deutschfrommen Tradition die zeitgeschichtliche Tiefenschärfe. Solches Schriftstellertum ist rar und kostbar. Und man muß wohl einmal fragen, ob wir in Bayern eigentlich wissen, wer da unter uns lebt mit dieser Rheinländerin, die seit Jahrzehnten in Oberbayern ansässig und mittlerweile schon 71 ist. Einen der großen Literaturpreise, die Bayern zu vergeben hat, hätte sie längst verdient.

Nachdenken über Christa W.

„Was bleibt“
Ein Testfall für den Umgang mit DDR-Kultur

Als der Wendehals zum Vogel des Jahres 1989 gekürt wurde, hatte das noch keinen politischen Hintersinn; die Vogelschützer wollten nur Aufmerksamkeit für eine bedrohte Art. Als die DDR-Schriftstellerin Christa Wolf im Herbst 1989 ihre Erzählung „Was bleibt“ im Aufbau-Verlag veröffentlichte (Lizenz-Ausgabe für die Bundesrepublik bei Luchterhand), ahnte sie so wenig wie irgendjemand sonst, wie weit in kürzester Zeit die Lawine rollen würde, die gerade erst losgetreten wurde. Sie konnte nicht absehen, wie sehr ihr Buch zur Unzeit kam, noch dazu unter einem derart anspruchsvollen Titel.

Wäre es in jenem Herbst der deutschen Freudentränen nur zur kritischen Selbstreinigung und behutsamen Liberalisierung des SED-Staates gekommen, so wäre Christa Wolfs eher als Selbstbefragung denn als Systemkritik formulierter Bericht über eine Bespitzelung als Teil der zu leistenden Aufklärungsarbeit mit Respekt zur Kenntnis genommen worden. Auch diese zwar unbequeme, grundsätzlich aber loyale, mit den Privilegien der Prominenz ausgestattete und als international gültiges Gütesiegel für den DDR-Kulturstandard auch von den Staatsoberen zähneknirschend geschätzte Autorin war also, nachdem sie nach Biermanns Ausbürgerung ein Protestschreiben mitunterzeichnet hatte, zum Objekt einer Stasi-Observation geworden, deren penetrante Aufdringlichkeit erkennen ließ, daß es nicht so sehr auf Ausforschung als auf Einschüchterung und Zermürbung ankam, und sie hat darauf auf genuine Schriftstellerart reagiert: wachsam und genau die Auswirkungen auf die eigene Befindlichkeit registrierend, die Rolle ihrer Bewacher mit einer Mischung aus Verständnis und nachsichtiger Verachtung analysierend, aber mit auffallendem Desinteresse an dem historisch-politischen Gesamtkontext, der solche psychologische Kriegsführung gegen selbstdenkende Subjekte als staatserhaltend erscheinen ließ.

In diesem Desinteresse steckt wohl ein gutes Stück Resignation, die man gut verstehen kann, wenn man sich klar macht, was es heißt, einem Staat die Loyalität aufzukündigen, in dem man einmal die Verkörperung der eigenen Ideale gesehen hat, auf dessen Reformierbarkeit man jahrelang vergeblich gehofft hat und allem Anschein zum Trotz weiter hoffen möchte und von dem sich endgültig loszusagen bedeuten würde, ein gutes Stück des eigenen Lebens auszulöschen. Als Christa Wolf sich zur Veröffentlichung ihrer seit zehn Jahren in der Schublade liegenden Aufzeichnungen entschloß - leider ohne Rechenschaft zu geben, wo und wie sie korrigierte, in welcher Weise sich ihre Perspektive in zehn Jahren geändert hatte -, wiegte man sich hüben und drüben noch in der Illusion, die DDR könnte aus einem reinigenden Gewitter mit einer geläuterten Identität hervorgehen; diejenigen, die die Novemberrevolution in Gang brachten und trugen, dachten jedenfalls noch keineswegs an völlige Selbstpreisgabe und Totalanschluß an den kapitalistischen Westen. Wäre es zu dieser Erneuerung gekommen, so hätte Christa Wolfs Buch für eine liberalisierte, demokratisierte DDR eine große Bedeutung gehabt, denn eine solche Erneuerung hat nicht nur kämpferischen Widerstandsgeist zur Voraussetzung, sondern auch kritische Selbstreflexion und die Fähigkeit und Bereitschaft, an der eigenen Gesellschaft zu leiden. Daß es dazu nicht mehr kommen konnte, wissen wir heute, aber niemand wußte es 1989; erst jetzt kennen wir einigermaßen den ganzen Marasmus des von Angst und Mißtrauen vergifteten, durch Massenüberwachung geknebelten, durch Mißwirtschaft korrumpierten Stasi-Staates, dem für eine Reformierung vor allem das Entscheidende fehlte: ein Minimum an Selbstvertrauen in der Mehrheit der Bevölkerung. Vermutlich gab es zur Torschlußpanik des Anschlusses an die Bundesrepublik längst keine Alternative mehr; zumindest ist dieser nunmehr beschlossene Sache, und Christa Wolfs Titel, „Was bleibt", klingt damit wie barer Hohn: von dem, was einmal DDR hieß, bleibt eben nichts als ein großes schwarzes Loch in der Geschichte, in dem vier Lebensjahrzehnte von Millionen Menschen spurlos zu verschwinden drohen.

Das ist eine Situation wie nach 1945, als Westdeutschland sich den amerikanischen Heilsbringern ergab und gar nicht amerikanisch genug sein konnte: eine große Zeit für Verdränger einerseits und für selbstgerechte Richter andererseits. Wer schon immer dagegen gewesen war, und zwar total, darf sich in die Brust werfen, und wer nicht schon immer dagegen war, hat viel zu vertuschen und zu beschönigen oder muß sich schamhaft verstekken. Westdeutschen Feuilletonisten, die nie vergleichbare Konfliktsituationen durchzustehen hatten, fällt es da leicht, über Christa Wolfs „Was bleibt" als einen Ausdruck typisch deutscher „machtgeschützter Innerlichkeit" zu höhnen, ohne zu bedenken, daß es nicht nur schriftstellerisch legitim, sondern ein Zeichen von intellektueller Redlichkeit ist, erst einmal kritische Selbstbefragung zu betreiben, ehe man mit großen Worten nach den ganz großen Themen greift. Wer aber nun jeden DDR-Schriftsteller nur noch daran mißt, wie entschieden er Widerstand geleistet und Fundamentalkritik geübt hat, handelt nicht nur darum pharisäisch, weil wagemutiger Protest zwar bewundert, aber niemals gefordert werden kann (nicht einmal von denen, die ihn selber riskiert haben). Er übersieht auch, was den bürokratischen Totalitarismus des DDR-Sozialismus vom wahnhaft mörderischen der Nazis bei allen Vergleichbarkeiten eben doch fundamental unterscheidet.

Die DDR hat eben keinen Weltkrieg mit 50 Millionen Toten vom Zaun gebrochen und nicht Millionen Juden vergast. Vor allem aber: Der Herrschaftsanspruch der Kommunisten entsprang nicht dem puren Machtrausch wie der der Nazis, sondern dem Versuch, ehrenwerte Ideale von sozialer Gerechtigkeit durchzusetzen. Und auch wenn diese Ideale bis zur Absurdität pervertiert wurden und pervertiert werden mußten, weil Zwang und Gewalt sie im Ansatz diskreditieren, so haftet dem Scheitern dieses schrecklichen Experimentes doch eine gewisse Tragik an, die auch vielen Repräsentanten des DDR-Staates und der DDR-Kultur nicht abzusprechen ist: das Wahnhafte dieses Machtgebildes war kein bloßer Paroxysmus von Dummheit und Brutalität wie der Terrorstaat der Nazis, sondern gewissermaßen ein Fieberanfall der Vernunft, verstehbar aus der Dialektik der Aufklärung. Sobald die Vernunft aufhört, ein kritisches Instrument der Wahrheitssuche zu sein, die Wahrheit gefunden zu haben meint und sie planerisch durchsetzen will, dient sie nicht mehr der Freiheit, sondern schafft Sklaverei. Wir brauchen nur Platon zu lesen, um zu erkennen, daß jeder, der den idealen Staat realisieren will, unausweichlich in totalitärem Denken landet und daß dennoch gerade noble Geister diesem Traum immer wieder erliegen.

Aus diesem Traum beizeiten wieder zu erwachen, ist jedem zu wünschen. Aber wo genau liegt der Punkt, an dem man spätestens erwachen muß? Es ist jedenfalls nicht generell unehrenhaft, aus der Verstrickung zwischen Hoffnung und Zweifel, Empörung und Loyalitätsverpflichtung, in die man dabei gerät, keinen Ausweg zu finden. Auch wir im Westen haben uns gegen die Verlockung, die eigene Meinung für die absolute Wahrheit zu halten und Andersmeinende zu verfemen, keineswegs immer immun erwiesen. Schließlich aber: Die DDR wird nun verschwinden und damit auch die DDR-Kultur, wie es sie vierzig Jahre lang gegeben hat. Aber sie verschwindet nur als Gegenwart und Zukunft, nicht als Vergangenheit. Als Vergangenheit bleibt sie unwiderruflich Teil der deutschen Geschichte. Und zwar unserer gemeinsamen deutschen Geschichte, nicht nur eines durch die Nachkriegssituation benachteiligten Landesteiles. Was jenseits der einstigen Zonengrenze entstand und sich verfestigte, ist nicht zu verstehen ohne Berücksichtigung der Wechselwirkungen zwischen westlicher und östlicher Politik in den Konfrontationen des Kalten Krieges; wir im Westen können nicht sagen, daß wir nichts damit zu tun haben. Wir können dieses Stück gemeinsamer deutscher Geschichte verdrängen, aber es ist damit nicht weg, sondern nur mitsamt seinen nachwirkenden Folgen dem Bewußtsein entzogen. Oder wir können es erinnernd und reflektierend uns zu eigen machen.

Kritische Selbstbefragung

Wir Westler, die wir uns nach 1945 ohne eigenes Verdienst auf der begünstigten Seite fanden und damit Nutznießer einer ungleichen Verteilung der Kriegsfolgelasten wurden, sind hier abermals die Privilegierten: wir stehen nicht vor dem Totalverlust der bisherigen Identität und dem Zwang zu völliger Neuorientierung. Daraus erwächst Verpflichtung und Verantwortung. Man kann es verstehen, wenn bisherige DDR-Bürger jetzt einfach alles über Bord werfen wollen, was bisher ihr Leben war. Aber ohne kritisches Gegengewicht muß diese massenhafte Selbstaufgabe verheerende Folgen haben; immerhin machen vier Jahrzehnte SED-Herrschaft für die Mehrheit der 17 Millionen DDR-Bürger das gesamte bewußte bisherige Leben aus, und das kann nicht einfach für uneigentlich und quasi inexistent erklärt werden. Der Wiedervereinigungsprozeß kann geistig und psychologisch nur glücken, wenn eine sorgfältig differenzierende Bestandsaufnahme sowohl Licht wie Schatten gelten läßt und damit Aussöhnung mit dem Gewesenen möglich macht - ohne betuliche Schönfärberei gewiß, aber auch ohne lieblosen Rigorismus.

Wir im Westen, nicht existentiell erschüttert, sondern allenfalls ein wenig besorgt über die materiellen Folgen der Vereinigung, müssen hier weiter blicken, und wenn daraus nicht geradezu eine Art Fürsorgepflicht abzuleiten ist (die nur eine andere Form von Bevormundung wäre), so doch eine Pflicht zu selbstkritischer Behutsamkeit. Zorn und Empörung können wir denen überlasen, die gelitten haben oder betrogen wurden: den geschundenen Opfern, den arglos Düpierten, den zu spät aus der Dauertrance erwachten und nun verwirrten Mitläufern; sie können die Frage an Christa Wolf und andere DDR-Kulturgrößen, warum sie nicht früher, klarer und entschiedener Kritik geäußert und protestiert haben, mit mehr Grund und weitaus überzeugender stellen. Westlichen Intellektuellen stünde es besser an, mitzuhelfen, daß nun im allgemeinen Untergang nicht auch alle positiven Erinnerungen an aufrechte Menschlichkeit, geistige Leistungen und soziale Taten innerhalb eines insgesamt korrupten Systems mit über Bord gehen. Vor allem aber die Auseinandersetzung mit der DDR-Kultur als Anlaß zu kritischer Selbstbefragung zu nehmen: gerade weil die DDR-Geschichte weitgehend keine des aufrechten, sondern des vielfach gebeugten Ganges ist, kann sie auch für uns zum Spiegel der Selbsterkenntnis werden.

Das ist kein Plädoyer für Tabuzonen, für Schonzeiten und gedämpften Tonfall. Das Nachdenken über Christa W. muß nicht haltmachen vor der Frage, ob wir diese Schriftstellerin vielleicht überschätzt haben, muß sich nicht drücken vor der Feststellung, daß der Text „Was bleibt“ wohl kaum große Literatur ist. Aber darauf kommt es auch gar nicht in erster Linie an; wichtig ist, daß dieser Text uns hilft, ein Stück unserer Geschichte besser zu verstehen. Und wer jetzt nachträglich von Christa Wolf mehr Radikalität einfordern möchte, sollte es erst einmal an Wahrhaftigkeit mit ihr aufnehmen. Dann nämlich müßte er bekennen: gerade diese mangelnde Radikalität bringt uns Christa Wolf als Repräsentantin des anderen Deutschland nahe, denn genauso sind wir ja auch: allenfalls ein bißchen mutig, aber ansonsten vorsichtig taktierend und auf ein Minimum an Sicherheit bedacht; nur die Spielräume sind bei uns halt etwas größer, und darum können wir uns hin und wieder größere Keckheiten leisten. Darin steckt eine fundamentale Gemeinsamkeit, die es möglich macht, daß Ost- und Westdeutsche zwar nicht ohne Konflikte, aber ohne dauernde Verletzungen des Selbstwertgefühls in einem gemeinsamen Haus zusammmenfinden.

Jetzt nicht das hohe Roß zu besteigen, sondern sich selber in Frage stellen zu lassen - das wäre der geistige Beitrag der Bundesrepublik zur Wiedervereinigung. Denn nur wenn auch wir uns zu ändern bereit sind, kann eine neue gemeinsame deutsche Identität wachsen, die nicht den bisherigen DDRlern die Rolle der ewig Gedemütigten zuweist. Die Auseinandersetzung um Christa Wolfs „Was bleibt" war ein erster Testfall. Er verlief nicht ganz erfreulich. Ein Buch aber, das zu diesem Testfall wurde, kann nicht ganz unbedeutend ein.

„Theaterarbeit ist Trauerarbeit"

Rolf Boysens exemplarisches „Nachdenken über Theater"

„Theater muß nicht Spaß machen" - das ist Rolf Boysens letztes Wort, sein letztes Wort in dem Essay-Band „Nachdenken über Theater". Nein, nicht sein letztes; sein vorletztes, denn eine kleine Einschränkung schiebt der große Münchner Schauspieler noch nach: „Nicht mehr!" Und das ist nicht ganz ohne Zweideutigkeit aus dem Mund eines alt gewordenen Bühnenkünstlers, der auf eine alt gewordene Welt blickt.

Theater muß nicht Spaß machen? So spricht ein großer Schauspieler, der seine Kunst ungeheuer ernst nimmt. Aber sein Ernst ist nicht der des aufklärerischen Moralisten; es ist ein dichterischer Ernst und ein philosophischer dazu. Daß Theater nicht Spaß machen darf, hat Rolf Boysen nicht gesagt. Aber vielleicht ist Lust am Theater in einem tieferen Sinn erst dann möglich, wenn es nicht mehr darauf aus ist, Spaß zu machen. „Laßt uns nicht die Tragödie vergessen!" schreibt Boysen in dem letzten der Texte seines Buches „Nachdenken über Theater", einem bisher unveröffentlichten Aufsatz mit dem Titel „Was spielen?". Und er fährt fort: „Laßt uns endlich erkennen, daß Satire, Parodie und Spott der aus tausend Wunden blutenden Menschheit nicht mehr gerecht werden. Damit zieht man sich nur selbst aus der Affäre. Laßt uns mit großer Sensibilität die Erschütterungen unserer Figuren erkennen, und laßt die Spiegelungen dieser Erschütterungen auf uns selbst zurückfallen. Dann können wir hoffen, Möglichkeiten geschaffen zu haben für die Selbsterkenntnis des götterlosen, vereinsamten Menschen; aber auch für Trauer über diese so verheißungsvolle, verhunzte und verlachte Welt."

Das haben wir auch schon anders gehört: nur die Farce komme der aus den Fugen geratenen Welt noch bei. Boysens Weisheit ist bescheidener und anspruchsvoller zugleich; von der zynischen Besserwisserei hält er ebenso wenig wie von der pädagogischen, deren Kehrseite sie ist: „Laßt uns Abschied nehmen von der Meinung, die Erziehungsberechtigten derjenigen zu sein, die uns zuschauen, aber wir sollten uns auch davor hüten, Kumpanei mit ihnen zu machen". Lieber will Boysen sich daran erinnern, daß „der aufgerissene Mund der antiken Maske der Schrei zu den Göttern ist". Und lieber hält er es aus bei Sphinx und Pythia, wo die Fragen „gefährlich" und die Antworten „verschlüsselt" sind. Denn nur dort, wo die gefährlichen Fragen riskiert werden, und wo es ertragen wird, daß es auf diese Fragen keine bequemen Antworten gibt, sondern nur solche, die selbst wieder Fragen sind, kann das stattfinden, was für Boysen die Aufgabe des Theaters ist und bleibt: die „Suche nach dem Menschen". Und weil die „verlorene Menschlichkeit" zur „heimatlosen Bettlerin" geworden ist, gemacht worden ist, gilt für ihn: „Theaterarbeit ist Trauerarbeit." Boysen gibt nur selten seiner Stimme Nachdruck, aber diesen Kernsatz hat er durch Kursivdruck hervorheben lassen.

„Alles Lachen versandet. Alles Weinen erlöst", lautet einer der Aphorismen von Rolf Boysen. Warum das so ist, sagt ein anderer Aphorismus: „Lachen ist nicht das Gegenteil des Weinens, sondern seine Ursache." Solche Sätze sind verschlüsselte Antworten der Pythia auf gefährliche Fragen der Sphinx, und schreiben kann sie nur einer, der wie Boysen in der strengen Erkenntnisarbeit der Menschendarstellung und der Hingabe an das „arme Du der Figur" die Anfälligkeit für falsches Pathos so gründlich aus sich herausgegerbt hat, daß er auch das echte Pathos nicht mehr zu fürchten braucht. Und darum auch sagen kann: „Der Kern aller dramatischen Darstellung ist nun einmal das

Leiden, das Pathos." Denn aus dem Leiden sei das Theater entstanden, und ohne das Pathos sei es „wie ein Meer ohne Wasser".

Freilich muß man dem Leiden, um es wahrhaftig darzustellen, „die Knüppel des Verstandes zwischen die Beine werfen". Denn auf den Sinn kommt es an und nicht auf die geschmerzte Miene oder die hitzige Gebärde. Das Theater der fieberheißen emotionalen Enthemmung, dem viele jüngere Akteure und Regisseure frönen - die Bühne mit dem Therapieraum verwechselnd, wo der Urschrei die Verklemmungen durchbrechen soll -, fertigt Boysen mit wenigen treffenden Sätzen ab. Die eigene Seele des Schauspielers ist selbst „kein Ausdrucksmittel"; sie ist „nur die Wünschelrute für die Erz- und Wasseradern der dramatischen Figur". Der „Ausdruck", um den es Boysen geht, der auf der Bühne zur Erscheinung gebracht werden muß, „damit das Leben sehen kann, wie das Leben aussieht", ist keine Sache der „Empfindung", und nichts steht ihm mehr im Wege als Selbstdarstellung der eigenen emotionalen Erregbarkeit; er ist Sache einer geduldigen erkennenden Annäherung und Ergebnis einer strengen Arbeit, die weit eher Weglassen als Machen ist. „Machen Sie Platz für den Ausdruck!" - dieser berühmte Satz seines großen Lehrmeisters Fritz Kortner ist für Rolf Boysen prägend geworden, und seiner Exegese widmet er einen zentralen Essay, den umfangreichsten des ganzen Bandes.

Es geht da um Entsagungen vielfältiger Art: um das Stillewerden und das Leerwerden, damit „das arme Du der Figur" Raum findet, zu erscheinen als Spiegelung der Träume und Sehnsüchte der Menschen, „reflektierend und utopisch" zugleich. Und streng gewahrt werden müssen die Verfremdungsmittel der Form als Voraussetzungen jener Distanz, die ein Erkennen erst möglich macht - von der Unüberbrückbarkeit der Rampe bis zu den bloßer „Natürlichkeit" widerstreitenden Stauungen und Stockungen des Sprachflusses und der Erotik syntaktischer Spannungen. „Der Genuß eines Kommas, die Überraschung eines Doppelpunktes, das Atemholen eines Gedankentriches: das sind Erlebnisse, die weitergegeben werden müssen" - solche Sätze sind in der Theaterwelt von heute so ungewohnt wie wohltuend.

Sprache ist für Boysen die „Quelle des Schauspielerberufs". Das mag manchem einseitig klingen, aber solche Einseitigkeit ist heute als Gegenwehr gegen die Bilderüberflutung notwendig und heilsam. Und welche Wortmagie fließt Boysen zu, wenn er von der Sprache spricht! Daß sie tief sei „wie das Meer", daß die Beschäftigung mit ihr „allemal auch ein Ritt über den Bodensee" sei - das hätte wohl auch sonstwem einfallen können. Aber Boysen sagt noch mehr: der Schauspieler solle sich durch die Sprache „hindurchraspeln wie die Raupe durch den Kohlkopf". Die Raupe braucht lange für dieses Raspeln, aber Langsamkeit gehört zu den Dingen, die Boysen höher schätzt als aufgeregten Aktionismus, und sogar für die Langeweile hat er ein ehrendes Wort: ein „hohes menschliches Gut" sei sie, „das mehr und mehr durch künstlich erzeugte Pseudospannung verdrängt wird", und „lange weilen zu können" sei „die Tugend der Weisen".

Alternde Schauspieler schreiben gerne ihre Memoiren; Rolf Boysen hat Besseres getan. „Nachdenken über Theater" heißt das Buch, und aus diesem Nachdenken kommt es nicht nur, in dieses Nachdenken reißt und drängt es auch hinein. Bequem ist dieses Nachdenken nicht, denn Boysens „Suche nach dem Menschen" im „armen Du der Figur" ist keine besinnliche Denkmalpflege am abendländischen Dichtungserbe, sondern gesättigt mit den ganzen Bitterkeiten einer hoffnungsarmen Gegenwart und unerbittlich radikal im ungeschützten Fragen. Dem Herausgeber Michael Schäfermeyer waren die Texte in ihrer lakonischen Bedächtigkeit wohl nicht genug; er hat noch Auszüge aus Interviews hinzugefügt, in denen manches in den Essays und Aphorismen lapidar und prägnant Gesagte noch einmal amplifiziert und paraphrasiert, ein wenig aber auch zerredet wird. Das war wohl nicht unbedingt nötig.

„Oh Nachtgedank, mein Ungewinn“

Die schwebenden Harmonien des Dichters Georg von der Vring

Alles wurde ihm Melodie und Klanggebild. Mit leichter Hand wob er die Worte zu tönenden Girlanden, ausgespannt ins kunstreich geknüpfte Gitterwerk von Reimen, die ihr stilles Raffinement hinter absichtsloser Natürlichkeit verbergen. Ganz selbstverständlich scheint es für den Dichter Georg von der Vring gewesen zu sein, daß Sprache nur singen kann und daß ihr Gesang so schwerelos schwebend, so helltönig und zartgesponnen sein muß wie Lerchentriller oder das Filigran eines Spinnwebs zwischen taubeperlten Gräsern. Er war so formbewußt und reimspielvirtuos wie Rückert, aber bei weitem musikalischer und naturhaft-ungezwungener; er war so klangzauberisch wie Rilke, aber bei weitem nicht so tiefsinnstrunken und transzendental ambitioniert. Mit der arglosen Schlichtheit eines Matthias Claudius destillierte er betörende Süße und gehauchte Wehmut aus einer Zeit, die nichts weniger zu erlauben schien als solche Arglosigkeit. Georg von der Vring ging durch seine Zeit, als wäre sie nicht die seine; er blieb ihr so fremd, wie sie ihm war. Und doch war auch diese Fremdheit eine Antwort auf die Zeit.

Georg von der Vrings melosgesättigte Lyrik, klangbeseligt wie die keines anderen deutschen Dichters dieses Jahrhunderts, ist nicht selbstgenügsame Kunsthandwerkelei und auch nicht nur entrücktes Glasperlenspiel, sondern ein bewußtes Nein und ein bewußtes Bewahren. Sie setzt gegen das Getöse den verwehenden Flötenton, gegen die heroische Gebärde die Verletzlichkeit des Unscheinbaren und Zarten, gegen die auftrumpfende Dissonanz der rohen Gewalt die zerbrechliche Harmonie. Noch wo er die Bitternis seiner Kriegserfahrung in Verse faßt, sucht Georg von der Vring - auch wenn da Worte wie „Menschenbrei“ vorkommen können - die Tröstung des sangbaren Wohllauts. Doch je mehr man sich einliest in seine Gedichte, sich einhört in die zunächst befremdliche Widerstandslosigkeit, mit der die Welterfahrung dieses einzelgängerischen Dichters sich harmonikal beruhigt, desto mehr spürt man unter der perlmutt-schimmernden Oberfläche des feinen Gewirks die Bebungen einer verhaltenen Irritation, die leisen Todesschauer, das kaum merkliche Zittern des Schmerzes. Dieser Dichter, der in der „inneren Emigration“

während der Nazi-Zeit als Autor historischer Romane überlebte, aber die Rundfunkmitarbeit verlor, weil er den Hitlergruß verweigerte, war kein schöngeistiger Idylliker und kein weltlos verträumter Poet. Er hatte sich entschieden: er wußte, was er liebte und was er verabscheute, und daran hielt er fest.

Bald sind es 22 Jahre, daß Pioniere der Bundeswehr den toten Dichter aus der Isar fischten. Er hatte es nicht mehr ausgehalten, war aus der Wohnung gelaufen und hatte sich, 78jährig, ins Wasser gestürzt. In München hatte der Norddeutsche, der Seemannssohn aus dem oldenburgischen Brake, die letzten siebzehn Jahre seines Lebens verbracht, zurückgezogen, in ebenso gewollter wie erlittener Einsamkeit. Erst wenige Tage ist es her, daß sein Geburtstag sich zum hundertsten Mal jährte. Und lange ist es her, daß seine Klänge verweht schienen, verhallt und vergessen, noch fremder geworden in einer Zeit, die von der Lyrik, sofern sie sie überhaupt gelten läßt, alles mögliche erwartet, nur dies nicht: daß sie sangbar sei und klinge, auch ohne Musik. Doch nun sind sie wieder da, diese Klänge, wollen erneut ans Ohr dringen.

Der engagierte Verlag Langewiesche-Brandt in Ebenhausen an der Isar hat jetzt zum 100. Geburtstag eine Gesamtedition vorgelegt, die all die längst vergriffenen Gedichtsammlungen - von den frühen „Muscheln" bis zum späten „Gesang im Schnee" - zusammenfaßt und dazu eine Auswahl aus den bisher ungedruckten Versen des Nachlasses bietet, die immerhin ein Sechstel des handlichen, schön gedruckten Bandes ausmacht. Mustergültige Sorgsamkeit zeichnet diese Edition aus, die vom Bayerischen Staatsministerium für Unterricht und Kultus und der Bayerischen Landesstiftung mit Zuschüssen gefördert wurde, und das kongeniale knappe Nachwort des Dichters und Graphikers Christoph Meckel ist selber ein kleines Sprachkunstwerk. In chronologischer Folge sind die Perlenschnüre der 19 zu Lebzeiten veröffentlichten Gedichtbücher aufgefädelt; wo von der Vring die gleichen Gedichte mehrfach verwendete - darin war er unbekümmert -, stehen sie in der Letztfassung am Ort der Letztveröffentlichung, mit entsprechenden Querverweisen an den früheren Stellen. Weit mehr aber als nur Nachlese sind die Nachlaßgedichte - Barbara Bondy, Christoph Meckel und Heinz Piontek standen den Herausgebern bei der Auswahl zur Seite -, und einen ganz neuen, experimentell sprachspielerischen Georg von der Vring lernen wir dort in den „Optischen Gedichten“ kennen (ein Beispiel, „frülings weben“: viol indi oh prim elgeigt/ da fagottlost obo vist/ funk ja kelt anmonisch agleigt/ tür kein bund keinein erglisst).

So können wir also erneut diese Stimme vernehmen, die so beschwörend leise die Gefährdetheit der Welt zu Klang und Rhythmus machte, die melodiösen Akzente so leichtgewichtig setzte wie Falterflügel auf einer Mohnblume und mit dem Reimklang - dem gern ein wenig irregulären, mit der sanften Hartnäckigkeit des Ritornells wiederkehrenden - so zarthändig spielte, daß man meinen könnte, das Ungereimte in der Welt sei nur unschöne Täuschung. In einer Zeit, in der das Deutsche mit bösem Befehlsgebelfer grausam Geschichte machte, hat Georg von der Vring vorgeführt, zu welch schmiegsamer Grazie diese Sprache fähig ist. Man sollte wohl nicht zu viel auf einmal davon lesen, weil sonst unweigerlich doch der Wunsch nach Gehärteterem, Geschärfterem sich einstellt, das die „Wirrnis“ („Und so mißtönt krass Verhängtes/ mir im Lied als wüst Vermengtes“) nicht ganz so anmutig überfliegt. Das Wunder dieser Klanggestalten ist nicht leicht auszuhalten; es fordert auch. Und Verse wie dieses „Oh Nachtgedank, mein Ungewinn: ich werde nie sein, der ich bin“ (aus „Gedichte. Eine Auswahl“, 1965) gehören in ihrem schwebenden Zwiespalt von Sich-Verlieren und Sich-Finden im Gedicht zum Vollkommensten, was in deutscher Zunge geschrieben wurde.

Die Wahrheit des Musizierens

Der Dirigent Sergiu Celibidache

„So ist es!“ hat nach einem Konzert Sergiu Celibidaches ein begeisterter Hörer zu dem Dirigenten gesagt. „So ist es“ - mehr nicht. Und doch war dieses „So ist es“ für Celibidache (wie er in dem Film erzählt, den Jan Schmidt-Garre mit ihm und über ihn gedreht hat) das schönste Kompliment, das er jemals erhalten hat. Damit ist über den Musiker Sergiu Celibidache schon fast alles gesagt.

Denn „So ist es“ ist die einfachste Umschreibung für das, was wir Wahrheit nennen, und wem das Ergriffensein von Wahrheit durch Musik und der schlichtestmögliche Ausdruck dieses Ergriffenseins mehr bedeutet als die Lobeshymnen von Kritikern und Fachkollegen, mehr als die feuilletonistisch geschliffene und analytisch subtile Würdigung einer persönlich geprägten Interpretationsleistung, der muß zur Musik ein sehr besonderes Verhältnis haben. Zumal in einer Zeit, die dem musikantischen Hochleistungssport und dem Rekordfieber frönt, überwältigt sein will von einem Pult-Genie, das noch glanzvoller ist als X, noch hintergründiger als Y, noch rasanter und furioser als Z.

Ein großer Geiger hat einmal erzählt, wie er auf einer Reise einen Leuchtturm an der Nordsee besuchte. Als der Leuchtturmwärter fragend auf den Geigenkasten deutete und wissen wollte, was für ein Ding denn in dem seltsamen Futteral stecke, nahm er sein Instrument und spielte das Präludium aus Bachs E-Dur-Partita. Der Leuchtturmwärter, ein Mann ohne jede musikalische Bildung, lauschte stumm, trat dann ans Fenster, wies auf den dämmernden Abendhimmel und sagte: „Es ist da draußen alles wie da drinnen.“ Das ist die explizitere Version von „So ist es“. Denn natürlich ist mit diesem „So ist es“ nicht einfach die vollkommene Übereinstimmung der Klangrealisation mit dem Notentext gemeint, also das, was man mit einem mißverständlichen Begriff gern „Werktreue“ nennt; das Werk ist ja gar nicht da, bevor es erklingt, und die bloße Textgläubigkeit hat es schon verfehlt, weil der Notentext nicht die vollständige Kopie eines verborgenen Originals ist, die man noch einmal kopieren könnte, sondern ein notwendig unvollkommener, bei aller Genauigkeit der dynamischen Angaben und Phrasierungsvorschriften lückenhafter Hinweis zur Realisierung.

Um Treue allerdings geht es, und Treue ist nur möglich, wo Vertrauen herrscht, wie schon die Herkunft der beiden wurzelverwandten Wörter lehrt. Wem aber gilt die Treue? Und was ist so, wie es ist, wenn im Geist der Wahrheit musiziert wird? Ein Musikstück? Oder ein Seinszustand, auf den diese Musik sich bezieht? Oder das Sein schlechthin? Es ist wohl falsch, hier von einem „oder" zu sprechen.

Als Sergiu Celibidache im März 1989 Beethovens Neunte Symphonie so dirigierte, daß wir sie zum ersten Mal wirklich zu hören glaubten (und danach das affirmative Getöse der Schlußchor-Rasereien im Wendejahr kaum mehr ertragen konnten), war das ein Ereignis auf mehreren Ebenen. Zunächst eines der vollkommenen formalen (oder genauer gesagt: morphogenetischen) Klarheit; bis in die finale Stretta hinein, die gewöhnlich nur noch als wildes dithyrambisches Geknatter in den Schlußakkord stürmt, war die Entwicklung des motivischen Materials erlebbar als Drama einer klingenden Struktur, die eben als Struktur bereits geistiger Ausdruck ist, ihn nicht mehr übergestülpt bekommen muß mit emotionaler Emphase. Und nur durch die Treue dieses Horchens auf den Entwicklungsgang der Struktur war die zweite Ebene erreichbar, auf der der Jubelgesang an die Freude (*an* die Freude; schon in Schillers Text wird die Freude nicht ausgesungen, sondern angesprochen, beschworen!) nicht mehr selbstbestätigend toben muß, sondern sich dem „sanften Flügel" dieser Freude mit wahrhaft berückender Sanftheit anheimgeben kann. Und in inniger Verhaltenheit bekennen, daß nicht die triumphierend genossene Freude besungen wird, sondern die als möglich erahnte, die bangend erhoffte, die verzweifelt ersehnte.

„Alle Menschen werden Brüder"? Ein Wunschbild; wir wissen es anders. „Überm Sternenzelt muß ein lieber Vater wohnen"? Eine Suche nach Tröstung, keine gläubige Gewißheit. So wie Beethoven es komponiert hat. Die Zerrissenheiten des Kopfsatzes werden ja nicht nur zu Beginn des Finales zitierend in Erinnerung gerufen, sondern bleiben das Fundament, auf dem der Freudengesang mehr fragend als antwortend erwächst. Und nur so, als stiller Regenbogenschimmer über dem Abgrund der realen Verzweiflung, kann er das Herz rühren, anstatt bloß betäubend mit sich fortzureißen. Und erst darin öffnet sich die dritte Dimension: jenseits von Angst und Hoffnung, von Verzweiflung und Freude ein einverständiges Gewahrwerden des Seins - die Stille im Zentrum des Zyklons. Da kann man nur schweigen oder, am Rande dieses Schweigens, gerade noch sagen: „So ist es."

Solches Musizieren aus der Tiefe des erhorchten Seins hatten wir seit Furtwänglers Tod nicht mehr vernommen (jedenfalls in der symphonischen Musik; eher noch auf dem Klavier - solange Claudio Arrau noch lebte). Als Furtwänglers Nachfolger in Berlin war Sergiu Celibidache ausersehen; er wurde es bekanntlich nicht. Die Musikgeschichte nahm einen anderen Verlauf; die Hochglanzästhetik der geschliffenen Oberfläche bestimmte die Hörgewohnheiten und Hörerwartungen. Als Celibidache 1979 die Münchner Philharmoniker übernahm, spät also noch einmal sich fest an ein Orchester band, mußte erst einmal umgelernt werden. Das Orchester erkannte rasch die neue Chance; Teile des Publikums und vor allem der Kritik brauchten länger, um zu begreifen, daß Celibidaches Absolutheitsanspruch, die unerbittliche Strenge seiner Detailarbeit am klingenden Bewegungsgestus und die atmende Ruhe seiner ungewohnt breiten Zeitmaße nicht „Eigenwilligkeit" und „Perfektionismus" waren, sondern das genaue Gegenteil davon. Der „eigenwillige" Musiker bleibt in der Beteuerung des „So bin ich" stecken und erreicht nie die transzendentale Wahrheit des „So ist es", und die Musik des „Perfektionisten" klingt nur akkurat und exakt, aber niemals lebendig wahr.

Celibidaches Musizieren hat sehr viel gemein mit der Selbstvergessenheit des ZEN-Bogenschützen, der in hingebungsvollem Mühen sich eingestimmt hat auf die Gesetzlichkeit des Kosmos, alle Selbstherrlichkeit des Siegenwollens abgestreift hat und darum völlig absichtslos ins Schwarze treffen kann. Daher die meditative Gesammeltheit, der konzentrierte Energiefluß, die atmende Natürlichkeit seines Musizierens, in dem alles ganz selbstverständlich wirkt, obwohl gerade diese Selbstverständlichkeit das am allerwenigsten Selbstverständliche ist.

II. Auge und Leib

Dies ist keine Pfeife

Vom Verlust der Sinnlichkeit in der Kunst

„Du kannst dir das Gegenteil vorstellen“, steht in blauer Neonschrift am Dachtrauf des Münchner Lenbachhauses. Natürlich steht der Satz dort nicht in deutscher Sprache, denn wie der Computer redet auch die Kunst heute am liebsten englisch. Und daß die Aufforderung, Gegenteiliges zu denken, als Kunst zu gelten hat, muß man nicht erst aus dem Umstand erschließen, daß im Lenbachhaus die städtische Kunstsammlung logiert. Denn um Werbung, deren Domäne sonst die Leuchtschrift ist, kann es sich schon darum nicht handeln, weil das Wesen der Werbung ja in der Suggestion besteht, daß es zu einem bestimmten Produkt, sei es Marken-Jeans oder Automodell, nur für Ahnungslose eine Alternative geben kann.

Die Verwendung der Fremdsprache hat den Vorzug, daß im englischen „you can imagine“ wenigstens für Lateinkundige noch ein Rückbezug zur bildhaften Vorstellung erkennbar ist, freilich abgeblaßt zum bloßen etymologischen Wissen. Das Auge ist nur noch das Einfallstor zum Hirn; die verborgene andere Dimension des Wirklichen wird nicht der sinnenhaften Erfahrung erschlossen, sondern dem Intellekt als Spielmaterial hingeworfen; der Verstand wird ermuntert, sich die Dinge anders zu denken, als sie gewohnheitsmäßig erscheinen, und noch dieses Umdenken ins Andersartige bleibt beschränkt auf den extremen, aber auch banalsten Fall des puren Gegenteils.

Für philosophisch Versierte enthält der Satz interessante Scharfsinnsfallen, aber davon soll hier nicht die Rede sein. Es geht um die Verdrängung des Bildes durch die begriffliche Aussage und des sinnlichen Erlebens von Bildgestalten durch die Reflexion. Dies ist ein Prozeß, der schon kurz vor dem Ersten Weltkrieg begonnen hat, aber erst seit den späten 60er Jahren die Kunstproduktion zu beherrschen anfing. Nicht oft äußert sich die Tendenz zur Konzeptualisierung der Kunst in der zugespitzten Form der puren Wortmitteilung wie in dem Schriftzug am Lenbachhaus oder den elektronischen Displays von Jenny Holzer. Aber auch dort, wo die Künstler noch mit den ästhetischen Wirkungen der Farben und Formen arbeiten, auch mit dem stofflichen Reiz der Materialien, geht es in der Regel nicht mehr um das sinnliche Erlebnis der Wahrnehmung selber, sondern um die gedanklichen Irritationen, die Bewußtseinsimpulse, die dadurch ausgelöst werden.

Was Joseph Beuys für sein persönliches Werk in Anspruch genommen hat, kann für die gesamte Entwicklung gelten: es handelt sich um eine Erweiterung des Kunstbegriffs. Erweiterung nimmt einem Begriff freilich den klaren Kontur und macht seinen Inhalt diffus. Daß es sich letztlich um eine Aufhebung des Kunstbegriffs handelt, ist schon am Schicksal von Marcel Duchamp abzulesen, dessen „Ready Mades" 1913 den Prozeß einläuteten und zugleich radikal an sein Ende brachten. Denn wenn man in der Präsentation eines Flaschentrockners oder eines Urinals als Kunstwerk mehr als eine provokative Laune sehen wollte, war mit dieser Geste die Kunst überhaupt für obsolet erklärt. Die Aussage war, daß Kunst nicht aus sich selbst bestimmt werden kann, sondern allein durch den Kontext definiert wird: Kunst ist, was dort gezeigt wird, wo man Kunst erwartet. Im Umkehrschluß wäre dann ein Dürer-Kupferstich, wenn jemand ihn auf einen Nagel an einer Toilettenwand spießte, ganz einfach Klopapier. Mit der Kunst ist es dann definitiv vorbei, und Duchamp hat für sich selbst diese Konsequenz auch gezogen und die Kunstproduktion aufgegeben.

Seine Nachfolger aber versuchen, aus dem provokativen Akt, der den Kunstbegriff sprengt, aber damit auch sich selbst aushebelt, eine Methode zu machen, mit der sich dauerhaft Kunst produzieren läßt. Eine Kunst anderer Art freilich, bei der es nicht mehr um die sinnenhafte Präsenz einer bedeutsam artikulierten Gestalt geht, sondern bloß noch um den Überraschungseffekt einer originellen Idee, deren konkrete Ausformung nicht mehr von Belang ist. Das können dann etwa lebende Schweine sein, die als Kunstphänomen zu bestaunen sind, wie bei Rosemarie Trockel 1997 auf der Kasseler Documenta oder kartographisch exakte dreidimensionale Miniaturporträts von Alpengipfeln wie bei dem Münchner Bildhauer Stephan Huber, der seine gipsweißen Zackenpyramiden mal in eine Landshuter Kirche stellt für ein theologisch ambitioniertes Ausstellungsprojekt mit dem Titel „Schöpfung" und mal ins Arsenal von Venedig für das pure Dabeisein bei der Biennale. Solche Kunst lebt nicht davon, daß sie den Menschen etwas sagt, sondern davon, daß von ihr geredet werden kann. Und das erweist sich im Medienzeitalter als eminenter Marktvorteil.

Natürlich war Kunst immer aus Ideen gespeist. Der Isenheimer Altar von Matthias Grünewald wäre nicht denkbar ohne die Glaubensvorstellungen, die sich damals mit Kreuzigung und Auferstehung verbanden. Aber das künstlerisch Entscheidende bei Grünewald ist nicht, *was* er gemalt hat, sondern *wie* er es gemalt hat. Kreuzigung und Auferstehung haben Hunderte von braven Handwerkskünstlern dargestellt, deren Fleißarbeiten uns kalt lassen; was uns bei Grünewald ergreift, ist die expressive Gewalt des Farbenspiels und der Linienverläufe, die zupackende Kraft einer hochdifferenzierten kompositorischen Gestaltung - etwas ganz und gar Sinnliches also, in dem gleichwohl Geistiges in Erscheinung tritt, das auf andere Weise gar nicht zu erfahren wäre.

Was ist dieses Sinnliche, in dem Geistiges sich auf eine spezifische, durch nichts anderes zu ersetzende Weise mitteilt? Kehren wir noch einmal zur Leuchtschrift am Lenbachhaus zurück. Was dort zu lesen ist, hat einige Jahrzehnte zuvor der Surrealist René Magritte auf bildnähere Weise ausgesagt, als er eine Pfeife malte und in das Gemälde auf französisch schrieb: „Dies ist keine Pfeife." Das hieß: unsere Benennungen sind bloße Konvention und erfassen nicht, was die Dinge sind. Kurzformel also für einen sprachkritischen philosophischen Essay, und die Pfeife hätte kaum mehr gemalt sein müssen; ein Piktogramm hätte genügt.

Und nun stellen wir uns vor, Paul Cézanne hätte eine Pfeife gemalt, vielleicht ein Stilleben mit Pfeife; auch er hätte mit vollem Recht sagen können: „Dies ist keine Pfeife", aber er hätte etwas völlig anderes gemeint. Denn eine gemalte Pfeife ist für jeden echten Maler selbstverständlich keine Pfeife, sondern ein Bild, genauer: Bauelement eines Bildes. Ein Bild aber ist für den echten Maler weder die getreue Kopie noch die zeichenhafte Kürzelform einer Vorstellung von realen oder imaginären Dingen, sondern eine schöpferische Antwort auf die Welt durch die Organisation von Farben und Formen auf der Fläche und darin ein geistsinnliches Innewerden des In-der-Welt-Seins. Wesentlich an der gemalten Pfeife wäre nicht, daß man die Pfeife als Pfeife erkennt und über ihre Bedeutung nachdenken kann; wesentlich wären die Abtönungen und Kontrastspannungen der Farbe, mit denen das dinghaft Erscheinende nicht dargestellt, sondern geöffnet wird, in der Schwebe gehalten und transparent gemacht in einem sinnenhaften Erkenntnisakt, der die Leiblichkeit des Menschen mit seiner Intellektualität versöhnt.

Gewiß ist ein solches Kunstverständnis epochengebunden, eine Errungenschaft der europäischen Kultur der Neuzeit, und wenig spricht dafür, daß es für alle Zeiten verbindlich bleiben müßte. Aber es wäre unklug, im Fortschreiten zu anderen Kulturformen nicht nachzudenken über das, was wir verlieren. Was verlorenzugehen droht, ist eine hochentwickelte Kultivierung der Sinnlichkeit und eine Rückkoppelung an unsere Leibhaftigkeit, vermittelt durch die Nuancenempfänglichkeit des Auges und die Sensibilität der Hand des Malers. Es könnte sein, daß die Kunstentwicklung dazu beiträgt, daß wir ins Zeitalter der optischen Überflutung als visuelle Analphabeten eintreten, ins Zeitalter der Virtualität mit verkümmerter Phantasie, ins Zeitalter der schrankenlosen Manipulation der Natur mit erlöschendem Gespür für unsere Leiblichkeit, unsere eigene Naturhaftigkeit. Also auch ohne Widerstandspotential in ein Zeitalter ungeahnter Entfremdungen. Widerstandspotential nimmt freilich gerade die progressive Kunst für sich in Anspruch; sie zehrt vom Skandaleffekt des Anstößigen und hält sich darum für subversiv. Dabei ist unverkennbar, daß sich ihr Siegeszug auf allen Ebenen der Sogwirkung des Mitläufertums verdankt. Echte Widerstandskraft erfordert Mut, und den zeigt, wer gegen den Strom des Zeitgeistes schwimmt, auch wenn er damit auf keiner Biennale mehr eine Chance hat.

Der große Sisyphus der Malerei

Das Werk des Malers Paul Cézanne

Die Pilgerscharen strömen und strömen: die Kunstwelt wallfahrtet zu Paul Cézanne. Stundenlang geduldig ausharrend bei gutem wie bei schlechtem Wetter, schiebt sich die endlos lange Warteschlange der von weither Angereisten im Schneckengang dem Einlaß zur Tübinger Kunsthalle entgegen: die Beine leiden gern für das erhoffte Fest der Augen. Ein neuer Rekord des Bilderhungers bahnt sich an: der Erfolg Picassos in Berlin (über 300 000 Besucher) dürfte spielend überboten werden.

Was macht diesen unwiderstehlichen Zauber aus, dem offenbar niemand sich entziehen kann? Cézanne ist ja keines jener spektakulären Originalgenies, die mit der Gewalt ihrer Erfindungen, mit brachialem Gestus oder flammendem Ausdrucksfuror die Phantasie aufwühlen und auch Widerstrebende in ihren Bann zwingen. Er schleudert keine vulkanischen Blitze; Sensationen sind bei ihm nicht zu haben. Aber er gehört auch nicht zu jenen, die mit dekorativer Harmonie bequeme Augenweiden ausbreiten und mit üppigem Oberflächenglanz betrunken machen. Seine Themen sind bis zur Unscheinbarkeit bescheiden, seine Malweise ist eher spröde und herb, ja manchmal sperrig. Seine Kühnheiten in Farbaufbau und Bildraum-Tektonik sind gebändigt durch skrupulöse Bedächtigkeit; die demütige Scheu, mit der er vor der Objektivität des naturhaft Seienden verharrte, um die Essenz dieses Seienden in eine autonome Bildgestalt von zeitentrückter Endgültigkeit auszufiltern, umgibt seine Gemälde mit einer Aura von Verschlossenheit, fast Unnahbarkeit. Die Kunst des Paul Cézanne, der sich zur Aufgabe machte, nur zu malen, was er sieht, und mit dieser scheinbar einfachen, aber unendlich schweren Aufgabe ein Leben lang erbittert, oft verzweifelt und keineswegs immer erfolgreich gerungen hat, enthüllt ihr Geheimnis nicht auf den ersten Blick.

Die Legende Cézanne

Freilich, es gibt die Legende Cézanne. So gut wie alles, was nach ihm mit unaufhörlichen Innovationsschüben die Kunstgeschichte beschleunigte, hat sich auf Cézanne als Ahnherrn, Vordenker, Lehrmeister und Schutzpatron berufen: ohne Cézanne kein Kubismus, ohne Cézanne keine „moderne Kunst“. Götz

Adriani, der die Ausstellung in Tübingen organisierte und mit einem blitzgescheiten, stilistisch souveränen Katalogtext begleitete, spricht hier mit Recht und einer glückhaft treffenden Formulierung von „ingeniösen Verkennungen". Cézanne, dieser große Einsame, der darum kämpfte, ein „Klassiker" zu werden, seine Kunst als „ehrfürchtiges Handwerk" betrieb, in der Natur die höchste Autorität verehrte (die freilich nicht „reproduziert" werden sollte im täuschenden Abbild ihrer Oberflächenerscheinung, sondern „repräsentiert" in der Wesensgestalt ihrer schöpferischen Energien) und die Verwüstungen des sogenannten Fortschritts mit argwöhnischem Ingrimm registrierte, wäre wohl zutiefst entsetzt gewesen, wenn er noch hätte erleben können, für was alles er als Pate in Anspruch genommen werden sollte. Er sah sich wohl mehr als Endpunkt der Vergangenheit denn als Ausgangspunkt künftiger Entwicklungen; „der Abend der Welt bricht an. Die Malerei geht dahin mit allem", entfuhr es ihm einmal im Gespräch mit dem jungen Schriftsteller Joachim Gasquet, dessen Aufzeichnungen wir den wohl tiefsten Einblick in Cézannes künstlerisches Denken verdanken.

Nicht ausschließlich wohl, aber sicher zu einem beträchtlichen Teil verdankt Cézanne seine Wegbereiterrolle für das nachfolgende Jahrhundert den Spuren seines Scheiterns. In seiner Wahrhaftigkeit, die ihn zum Aufhören zwang, sobald die Konzentration nachließ und das Seherlebnis nicht mehr hinreichend geklärt werden konnte, hat er viele Leinwände unvollendet hinterlassen, deren offene Strukturen und noch spärlich und rudimentär gesetzte Farbakzente zu neuartigen Blickweisen einluden; gewöhnt inzwischen an die ausschweifendsten Vergewaltigungen des naiven Sehens, schauen wir diese halbfertigen Bilder heute gewiß mit ganz anderen Augen an als Cézanne, der gesagt hat, es dürfe „keine einzige lockere Masche geben" im Bildgefüge, aber auch keinen Strich zu setzen wagte, der nicht „im Einklang" war „mit einem Atemzug der Welt". Und zudem hat dieser Maler, der nichts so sehr verabscheute wie die Überwältigung des Sehens durch das Denken, der „Logik des Auges" durch die „Logik des Gehirns" („alle Theorien führen in die Irre", hat er gesagt), doch eine Fülle theoretischer Aussprüche hinterlassen, deren Echo sich leicht verselbständigt. „Die Farbe ist der Ort, wo unser Gehirn und das Weltall sich begegnen" - solche Gongschläge haben einen obertonreichen Widerhall, in den vieles hineinzuhören ist.

Die Legende Cézanne ist mächtig und macht unbefangenes Sehen nicht leicht. Aus Zürich, aus der Sammlung Bührle, kam der um 1888/90 gemalte „Knabe mit der roten Weste" nach Tübingen, ein berühmtes Bild mit seiner eigenen Legende. Seit früher Jugend ist es uns durch Postkartendrucke vertraut, und ebenso lange kennen wir den polemischen Ausbruch, mit dem Max Liebermann die Kritik an der Überlänge des vorderen Armes abschmetterte: ein so schön gemalter Arm könne gar nicht lang genug sein. Das Nachplappern dieses Bonmots ersetzt inzwischen das genaue Hinsehen. Den „wohl schönsten Beitrag zur europäischen Porträtkunst" nennt Götz Adriani dieses Bild, was schon insofern nicht ganz stimmt, als Cézanne sein Modell gerade nicht porträtiert, sondern eher wie ein menschliches Stilleben behandelt hat. Man kann aber schwer übersehen, daß Cézanne durch den Größenunterschied der beiden Arme eine explosiv übersteigerte Raumtiefen-Perspektive erzeugt, die das Bildgefüge in seiner Flächenordnung sprengt. Denn diese gewaltige Raumdehnung nach hinten, noch akzentuiert durch den Brief auf dem moosgrünen Möbel, auf das der Knabe den hinteren Ellbogen stützt, wird nicht nur desavouiert durch den stark nach vorne geholten Hintergrund, dessen Blaugrün mit den Farben von Hemd und Halstuch fast zur Einheit verschmilzt, sondern auch durch die malerische Behandlung des hinteren Armes selbst, dessen Farbmodulation gerade den Ellbogen nach vorne holt, den Oberarm aber zur Schulter hin nach hinten zurückweichen läßt. Die räumliche Unstimmigkeit ist also nicht konsequent genutzt zum Aufbau eines in sich schlüssigen autonomen Bildraumes (wie dies später die Kubisten versuchen); ihre Folgen münden nicht in ein durchgängiges Ordnungsprinzip. Der Widerspruch besteht nicht gegenüber der anatomischen Naturform oder ihrer perspektivischen Erscheinungsweise, sondern gegenüber der Logik der Bildordnung.

Tragik einer Künstlerexistenz

Hinzu kommen Fehlstellen in der malerischen Faktur. Um die vordere Schulter windet sich ein Wulst aus grob aufgetragenem Weiß, der so aussieht, als habe der Künstler eine nicht ganz befriedigende Partie provisorisch abgedeckt, die Neuausführung dann aber unterlassen. Der Anschluß des Armes an den Rumpf ist dadurch verunklärt und, was schwerer wiegt: der formale

Energiefluß ist gestaut und unterbrochen. Und im nicht nur anatomisch (was belanglos wäre), sondern von der Bildtektonik her eine Spur zu weit nach links gesetzten Kopf ist das vordere Auge malerisch nicht integriert: es ist nicht gemalt, sondern zeichnerisch skizziert mit einem fast klischeehaft wirkenden graphischen Kürzel. Es gehört einer ganz anderen Ästhetik an als jenem Gewebe von Farbstufungen, mit dem Cézanne eine „Harmonie parallel zur Natur" schaffen wollte.

Ein grandioses Bild bleibt der „Knabe mit der roten Weste" dennoch in der Tonfülle seines triumphal abgründigen Farbklanges. Aber es ist wohl wichtig, die kleinen Gebrechen des Bildes nicht zu übersehen, um die Tragik dieser Künstlerexistenz nicht mit der Meistergloriole auszublenden. Tragisch war diese Existenz nicht nur im äußeren, biographischen Sinne: erfolglos in Paris, Jahr für Jahr abgeschmettert von der Jury des Salons, verlacht und mißachtet im heimatlichen Aix-en-Provence, wo er sich vergrub, bis zum Tod des Vaters (da war der Künstler schon 47) auf dessen knauserige Wechsel angewiesen und gezwungen, Lebensgefährtin und Sohn zu verschweigen, um den bescheidenen Unterhalt nicht zu verlieren - eine endlose Folge von Demütigungen, die durch spärliche Anerkennungen im letzten Lebensjahrzehnt kaum aufgewogen werden konnten. Tragisch war auch das Künstlertum selbst. Die vielen Verzagtheitsausbrüche, in denen Cézanne an seiner Kunst verzweifelte, oft auch Leinwände zerstörte, sind ganz ernstzunehmen: nicht nur als Anwandlungen seiner Stimmungslabilität, sondern als Ausdruck des Wissens, daß er sich dem, was er wollte, meist nur annähern konnte und es selten rein verwirklicht hat.

Noch einmal gilt es hier genauer zu unterscheiden. Die „Geschicklichkeit", hat Cézanne gesagt, sei „der Tod der Kunst"; man müsse sie darum „brechen". Und: „Ich möchte mit meiner gläubigen Ungeschicklichkeit die Formel finden." Abgewiesen wird damit die Glätte des veräußerlichten Könnens, das sich mit der Fazilität routinierten Virtuosentums über die eigentliche Aufgabe hinwegmogelt, aber damit ist nicht schon jedes Mißlingen zu einer künstlerischen Wahrheit geadelt. „Uns wird die Geschicklichkeit schon angeboren", hat Cezanne gesagt (als Hemmnis, meint er, das es zu überwinden gilt), aber gerade ihm war sie das nicht. Am Frühwerk mit seiner pathetischen Vehemenz befremdet nicht nur die hitzig dramatisierte Phantastik, die er später als „literarisch" verabscheute, sondern auch eine offensichtliche Unbeholfenheit in der Darstellung von Figuren im Raum, die in manchen kühn gewollten, aber mißratenen Verkürzungen der Schrägsicht schon aberwitzig wirkt. Daß es ihm in den späteren ganzfigurigen Bildnissen (seiner Frau vor allem) niemals gelingt, eine Figur wirklich sitzend erscheinen zu lassen, kann vor diesem Hintergrund nicht so ohne weiteres als Ausdruck eines bewußten Kunstwollens verstanden werden, das solche Richtigkeitsforderungen souverän übergeht; zutreffender könnte sein, daß eine fundamentale Unbehilflichkeit auch hier noch in der nichtperspektivischen Räumlichkeit einer autonomen Bildordnung als leiser Störfaktor fortwirkt: nicht überstiegen und verwandelt, sondern als Hemmklotz mitgeschleppt.

Noch in das herrliche Bildnis „Hortense Fiquet im roten Sessel" aus Boston, dem Rilke eine so tiefsinnige Beschreibung gewidmet hat („Es ist, als wüßte jede Stelle von allen"), ein Gemälde von einer Opulenz der Orchestrierung, wie Cézanne sie kein zweites Mal gewagt und gemeistert hat, wirkt diese Unklarheit der Sitzposition als leichte Irritation hinein, hier aber fast völlig abgefangen in der reichgestuften Farbordnung der spannungsvollen Flächenharmonie. Auf wahrhaft grandiose Weise hat Cézanne dann in dem Landschaftsbild „Die Mühle an der Couleuvre bei Pontoise" (wahrscheinlich 1881 entstanden) die vielen Brüche und Verwerfungen der Raumsicht in eine konsequente Rhythmisierung der Fläche eingebracht. Dieses auch koloristisch faszinierende Bild, eines der makellosesten Meisterwerke, war das erste, das in Museumsbesitz gelangte: für die Berliner Nationalgalerie hat es 1897 Hugo Tschudi erworben, dessen souveränem Weitblick später dann auch München seine drei Cézannes verdankte (von ihnen wurde nur das Stilleben mit Kommode nach Tübingen ausgeliehen, nicht der für Cézannes Entwicklung ungleich wichtigere „Bahndurchstich").

Eine unvollendbare Suche

In den Stilleben wiederum, wo Cézanne oft am meisten bei sich selbst zu sein scheint, wo die Dinghaftigkeit bescheidener Objekte sich auratisch auflädt zu Ewigkeitschiffren, ohne ihre überwältigend irdische Präsenz einzubüßen, finden sich Überakzentuierungen der Räumlichkeit durch allzu plastisch, allzu gestisch sperrig gebauschte Tischtücher, kippende Bildteile und absichtsvoll aufgepflockte Teller, die manchmal als künstlerisch überzeugend genutzte Irritation den Schwebezustand von Vergänglichkeit und Dauer (von „Bestehendem" und Beständigem", wie Adriani treffsicher formuliert) unterstreichen, manchmal aber auch als schwer zu verstehende Willkürlichkeiten wirken, die Cézanne eigentlich aus seiner Kunst zu verbannen suchte.

Vielleicht muß man doch davon ausgehen, daß das partielle Scheitern der Kunst Cézannes inhärent ist - ein Scheitern nicht nur an den Schwierigkeiten der Aufgabe, die Fülle des Seins auf der Leinwand noch einmal zu erschaffen, sondern auch an den ungelösten Widersprüchen des eigenen Naturells. Nicht im Glück der Vollendung liegt die Größe dieser Kunst, sondern in den tapfer bestandenen Fährnissen des Unterwegsseins. Cézanne blieb ein Suchender, der sich mit gläubigem Ernst seine Seinsfrömmigkeit mühsam erkämpfte, immer wieder heimgesucht von den Obsessionen seiner Frühzeit, vor allem mit dem Dauerthema der „Badenden", dessen Realisierungen fast immer glücklos verquält wirken, und wo er eben nicht malte, was er sah, sondern was er ersehnte und erträumte: die Harmonie von Mensch und Natur. Cézanne ging seinen Weg ohne voreiliges Überspringen der Widerstände, er querte den Abgrund ohne Netz. Ohne das Netz instinktiv gesicherten Könnens und ohne das Netz einer vereinfachenden Theorie.

Liest man seine Gedanken zur Kunst (bei Gasquet, in den Briefen, vor allem an Emile Bernard), kann man momentweise fast versucht sein, sein Wollen eher in den Bildern Paul Seurats realisiert zu glauben. Aber Seurat hatte sein System, in dem alles bruchlos aufgehen mußte, und das wäre Cézanne unstatthaft erschienen. Er rang mit dem Inkommensurablen, das nicht so glatt und widerspruchlos aufgehen konnte, am erschütterndsten in den späten Bildern des Gebirgszuges der Sainte Victoire: Markierungen eines verzweifelten Zugriffs auf eine Wirklichkeit, die sich entzieht. Jenes unmittelbare Ansichtigwerden der Transzendenz im Immanenten, um das Cézanne sich mühte, war in dieser hoffnungslos säkularisierten, wissenschaftlich-technisch profanierten Welt nicht mehr zu haben. Cézanne hat das wohl gespürt, aber er gab nicht auf. Er war ein Sisyphus - ein tapferer Sisyphus. Das gibt auch den Schwächen und Ungereimtheiten seiner Werke einen tieferen Sinn.

Und vielleicht liegt darin das Bewegende, auch die unwiderstehliche Attraktivität seines Werkes bei allen Irritationen: sein Ringen mit der Göttlichkeit des Seins verweist uns auf Unerreichbares, aber zugleich auf die Unerläßlichkeit des Strebens nach diesem Unerreichbaren, wenn wir nicht aufhören wollen, Menschen zu sein. Und er betrügt uns dabei nicht um das Unvollendbare dieser Suche.

Die Arbeit des Erinnerns

Mahnmäler des Holocaust

Auschwitz hat die Welt verändert, unwiderruflich. Die Menschheit lebt künftig unter der Last des Wissens von ihrem furchtbarsten Abgrund, und nichts kann dieses Wissen tilgen, den Abgrund wieder verdecken. Noch das Wegsehen der Unbetroffenheit, so arglos und unverkrampft es sich geben mag, ist als Reaktion auf dieses Wissen sein mittelbarer und verquerer Ausdruck: es ist aktives Wegdrängen, nicht unschuldige Ignoranz. Niemand aber kann sich blind machen für den Schrecken, der aus diesem Abgrund steigt, ohne sich blind zu machen für die Welt überhaupt und für sich selbst.

Nach Auschwitz könne man keine Gedichte mehr schreiben, hat Adorno gesagt, aber das ist so wahr oder falsch wie der Satz, nach Auschwitz könne es kein Leben mehr geben; es gibt ein Leben nach Auschwitz, aber nichts daran kann mehr so sein, als hätte es Auschwitz nicht gegeben. Am quälendsten haben das die Überlebenden erfahren, an denen lebenslang die Scham des Überlebens fraß. Ein Mann wie Primo Levi, der die „Stunde der Freiheit" als „ernst und lastend" erlebte, hat jahrzehntelang in seinen Büchern um das Weiterlebenkönnen gerungen und das Weiterleben dann doch nicht geschafft: Auschwitz blieb Gegenwart. Und es ist Gegenwart, nicht abgeschlossene Vergangenheit; es ist Gegenwart in den psychischen Nachwirkungen auch bei denen, die noch gar nicht geboren waren, als das Tor mit den Hohnworten „Arbeit macht frei“ sich endgültig öffnete, bei den Kindern und Kindeskindern der Täter wie bei denen der Opfer. Erst in den letzten Jahren haben Psychotherapeuten gelernt, aufmerksam zu werden für die spezifischen Traumen dieser Erblast, die vor allem Traumen des Schweigens und der Lüge sind, des Wegsehenmüssens, Verstummenmüssens, Nichtwissendürfens. Als neblige Leere liegen sie am Grund der Existenz ganzer Generationen.

Die Wachheit des Erinnerns ist da mehr als eine Gedenkpflicht, die wir der Achtung vor den Opfern schulden. Sie ist bittere Notwendigkeit. Wie aber kann die Arbeit des Erinnerns angemessen geschehen, wie findet sie ihren gültigen äußeren Ausdruck? „The Art of Memory“ (die Kunst des Erinnerns) hieß die Ausstellung über Holocaust-Gedenkstätten, die 1993 das Jewish Museum in New York veranstaltete und die jetzt unter dem sachlichen Rubrum „Mahnmale des Holocaust“ im Münchner Stadtmuseum zu sehen ist. „Kunst des Erinnerns“ klänge im Deutschen verharmlosend; „Die Arbeit des Erinnerns“ aber würde als Titel der menschlichen Herausforderung des Ausstellungsthemas eher gerecht als eine neutrale, verdinglichende Objektbenennung. Mit ihr fängt das Wegschieben schon wieder an, denn auf Fakten und Objekte läßt der Holocaust sich nicht reduzieren; das Wesentliche an den Fakten und Objekten ist, daß sie uns angehen.

Was die Ausstellung vorführt, ist eine Geschichte des unausweichlichen Scheiterns. Mit großem Ernst und großem Verantwortungsgefühl haben immer wieder Künstler sich der Herausforderung gestellt, das Gedenken wachzuhalten. Aber kein Pathos und keine Nüchternheit hält der Realität des Holocaust stand. Keine Gebärde des Leidens, ob expressionsgeladen oder verhalten stilisiert, und keine Gedankensymbolik reicht wirklich an diese Realität heran; sie entzieht sich der Abbildbarkeit wie dem scheu oder beschwörend verschlüsselten Zeichen. Die erste Generation versuchte es mit der Wucht plastischer Gesten, die sich heroisch aufbäumend der tödlichen Gewalt entgegenstemmen; Einfühlung ist hier der Ausgangspunkt. Jüngere Künstler beschreiten eher die Wege einer abstrahierenden Konzeptualisierung, die jenseits sinnlicher Identifikationsimpulse mit karger Chiffrenbotschaft Denkprozesse stimulieren will. Dieser zweite Annäherungsweg wirkt auf uns Heutige angemessener und überzeugender; zu den eindrücklichsten Lösungen gehört die allmählich im Boden versinkende bleiverkleidete Stahlsäule von Esther und Jochen Gerz in Hamburg-Harburg, die mit ihrem Verschwinden zugleich das Entgleiten der Geschehnisse evoziert, an die sie mahnt, aber auch in der vollständigen Versenkung (sie ist längst erreicht) unsichtbar anwesend bleibt.

Schlichtheit ist die Forderung der Nachgeborenen. So oder so aber können Mahnmale nur Ausdruck der Fassungslosigkeit sein. Eben dies aber ist ihre Aufgabe. Sobald in ihnen etwas „bewältigt" scheint durch definitive Gültigkeit der Form, werden sie zum puren Alibi, zur entlastenden Ersatzveranstaltung wie der gedankenlose Gedenk-Tourismus, den einige Fotos in der Ausstellung dokumentieren. Zu „fassen" vermag niemand das Geschehene; der Fassungslosigkeit nicht auszuweichen, die uns erfaßt, wenn wir des Geschehenen innewerden, sie nicht zu überspielen mit intellektuellen und moralischen Tröstungen, ist Sinn und Ziel der „ Erinnerungsarbeit". Es geht um den Schmerz des wachen und fühlenden Gewahrseins, nicht um das schlechte Gewissen einer abzubüßenden „Kollektivschuld" und insofern nicht um „Moral" im vordergründigen Sinne; hier liegt das Grundmißverständnis der „Vergangenheitsbewältigung", und darum ist der selbstgerecht moralisierende Eifer der Berufs-Bewältiger nicht minder heillos als das gleichgültige oder zynische Vergessen.

Die Ausstellung ist wichtig, und die Mahnmäler bleiben wichtig, auch wenn sie eigentlich immer unzulänglich sind. Erschütternd unter die Haut aber geht die Dokumentation des israelischen Yom Hashoah: eine Sirene ertönt, und solange dieser sinistre Ton gellt, steht alles Leben still. Die Autos bleiben stehen, die Passanten, eben noch mit quirlender Hektik durch die Straßen eilend, erstarren zu Gedenksäulen. Man erlebt das in der Ausstellung als Filmdokumentation, und es geht durch Mark und Bein: das ist keine „Gedenkminute" der „Besinnlichkeit", es ist die reale Wiederkehr des Schreckens, der nur durch Aushalten zu bannen ist; es ist der gelebte und erlebte gemeinsame Tod inmitten des geschäftigen Lebens, die gegenwärtige und leibhaftige Präsenz der unauslöschlichen Vergangenheit Auschwitz, aus der Verborgenheit ihres untergründigen Fortwirkens in die Aktualität gerufen durch den kollektiven Ritus des Volkes der Opfer, einmal in jedem Jahr, zwei Minuten lang. Daß vereinzelt auch Menschen ausscheren aus der solidarischen Übung und scheinbar unbekümmert weitergehen, verstärkt eher noch die Wirkung: so wird klar, daß es sich nicht um einen Automatismus handelt, sondern um eine von jedem einzelnen immer wieder neu zu treffende Entscheidung.

An die persönliche Entscheidung appelliert auch eine Aktion des Kasseler Künstlers Horst Hoheisel, die die Ausstellung begleitet: jeder kann sich beteiligen an einem wachsenden Denkmal mit einem kleinen Stein für einen ermordeten jüdischen Menschen, von dessen Schicksal er weiß. Das zielt vor allem darauf, bewußt zu machen, daß die rund sechs Millionen Opfer des Holocaust lauter einzelne Menschen waren, Menschen wie du und ich. Mich aber läßt die Frage nicht los, warum wir, das Volk der Täter, es nicht geschafft haben, etwas dem Yom Hashoah Vergleichbares einzurichten: einen Augenblick, in dem wir uns gemeinsam der vollen Wucht des Erinnerns stellen, ganz persönlich und ganz leibhaftig. Kein Mahnmal kann diese Unmittelbarkeit ersetzen und auch kein Jüdisches Museum, das in München immer noch fehlt.

Das Hier der Heldenpose und des Todes

Eine Installation in der Glyptothek mahnt zur Erinnerung

Ein Wintermorgen in der Glyptothek. Eine stille Heiterkeit liegt in den Räumen. Das Sonnenlicht spielt zwischen den geschlämmten Ziegelwänden. Zeichnende hocken auf Klappstühlen, versunken in ihre Blöcke, werfen ab und zu einen prüfenden Blick auf die Kouroi oder den Barberinischen Faun. Die Welt scheint ganz mit sich im Reinen an diesem Ort und an diesem frosthellen Vormittag. Auch das große Zeichenblatt von Jim Dine mit den himmelblau umschleierten dunklen Männerköpfen, aufgehängt im Saal des Jägers als Vorgriff auf die demnächst beginnende Ausstellung, fügt sich widerspruchslos in das Bild der Harmonie. Das Blatt hängt in unmittelbarer Nachbarschaft der Platon-Büste, die erst vor wenigen Jahren erworben wurde. Doch ins Bild gesetzt hat der amerikanische Künstler, der im Umfeld der Pop-Art begann, nicht das Professoren-Antlitz dieses frühen Meisterdenkers, ohne den wir nichts vom Zweifler Sokrates wüßten und der doch den totalitären Herrschaftsanspruch der Vernünftigkeit vordachte, sondern das Silensgesicht des Sokrates, der der Geburt des Denkens aus der Erkenntnis des Nichtwissens als Hebamme dienen wollte, und das nach innen blickende Dichterhaupt Homers, des mythischen Rhapsoden.

Im Saal der Ägineten stockt der Schritt. Draußen vor den Fenstern ragt eine drohende Schwärze in die lichte Gelassenheit des Innenhofes. Wäre nicht dieses absolut finstere Schwarz, das geradezu ein Loch reißt in die Befriedetheit dieses kontemplativ entrückten Ortes - man könnte an eine Baubaracke denken. Form und Proportionen aber sind die des griechischen Tempels. Oder auch eines mächtigen Sarkophags. Ein schmaler Pfad, sorgsam in den Schnee geschaufelt, umrundet in kreisendem Spiralschwung die Düsternis. Wir betreten ihn zögernd. Eine würgende Angst sitzt in der Kehle, als wir am schmalen Einlaß stehen. Es kostet Überwindung, hineinzugehen in diese Schwärze. Als führe da nur ein Weg hinein, aber nie wieder heraus. In der Vorhalle verwehren zwei abstrakte Figuren als Wächter des Totenreiches den Zutritt zur Kern-Zelle, schwarz und gelb die eine wie die Stadtfarben Münchens, in brandigem, ins Braun spielendem Rot die andere. Eingeklemmt stehen wir in einem bedrängend engen Durchgang. Nicht aus Luftmangel, sondern vor Bedrückung geht der Atem schwer und keuchend. Von oben kommt wie erstorben milchig trübes Dämmerlicht. Am Boden zwischen quadratischen Granitplatten eine Schicht von Kohlebrocken. Sie läßt sofort an die Verbrennungsöfen denken, aber auch an den Schotter der Gleisanlagen, über die in Viehwaggons gepferchte Menschen in die Vernichtungslager rollten. Schwarze Gestelle ragen auf, zwischen denen geschwärzte Folien herabhängen wie ein erstarrtes Fahnenmeer oder zu Leichenhemden gewordene Uniformen. Die Stille ist absolut, und doch glauben wir, martialischen Stechschritt und die Angstschreie von Gefolterten zu hören. Einen Steinwurf entfernt vom Königsplatz, wo der faschistische Todeskult sich zur auftrumpfenden Heldenpose stilisierte, und einen Tagesmarsch entfernt von Dachau, wo das Grauen der Ausmerzung der Unerwünschten seinen Anfang nahm, ist beides mit einer zwingenden Gebärde in eins gestürzt: der todessüchtige Triumphalismus der Massenaufmärsche und die Endgültigkeit der Vernichtung, in die er führte.

„Hier" heißt diese Installation des Münchner Künstlers Günther Weber, die diesem Ort durchaus nicht so fremd ist, wie es bei flüchtiger Betrachtung scheinen mag. „Hier" heißt sie, weil dieses „Hier" einst alljährlich am 9. November aus hunderttausend Kehlen donnerte, wenn die 16 Toten des Hitler-Putsches von 1923 zum Appell aufgerufen wurden. In der geistigen Topographie des faschistischen Wahns war der Königsplatz ein geometrischer Ort von besonderer Bedeutung. Als Kultstätte steht er im Fadenkreuz der Todeslinien. Klenzes urbane Rasenfläche wurde damals entfernt; ein Aufmarschgelände aus 22 000 Granitplatten degradierte die klassizistischen Museumsbauten zur heuchlerischen Kulisse eines heroischen Massenspektakels. Keine zwei Jahre ist es her, daß der Königsplatz sein Grün und sein Maß zurückgewann - eine späte Wiedergutmachung, die auch der Verdrängung dienen kann, wenn die Erinnerung nicht wach bleibt.

Noch ein paar Wochen mahnt Webers Installation zu dieser Erinnerung. Nur noch ein paar Wochen - leider. Noch immer herrscht Verlegenheit um ein belastendes Erbe. Ratlosigkeit bereiten die Sockel der nazistischen Ehrentempel an der Ostflanke des Königsplatzes. Sollen sie einer Neubebauung weichen oder weiterhin Zeugnis leisten, womöglich unter dem Vorwand des Naturschutzes? Auf den verbliebenen Hitlerbauten prangt das Schutzwappen der Denkmalpflege. Aber Denkmalpflege ist nicht immer und überall Gedächtnispflege. Gedächtnispflege leistet exemplarisch Webers Installation. Sie sollte bleiben, auf Dauer, denn sie steht genau am richtigen Platz. Kaum irgendwo sonst hat unsere Zeit sich so unspektakulär und doch zwingend dem Fluch der Vergangenheit gestellt.

Wir sind wieder hinausgetreten aus der Schwärze und blinzeln in einen opaken Himmel. War nicht eben noch der Hof überflutet von Januarsonne? Doch, er war es und ist es noch immer, doch seltsam getrübt erscheint nun das Licht. Langsam gehen wir zurück durch die Museumsräume, sehen auch hier nun manches verwandelt. Das humane Ebenmaß der klassischen Skulptur - kann es den endlosen Kreislauf mörderischer Bruderkriege vergessen machen, den eine gewaltlüsterne Mythologie überwölbt? Die attische Demokratie - wäre sie möglich gewesen ohne Sklaverei? Die Morgenröte der abendländischen Philosophie - war sie auch das Aufdämmern einer Zivilisation der instrumentellen Vernunft, die die Natur unterjochte und das Gesicht der Erde verwüstete? Die rückwärtsblickenden Fragen an unsere Geschichte enden nicht 1933, auch nicht 1923, auch nicht 1914, als der glühend gewollte Krieg endlich losbrach.

Am Ausgang aus dem Todestempel gab es einen Moment unerwarteter Tröstung. Was war es, das uns zwang, innezuhalten und nach oben zu blicken? In eine Lücke zwischen dem schwarzen Dach und der schwarzen Wand schiebt ein Baum einen Zweig herein, und dieser Zweig sieht im Licht der tiefstehenden Wintersonne aus, als trüge er bereits schwellende Knospen. Behutsam hat man die Äste des Baumes zurückgebunden, als der hölzerne Erinnerungsschrein errichtet wurde. Dieser Zweig aber drängte wieder vor, als müsse er der Endgültigkeit des Todesschreckens ein leises Dennoch entgegensetzen. Verstört denken wir zunächst an den Auschwitz-Kommandanten Höß, der in seinem Tagebuch vom ewigen Stirb und Werde faselte, als er die Todgeweihten durch die Frühlingsblüte zur Gaskammer schreiten sah. Doch die Botschaft des Baumes hat mit der bildungsbürgerlichen Sentimentalität des gehorsamen Mordverwalters nichts zu tun. Nur wenn wir hindurchgegangen sind durch das Entsetzen der Erinnerung, dürfen wir die Tröstung dieses Zweiges empfangen. Dann aber, wenn wir hindurchgegangen sind, wäre es auch unerlaubt, an diesem stillen Zeichen des sich erneuernden Lebens achtlos vorüberzugehen.

Ratlos am Krankenbett der Malerei

Diagnose unklar: ein Konsilium in der Akademie der Schönen Künste

Die Malerei gibt es seit mindestens 30 000 Jahren - so alt sind die frühesten bekannten Höhlenbilder aus dem Mesolithikum. Daraus folgt noch lange nicht, daß es die Malerei auch künftig immer geben muß. „Hat die Malerei noch eine Zukunft?" fragte eine Diskussionsrunde in der Bayerischen Akademie der Schönen Künste, und den Zweifel, aus dem diese Frage kommt, hat nicht nur die jüngste Kasseler „documenta" genährt mit ihrer kopflastigen Verweigerung des Sinnlichen. „Erinnerungen an die Malerei" heißt derweil schon im Untertitel ein höchst lesenswertes Buch von Anita Albus („Die Kunst der Künste", Eichborn-Verlag Frankfurt am Main), das dem, was Malerei einmal war, einen erkenntnisträchtigen und sprachkünstlerisch erlesenen Totenkranz windet. Nicht erst die Zukunft der Malerei, schon ihre Gegenwart steht da - mit einem Trauerblick - in Frage.

Was Malerei eigentlich ist, deren Zukunft oder Zukunftslosigkeit verhandelt wird - Malerei als Kunstübung natürlich und nicht als beliebiges Auffüllen von Flächen mit Farben -, wäre da zuvörderst wohl zu fragen. Dann wäre klar, daß die Frage nach ihrem Fortbestand nicht so gestellt werden darf, als ob darüber eine Eigendynamik zivilisatorischer Fortschrittsprozesse entschiede. Ob das Hügellungenkraut noch eine Zukunft hat, konnte vor etlichen Jahren beispielsweise in München gefragt werden, als man sich anschickte, den einzigen bekannten Standort dieses raren Pflänzchens auf der ganzen Welt, den Allacher Wald, dem Verkehrsausbau zu opfern; richtig gestellt hätte die Frage aber nicht lauten müssen, ob das Hügellungenkraut eine Zukunft „hat", sondern ob *wir* sie ihm *lassen* wollen.

Noch weit mehr aber als das Überleben einer bedrohten Pflanzenart hängt die Fortdauer einer Geistestätigkeit (und erst recht einer, die für die Wesensbestimmung des Menschen so konstitutiv ist wie das Malen) von einer Vielzahl menschlicher Entscheidungen ab, die nicht einfach diagnostiziert werden können wie ein naturgegebener Verfallsprozeß oder die Folgewirkungen technischer Innovationen. Den Fundamentalisten der Systemtheorie zum Trotz: schon die Struktur der Fragestellung enthüllt etwas von dem, was ihre negative Beantwortung wohl unausweichlich in sich schlösse: ein Stück Selbstabdankung des Menschen. Die eigentliche Frage lautet, was uns die Malerei bedeutet, und ob wir sie weiterhin wollen und brauchen; sie lautet, warum es ganz offensichtlich immer noch Menschen gibt, die von der Malerei nicht lassen wollen, und wer eigentlich mit welcher Legitimation darüber entscheidet, welche Ausdrucksformen als „zeitgemäß" zu gelten haben und welche nicht.

Es geht also darum, was wir von der Kunst einerseits und vom Menschen andererseits für einen Begriff haben. Der Maler Ben Willikens (der eine ganz andere, weitaus sterilere Art von Malerei vertritt als sein Mitdiskutant Franz Hitzler) näherte sich dieser Kernfrage, als er sagte, unser Kunstbegriff wurzele „im Individualismus der Renaissance" und sei darum obsolet; Helmut Friedel, der Direktor des Münchner Lenbachhauses, sekundierte ihm mit der These, angesichts der Komplexität der heutigen Welt und ihrer Zerstörungspotentiale könne es „das Bild" nicht mehr geben, sondern nur noch Fragmentiertes, Zusammengestückeltes, kein Sprechen mehr in ganzen Sätzen, sondern nur noch Stottern.

Ob freilich mit der Verabschiedung der Totalitäts-Illusion vom „uomo universale" auch die Subjektivität selber samt ihrer personalen Verantwortlichkeit preisgegeben werden muß, wie es die Vernetzungstheoretiker einer Koevolution von Mensch und Computer anpeilen, ist doch sehr die Frage. Bejaht man sie, so gibt man freilich die Malerei verloren, aber mit ihr auch den Menschen, sofern der Mensch nicht nur eine Schaltstelle von Informationen ist, sondern jenes singuläre Wesen („gottesebenbildlich" nannte es die Bibel, und in dem „bildlich" steckt schon das ganze Problem der Kunst), das nicht nur „lebt", sondern „existiert" als je einmaliges Individuum, in dem auf je eigene Weise das Ganze der Welt sich spiegelt, so daß Natur und Geist, Personales und Transpersonales sich begegnen und durchdringen. In diesem Personsein des Menschen und nicht in den selbstherrlichen Egotrips der Renaissance-Humanisten wurzelt die Faszination der Malerei, in deren Sinnenhaftigkeit, genährt von den Erregungsschwingungen des Leibes, Geistiges zur Erscheinung kommt.

Sehr eilfertig wurden da Grundpositionen geräumt, weil vor der Allgewalt der Medien erst einmal jeder in die Knie geht; die Malerei, meinte Willikens, wird nur überleben, wenn sie „auf die neuen Medien reagiert". Sehr eilfertig wurden die Verdünnungsformeln des 68er Begriffs von „gesellschaftlicher Relevanz" produziert: „Kunst kann nur gerechtfertigt sein, wenn sie in die Gesellschaft eingreift" (Willikens) - wie denn hat ein so quer zu seiner Zeit stehender Maler wie Cézanne „in die Gesellschaft eingegriffen"? Und ebenso eilfertig, ohne Klärung, schlug dann das Pendel zurück: natürlich solle Kunst auch „Opposition und Widerpart" (Friedel) sein zum „Lauten und Schnellen" (Wieland Schmied), sie solle „Gegenräume, Gegenbilder" schaffen (Willikens) und damit „jenseits und oberhalb der Informationswelt" (Willibald Sauerländer) den „Geknechteten" des Medienzeitalters zeigen, daß es „andere Bilder" gibt, die „mehr sind als visuelle Kommunikation".

Wie nun also? Auch der Begriff des „Authentischen" kam ins Spiel (Wieland Schmied), und damit war das Subjekt, das man soeben unbesehen den Systemtheoretikern geopfert hatte, ebenso unbesehen wieder inthronisiert. Harmonieselig fand man sich auf dem Boden wieder, den man sich voreilig unter den Füßen weggezogen hatte; mit einer kühnen Volte einigte man sich darauf, daß die Malerei als ein spezifisches „Medium" der Kunst gar nicht zur Disposition steht, weil man den Innovationsrausch der Moderne ja ohnehin satt hat und sich allmählich sogar wieder nach „stiller Schönheit" sehnt. Beruhigt konnte man zum Wein übergehen. Das hätte man einfacher haben können. Die Frage, ob der Wein eine Zukunft hat, brauchte nicht gestellt zu werden.

Münchner Blut-Kunst

Nachdenkliches zu einer fragwürdigen Künstler-Aktion

Blut ist ein ganz besondrer Saft. Vor allem, wie man weiß, für den Teufel. Wer mit Satan paktieren will, signiert mit Blut. Wer aber druckt mit Blut?

Nein, seien wir nicht unfair. Nicht eine ganze Auflage des Freitags-"Magazins" der Süddeutschen Zeitung wird mit Frauenblut statt mit Druckerschwärze eingefärbt, und nicht hundert Liter mußten dafür gespendet werden. So hatte es nur eine Münchner Boulevardzeitung entrüstet behauptet. Nur ein kleiner weißer Zettel, kaum postkartengroß und dem schwarzen Deckblatt des Magazins aufgeklebt, bringt den Leser hautnah mit Blut in Berührung. Die Schrift auf diesem Zettel („Da wo Frauen sterben bin ich hellwach") ist mit einer roten Farbe gedruckt, die als Pigment auch Bestandteile von gespendetem echtem Menschenblut enthält. So wollte es die Künstlerin, die nach Anselm Kiefer, Francesco Clemente und Jeff Koons mit der Gestaltung eines Künstler-Heftes beauftragt wurde: die Amerikanerin Jenny Holzer.

Warum? Jenny Holzer sucht den Schock, denn sie will aufrütteln. Sie will ihre Erschütterung mitteilen über das Blutvergießen in Bosnien, vor allem über die Grausamkeit gegen Frauen, über die bestialischen Massenvergewaltigungen und über die Gleichgültigkeit, mit der die Welt die Schlächtereien hinnimmt. Die starke Aussage verlangt ein starkes Mittel, kommentierte das Feuilleton der „Süddeutschen Zeitung". Jenny Holzer sagt es so: „Erst wenn wir mit dem Blut in Berührung kommen, erst wenn es regelrecht an unseren Händen klebt, sind wir schockiert." Die Leute sollen nicht nur Bescheid wissen, sie sollen „fühlen". Darum genügt der Künstlerin nicht eine rote Farbe, die Blut nur bedeutet, obwohl dies doch sonst die Arbeitsweise der Kunst ist: mit formalen Entsprechungen auf das gemeinte Reale zeichenhaft zu verweisen.

Heiligt der Zweck das Mittel?

Bewußte Tabuverletzungen scheinen zum Wesen der Kunst zu gehören: nichts darf ihr so heilig sein, daß es nicht mißachtet werden dürfte um eines anderen willen, das ihr noch heiliger sein muß. Nichts? Oder gibt es unantastbare Grenzen? Die Frage hängt eng zusammen mit der nach der Heiligung des Mittels durch den Zweck, einer Kernfrage der Ethik. Die Grundsatzantwort lautet: nicht der Zweck heiligt die Mittel, sondern schlechte Mittel verderben den guten Zweck. Das gilt als Faustregel; die Realität aber ist komplexer. Es gibt Zwecke von so überragender menschheitlicher Bedeutung, daß auch ein an sich bedenkliches Mittel gerechtfertigt sein kann: die Grenzsituation verantwortlichen Wägens zwischen der größeren und der geringeren Schuld. Andererseits gibt es Mittel, die auch durch den denkbar edelsten Zweck nicht „geheiligt" werden können. Kant hat eine solche Grenze markiert, als er zum Grundprinzip der Ethik machte, daß der Mensch selber niemals bloßes Mittel sein dürfe. Gilt dies auch für Teile des menschlichen Körpers, etwa für das Blut? Falls es so sein sollte: wo blieben seinerzeit die öffentlichen Proteste, als während des Vietnam-Krieges Folterpraktiken bekannt wurden, deren sich südvietnamesische Offiziere mit Duldung der Amerikaner bedienten: die Verdächtigen, oft harmlose Zivilisten, denen Wissen über Vietcong-Verstecke zugetraut wurde, bekamen eine Kanüle in die Vene gerammt und hatten, wenn sie nicht irgendetwas „gestanden", ihrem eigenen Verbluten zuzuschauen.

Was aber ist bei Jenny Holzers Blut-Aktion der Zweck? Die Leute sollen aufgeschreckt werden. Was aber sollen sie dann tun? Sie sollen protestieren, sagt Jenny Holzer. Gegen wen? Gegen die bösen Serben? Gegen die kaum minder nationalistisch verhetzten Kroaten? Auch gegen die ebenfalls nicht immer samtpfötigen bosnischen Muslime? Gegen die Europäer und Amerikaner, die nicht eingreifen? Aber mit welchem Ziel sollte interveniert werden? Und wie? Welches politische Lösungsmodell soll durchgesetzt werden? Die Künstlerin weiß es nicht. Die Leute sollen aufgeschreckt werden, punktum. Dann aber liegt es nahe, daß die Erregung erst einmal dem Mittel des Aufschreckens gilt, und genau das ist ja auch bezweckt: die Empörung über das verwendete Mittel ist einkalkuliert, ist der Angelpunkt der Schocktherapie.

Zwar sagt Christoph Vitali, der Direktor des Münchner Hauses der Kunst, der die Magazin-Aktion mit einer Installation der Künstlerin in seinem Haus begleitet, Jenny Holzer errege keinen Skandal, sondern lege bloß den Finger auf den Skandal, aber natürlich weiß er, daß sie das tut, indem sie selber ein Skandalon setzt, und wenn er behauptet, er könne die Erregung nicht verstehen, kann das kaum ganz ehrlich sein, denn fast im gleichen Atemzug sagt er, die Stärke der Erregung beweise, daß „das Werk gelungen“ sei. SZ-Magazin-Redakteur Kämmerling wird da direkter: „Es ist gelungen, die Kunst in die Schlagzeilen zu bringen.“ Die Kunst, nicht das Leiden in Bosnien. Aufmerksamkeit für eine Künstlerin, die es gewöhnt ist, Aufmerksamkeit zu erregen, und Aufmerksamkeit für ein Presseerzeugnis, das sich einmal im Jahr mit Kunst schmückt: das ist der Zweck, durch den das Mittel Drucken mit Menschenblut geheiligt sein soll.

Dazu paßt, daß die Künstlerin sich von einem PR-Spezialisten beraten ließ, der im SZ-Magazin unverblümt „der Terrorist unter New Yorks Designern“ genannt wird: von Tibor Kalman. Dieser Tibor Kalman schrieb im vorausgegangenen Heft die Vorankündigung der Holzer-Aktion. Mit schauerlich klischeehaften Werbetexter-Sätzen beschwor er das Sterben der Wörter im Zeitalter der Herrschaft des Bildes, pries er Jenny Holzers Kraft, die Worte mit neuer Energie aufzuladen „für den Kampf gegen die Bilder“, um ihr dann jene Qualität nachzurühmen, die das Blatt, in dem er schreibt, auch ihm attestiert: „Jenny Holzers Kunst ist ein Terror-Akt ... Jenny Holzer setzt Ihnen die Knarre an die Schläfe: Nachdenken!“

Das Wort „Terror“ sitzt hier genau richtig. Jenny Holzers Prinzip „Gleiches mit Gleichem“ folgt der gleichen Logik, die einst einen Andreas Baader verführte, ein Frankfurter Kaufhaus anzuzünden, um auf das Verbrennen von Menschen in Vietnam aufmerksam zu machen. Wohlgemerkt: zwischen einer menschengefährdenden Brandstiftung und einem Drucken mit Blut, bei dem niemand physisch zu Schaden kommen kann (aufwendige medizinische Vorbehandlung schloß jedes Infektionsrisiko aus), gibt es keinen direkten Vergleich; das Denkmuster aber ist in beiden Fällen identisch. Die Folgerung daraus, bezogen auf die Relation von Mittel und Zweck: schlechte Mittel verderben nicht nur den guten Zweck, sie verderben auch den Menschen, der sie anwendet.

Die Echtheit von Jenny Holzers Verzweiflung soll nicht in Zweifel gezogen werden. Aber erschreckend ist es doch, wenn sie im Interview mit dem SZ-Magazin über sich selbst sagt: „Ich bin glücklicherweise (!) zu kaputt, als daß mich irgendetwas mit der Welt, so wie sie ist, versöhnen könnte.“ Die „Welt wie sie ist“

wird hier so dezidiert mit dem Bösen identifiziert, daß dem Künstler kein Rückgriff auf positive Gegenkräfte, sondern nur noch der intellektuelle Terrorismus möglich scheint. Das Paradox dabei: der intellektuelle Terrorist muß, solange er sich mit möglicher Wirkung rechtfertigt, eben doch insgeheim auf jene positiven Gegenkräfte setzen, die er eigentlich leugnet; tut er es nicht, so untergräbt er seine zirkelschlüssige Selbstlegitimierung, und sein vorgeblich so wohlgemeintes Handeln reduziert sich auf ein blindwütiges Um-sich-schlagen. Übrig bleibt dann jener Zynismus, den Jean Genet in den berühmten (später widerrufenen) Satz gemünzt hat: „Ich will, daß die Welt sich nicht verändert, damit ich mir erlauben kann, gegen sie zu sein."

Blindwütig ist Jenny Holzers Kunst-Aktion nun gerade nicht. Sie ist in einem so hohen Grade intellektuell und technisch vermittelt, daß wiederum die behauptete Unmittelbarkeit ihrer Wirkung ins Zwielicht gerät. Niemand sieht dem roten Schriftzug auf dem weißen Papier an, daß er mit Blut gedruckt ist; er sieht aus, wie mit rotem Filzstift gemalt. Es muß einem gesagt werden, daß es sich um Blut handelt; der Schock tritt nicht durch sinnlich direkte Berührung mit Blut ein, sondern durch die im Kopf erzeugte Vorstellung: dies ist Blut. Und nur unter der Voraussetzung, daß die Angaben der Herausgeber nicht für Bluff gehalten werden; der Glaube, daß Blut verwendet wurde, ist entscheidend, nicht die tatsächliche Anwesenheit von Blutpartikeln. Der Glaube ist ein Vehikel der Phantasie, und zwar ein zwanghaft bindendes, kein freisetzendes, wie es sonst Künstler verwenden - womit wir wieder bei dem Moment des Terroristischen sind und bei der Frage, zu welchen Reaktionen ein Mensch unter Zwang, mit der „Pistole an der Schläfe", wohl fähig sein soll. Bei der Frage aber auch, was die Phantasie wohl stärker bewegt: ein Schriftzug, der allein durch die Färbung und durch die sinnlichen Qualitäten seines Duktus, etwa Schmierspuren, fließendes Blut evoziert, oder einer, der sich kühl und neutral gibt, von dem aber gesagt wird, es handle sich um reales Blut.

Kühl und neutral wirkt das Schrift-Bild, mit dem Jenny Holzer provozieren will. Ein helles Rot, eine Folge von Großbuchstaben ohne sichtbare Erregungsspur, ein seltsam kopfig entrückter Satz: „Da wo Frauen sterben bin ich hellwach". Empfindet die Künstlerin Wut, Trauer, Empörung, Entsetzen, Verzweiflung? Sie sagt nur, daß sie hellwach ist. Im Heft dann, unter dem Titel „Lustmord", wiederum Sätze von irritierender Unbestimmtheit, schillernd zwischen Geilheit und Todesgrauen. Poetisch verschlüsselte Kunst-Sätze, destilliert aus den Aussagen von Vergewaltigungs-Opfern und überlagert mit Phantasien über die Empfindungen der Täter, aufgemalt auf Menschenhaut und dann abfotografiert. Sie sprechen das Leiden nicht direkt an, sondern provozieren mit ostentativer Ungerührtheit, die offenbar auf die (vermutete) Dickfelligkeit des Betrachters zielt, der mit einem Trick zum Täter gemacht wird. Wenn es stimmt, was Jenny Holzer im Interview behauptet: daß Videos der Massenvergewaltigungen in Ex-Jugoslawien inzwischen auf dem Porno-Markt gehandelt werden - ist sie sich dann sicher, daß ihre Kunst-Verfremdung des blutigen Geschehens nicht ebenfalls sadistischer Geilheit dienstbar gemacht werden kann?

So abgeschmackt und pervers es wäre, wenn irgendwo ein Künstler in einer direkten Aktion mit echtem Blut um sich spritzte, um seine ohnmächtige Verzweiflung über die Menschenschlächterei auszudrücken - es wäre als spontaner Ausdruck seiner emotionalen Betroffenheit einfühlbarer als dieses intellektgesteuerte Unternehmen, das mit hohem technischem, wissenschaftlichem und finanziellem Aufwand (trotz SZ war noch ein Sponsor nötig!) einem so hochgradig vermittelten Vorgang wie der Verbreitung von „Kunst" über eine Zeitungsbeilage ein Element von sinnlicher Direktheit unterschieben will.

Exemplarische Verwirrung

Es lohnte nicht, so ausgiebig über den Fall zu reden, wenn er nicht so exemplarisch die Verwirrung zeigte, in die unser Verständnis von Kunst geraten ist. Gewiß: schon Mühl und Nitsch haben mit Blut gearbeitet; sie sind darum noch keine Goyas oder Picassos. Und natürlich: das Blut hat in der abendländischen Kunstgeschichte immer eine gewaltige Rolle gespielt. Vielleicht sollten wir einmal darüber erschrecken, wie blutrünstig unsere religiöse Kunst ist, obwohl doch, wie schon Paulus entschied, das Entscheidende am Christenglauben die Auferstehung und nicht der Kreuzestod ist. Aber immer war das Blut gemalt, also symbolisch und nicht real. Jenny Holzer verlagert die Aussage ihres „Kunstwerks" aus der formalen Durcharbeitung in das pure Material, und sie beansprucht für dieses „Material" eine sinnliche Unmittelbarkeit, die ihre gesamte Arbeitsweise permanent verleugnet: sie liefert bloß, als Kopfgeburt, die „Idee", die „Konzeption". Die gilt heute als das Entscheidende am Kunstwerk; man müßte dann aber einmal fragen, wer denn im Barock-Zeitalter die Künstler waren: die Freskanten wie Asam, Bergmüller, Holzer oder die Äbte und Jesuitenkollegien, die ihnen das ausgefeilte theologische Programm vorgaben.

Ich kenne etliche Menschen, die mit hohem Risiko Lebensmittel, Medikamente und Kleidung in die Länder Ex-Jugoslawiens bringen oder sich bemühen, den Opfern der Vergewaltigungen das Weiterleben möglich zu machen. Und ich kenne Künstler, die sich von einem kärglichen Einkommen immer wieder einen Hunderter absparen, um solche Aktionen zu unterstützen. Diese Künstler werden nicht so beredet wie Jenny Holzer, aber sie sind ehrlich. Sie wissen, daß Kunst die Welt nicht verändert und trotzdem wichtig ist. Wenn sie in der Welt etwas verändern wollen, engagieren sie sich politisch. Sie leiden an der Welt und drücken ihr Leiden in ihrer Kunst ebenso aus wie ihre Freude am Leben, machen aus ihrem Leiden aber keine plakative Gebärde. Sie beanspruchen für sich und ihre Kunst keinen besonderen Nimbus. Sie tun einfach, was ihre Sensibilität und ihr Ausdrucksbedürfnis von ihnen verlangt und ihr handwerkliches Können ihnen möglich macht. Der PR-Rummel der rasch wechselnden Kunstmarkt-Aktualitäten hat sie links liegen gelassen, vielleicht aber auch gnädig verschont. Es ist vermutlich ein böses Schicksal, von den Auguren des Kunstbetriebs unter die zehn oder zwanzig wichtigsten Kunst-Macher der Welt gehievt worden zu sein und nun die werbewirksame große Geste bringen zu müssen, vor der die Medien-Gewaltigen kuschen und alles in Ehrfurcht erzittert.

Zwei Jahre lang wurde der Coup geplant. Niemand konnte wissen, auf welches Umfeld seine Realisierung treffen würde: die Empörung über AIDS-verseuchte Blutpräparate (während andererseits die Vergewaltigungslager in Ex-Jugoslawien angeblich nicht mehr existieren). Auch wenn für Jenny Holzers Blut-Druckerei nur ein Liter Blut nötig war, freiwillig gespendet von deutschen, serbischen, kroatischen und bosnischen Frauen - das Zusammentreffen der Ereignisse berührt peinlich. Niemand konnte auch wissen, daß zwei Tage vor dem ersten Sensationsbericht über die Aktion die alte Brücke über die Neretva in Mostar unter dem Artilleriefeuer bosnischer Kroaten zusammenstürzen würde - ein Ereignis, dem die „Frankfurter Allgemeine" jene Erschütterungskraft beimaß, die Jenny Holzers Blut-Magazin vergeblich beansprucht: „Einen Augenblick lang begreift die Welt auch mit dem Herzen wieder, was auf dem Balkan geschieht."

Die Brücke von Mostar - in ihrer schlichten Funktionalität, in der harmonischen Eleganz ihres Bogenschwungs ein Wunderwerk erlesenster Ingenieurskunst, von der UNESCO zum Kulturerbe der Menschheit erklärt, ein Kunstwerk vom Range des Bamberger Domes. Errichtet im 16. Jahrhundert unter Suleiman dem Prächtigen von dem türkischen Baumeister Mimar Haruddin, kulturelle Großleistung jenes Erzfeindes des Abendlandes, über den noch meine Generation nur Böses lernte. Seither aber zum Symbol geworden für die stets gefährdete und doch immer wieder mögliche friedliche Verständigung zwischen Völkern unterschiedlicher kultureller und religiöser Prägung. Lange hat die Brücke standgehalten als letzte Verbindung der in ihrer Altstadt wie in einem Ghetto eingepferchten muslimischen Bevölkerung Mostars zur Außenwelt. Darf der Verlust eines einzigartigen Kunstwerks uns tiefer erschüttern als das vergossene Blut unzähliger Menschen? Auch bei der Brücke von Mostar, geschichtsgesättigt wie jene über die Drina, in der Ivo Andric so bewegend das tragische Verhängnis der Völker Bosniens gespiegelt hat, geht es nicht nur um ein Bauwerk, sondern um das Schicksal von Menschen.

Die zarte Palette des Todes

Zoran Musics Spätwerk

Körperlose Körper und blicklose Blicke aus weit aufgerissenen Augenhöhlen; die klaffenden Münder aber ein durchdringend stummer Schrei. Fahrig greifen Arme ins Leere aus einem unentwirrbaren Geschling entwester Leiber. Spät haben den Maler Zoran Music die Toten von Dachau eingeholt und ihr Recht auf Zeugenschaft eingefordert. Ein Vierteljahrhundert hatte vergehen müssen, bis die schützenden Dämme der Abwehr nachgaben und das verdrängte Entsetzen sich Bahn brach in verstörenden Bildern. Als Mittdreißiger war der Slowene aus dem heute italienischen Gorizia, aufgewachsen im Schnittpunkt dreier Sprach- und Kulturräume, im November 1944 wegen angeblicher Verbindungen zur italienischen Partisanenbewegung von der Gestapo verhaftet und in das Konzentrationslager Dachau deportiert worden, aus dem ihn ein halbes Jahr später die amerikanischen Truppen befreiten. Aber erst der gut 60jährige fühlte die Kraft, sich erneut auf das Todesgrauen einzulassen, um ihm Gestalt zu geben im Werk.

Schon im Lager war es Music gelungen, heimlich Zeichnungen von den aufgetürmten Leichen zu machen: in knappem, hart umreißendem, aber vor verhaltener Erregung zitterndem Strich ein protokollarisch strenges Zeugnis für die geschändete Menschlichkeit und ein scheues Leichenbegängnis für die Namenlosen, denen das individuelle Begräbnis verweigert war. Drei Dutzend dieser kargen Blätter hat der Maler retten können; sie blieben unter Verschluß, kaum jemand bekam sie zu sehen. „Ich war wie blind durch die unwirkliche Größe dieses Lagers voller Leichen", hat Zoran Music über diese Schreckenszeit notiert. „Ein innerer Zwang drängt mich, alles, aber auch jedes kleinste Detail zu zeichnen. Was für tragische Eleganz in diesen zerbrechlichen Körpern." Tragische Eleganz - ein solches Wort erstaunt in diesem Kontext, aber es verrät viel über den Maler. Zoran Music sah nicht nur die absolute Entmenschlichung im bürokratisch organisierten Sterben; er sah auch die mißhandelte, aber durch keine Entstellung auszulöschende Würde der Toten.

Seit 1970 kehrten diese Toten wieder, und nun verlangten sie den reicher instrumentierten Trauermarsch: Acrylmalerei auf großformatigen Leinwänden. Schemenhaft steigen sie auf aus erdfahlen Bildgründen, konturenlos in der Schwebe gehalten zwischen Materialität und Immaterialität, mit gereckten Hälsen eintauchend in dämmrige Farbschwaden aus Mattblau oder brandigen Aschetönen, die sie wie ein verschatteter Widerschein des entwichenen Lebens ummanteln. Und wie auf den Zeichnungen versammelt sich die letzte Energie der ausgezehrten Leiber im Abgrundsschwarz der Augen und der weit offenen Münder. Kein Pathos, keine anklägerische Pose, kein Dazwischentreten einer expressiv erregten Subjektivität. Auch kein Ausweichen ins allegorisierend Allgemeine; nur das bittere „Wir sind nicht die letzten" als gleichbleibender Titel all dieser Bilder verweist mit resignativem Unterton auf weitergreifende Denkhorizonte: das grauenvoll Einmalige ist nicht so einmalig geblieben, wie das „Nie wieder" der allerersten Nachkriegszeit noch zu hoffen wagte. Unerbittlich ist der Blick des Malers auf die ganz konkrete Realität des Sterbens gerichtet, die alle Individualität auslöscht und doch immer ein ganz individuell erlittenes Schicksal ist. Die äußerste Reduzierung der Mittel, die Verkargung der Linie und der Farbe, hat nirgendwo auch nur die geringste Spur von Beiläufigkeit oder Summarischem; sie entspringt nicht der Vereinfachung, über deren Ergebnisse dann verfügt werden kann, sondern ist immer wieder neu errungen durch höchste malerische Konzentration: das Formale ist die unmittelbare Erscheinung des seelischen Ausdrucks.

Man muß weit zurückgehen, zu Goya, vielleicht noch zu den Kriegsradierungen von Otto Dix, um in der Geschichte der Kunst Vergleichbares zu finden. Das Erstaunliche daran: dies schien eigentlich unmöglich. Unmöglich schien es, daß gegenständliche Kunst, daß im weitesten Sinne realistische Malkultur dem anonymen Massensterben, dem millionenfachen fabrikmäßigen Morden standhalten könnte; nur in der distanzierenden Brechung durch Abstraktion und Konzeptualisierung schien eine bildnerische Annäherung an das Inferno des Holocaust noch denkbar. Zoran Music widerlegt dieses seit Jahrzehnten nahezu unerschüttert geltende Dogma (ein Aspekt, auf den Wieland Schmied in seinem Katalogbeitrag nachdrücklich und wortgewaltig hinweist). Zoran Music hat nicht nur den Toten von Dachau und damit den Toten aller Konzentrationslager Epitaphe von dunkelglosender Sonorität errichtet; er hat auch der so oft schon totgesagten gegenständlichen Malerei ihre Würde zurückgegeben. Aussagen, daß die Kunst dieses oder jenes „heute nicht mehr“ könne oder auch nur dürfe, gelten eben immer nur so lange, bis einer kommt, der zeigt, daß er es kann.

Für Music selbst war der Abstieg in den Hades auch ein Akt der Befreiung: er hat sich das Figürliche zurückgewonnen. Jahrzehntelang hatte er, die Welt des Menschen als bedrohlich fliehend, sich auf die Landschaft zurückgezogen, auf karge, öde, ausgedörrte Landschaften wie den Karst Dalmatiens. Nach dem Durchgang durch die Todeszone des Lagers wird der Mensch wieder Thema seiner Bilder. Parallel zu den durchscheinenden Leichen Dachaus hat er verbrannte Bäume gemalt, Korkeichen zumeist aus dem waldbrandgefährdeten Süden Frankreichs, und Baumleiber und Menschenleiber scheinen da fast austauschbar. Dann aber taucht in den achtziger Jahren das lebende Antlitz auf: sein eigenes. Und dazu, mit ihm zusammen, im Atelier oder auch allein, das seiner Lebensgefährtin Ida Barbarigo, die er 1949 geheiratet hat. Kalkig fahl glimmen die Antlitze hervor aus düsteren Bildgründen - aus Schwarz und Umbra mit sparsamsten Anklängen von Blau oder Rot; sie sind ihre eigene Lichtquelle in schattenlos verdämmernden Räumen. Die Farben des Todes haben sich in der Palette eingenistet und wollen nicht weichen, und manchmal nähert das Antlitz sich dem Totenschädel. Aber es ist auch ein zartes Leuchten in dieser Düsternis, eine stoische Noblesse und vor allem eine nachhaltige Stille.

Auge und Leib, Ich und Welt

Sinnlichkeit und Geist: der Maler Horst Janssen

„Ich bin nur ganz Auge“, hat er gesagt, der Zeichner und Radierer Horst Janssen - eine wundersame Schutzbehauptung von durchtriebenster Wahrhaftigkeit. Nur ganz Auge. Nur. Mit dem Auge aber hat noch nie ein Künstler den Zeichenstift oder die Radiernadel gehalten, sondern immer mit der Hand und nur in Notfällen mit dem Fuß oder mit dem Mund. Und weil auch eine Hand nie für sich allein existiert, war es auch nie die Hand allein, die das Werkzeug der linearen Urzeugung führte, sondern der ganze Leib mit seiner nervösen Erregbareit, seinem vielsinnigen Weltbedürfnis, seiner kinästhetischen Eigenwahrnehmung und seinem emotionalen Strömen. Der Prinz aus Lessings „Emilia Galotti“ hat als einer der ersten die Falle aufgestellt, in der heute die Konzept-Künstler zappeln, als er darüber sinnierte, daß Raffael auch dann ein großer Maler wäre, wenn er ohne Hände geboren worden wäre - als wäre das bildnerische Werk als die spezifische Reaktion des Künstlers auf das Rätsel seines Vorhandenseins in der Welt im Spiegelreflex der Netzhaut oder in den Imaginationen des Gehirns schon fertig da und hätte nicht erst im motorischen Akt des Malens oder Zeichnens, im leiblichen Handeln also, seine gestalthafte Ausprägung zu finden. Und Horst Janssen, der an die zweitausendmal sich selbst porträtierte, hat ganz gewiß kein einziges Mal bloß die Sinnesdaten, die sein Auge ihm lieferte, auf dem Zeichenpapier oder der Radierplatte addiert.

Trotzdem hat es mit dem „Nur ganz Auge“ seine strenge Richtigkeit, und nicht ohne Sinn und Legitimation steht diese Selbstaussage Janssens als Motto über der Gedächtnisausstellung, die jetzt die Bayerische Akademie der Schönen Künste zeigt und die anschließend noch in Darmstadt, Berlin und Wien zu sehen sein wird. „Nur ganz Auge“ heißt, daß keine Begrifflichkeit und kein Wissen oder Meinen, kein analytisches Urteilen und kein synthetisches Theorem sich zwischenschaltet zwischen das Seherlebnis, das zum künstlerischen Handeln drängte, und das Seherlebnis, das der Betrachter vor dem fertigen Blatt haben kann. Trotzdem sind diese beiden Seherlebnisse, das des Ursprungs und das des Resultats, von völlig unterschiedlicher Natur; der Transformationsprozeß aber, der zwischen ihnen liegt, ist nicht einer der intellektuellen Bearbeitung, sondern der sensorischen Reagibilität, des Durchgangs durch die Empfänglichkeit sinnlich leibhafter Erfahrung. Und „nur ganz Auge" ist das Subjekt wie Medium dieses Durchgangs auch insofern, als jede Zelle seines erfahrenden Leibes mit einem Auge begabt scheint, so daß jede feinste Bebung des Transformationsprozesses sich als visuelle Präsenz mitteilt.

Solche Kunst der schieren Sinnlichkeit, die sich mitreißen läßt vom Strom der fließenden Erscheinungen in ihrem Zauber und ihrer Hinfälligkeit, hat heute einen schweren Stand; sie gilt als naiv und unreflektiert, als nicht auf der Höhe der Zeit. Etwas scheint ihr zu fehlen, etwas Entscheidendes gar: eben jener eigenmächtige Zugriff des Intellekts, der die Phänomene seinen klärenden oder verfremdenden Ordnungsmustern unterwirft, ihnen konstruktives Kalkül und assoziative Kombinatorik aufzwingt, sie erkenntnistheoretisch hinterfragt. In Wahrheit aber fehlt nicht der Kunst Horst Janssens etwas; sie hält vielmehr in Überfülle bereit, was der heutigen Kunst, jedenfalls der von Ausstellungsmachern, Marktstrategen und Feuilletonisten als aktuell gepriesenen, verlorenzugehen droht, und es könnte sein, daß dieses Etwas genau das ist, was die besondere Bedeutung der Bildkunst unter all den kreativen Tätigkeiten des Menschen ausmacht.

Freiheit und Wagnis, Eros und Tod

Wäre es Aufgabe der Kunst, gedankliche Impulse zu vermitteln oder Ideenassoziationen auszulösen, so wäre sie bloß, je nach Dignität des Inhaltes, eine visualisierende Spielform der Philosophie, der Wahrnehmungspsychologie, der politischen Kommunikation oder der Werbung und hätte weder Selbstrechtfertigung noch eigenen Sinn. Diesen Sinn aber hat sie in der geschärften sinnlichen Wachheit selber, die jenseits aller konkreten Inhalte ihr eigentlicher Inhalt ist: in der differenzierten und gesteigerten Empfänglichkeit für die Erregungsschwingungen leibhafter Erfahrung im Akt des Malens oder Zeichnens und seinem gestalthaften Ergebnis als geronnener Spur eines Prozesses. Und es wäre kurzsichtig, an diesem Sinnenhaften der Kunst die eminente geistige Bedeutung zu übersehen, die es hat: daß wir der „Welt" nicht nur als erkennender und planender Verstand gegenübertreten, sondern als erlebender Leib in sie eingewoben sind und nur darin wirklich an ihr teilhaben, erfahren wir kaum irgendwo sonst so unmittelbar wie in der Kunst und nirgendwo sonst in einem allem zweckhaften Nutzungsverhältnis enthobenen Modus: In der Kunst erlangt das Sinnenhafte seine eigene Bewußtheit.

Auch in philosophischer Perspektive ist darum eine Kunst, die sich auf sinnliche Welterfahrung leiblebendig einläßt, einer Kunst, die sie nur reflektiert, überlegen durch umfassendere Ganzheit: sie hat die cartesianische Aufspaltung der Wirklichkeit ins bloß zu verrechnende Materielle und selbstgenügsam darüber schwebende Geistige nicht mitvollzogen und hält damit einen der letzten Zugangswege offen zu der noch unverstümmelten Wurzel menschlichen In-der-Welt-Seins. Jedenfalls dann, wenn sie über das Erscheinende nicht mit abgenutzten Traditionsmustern oder bloßer handwerklicher Virtuosität verfügt, sondern sich von ihm mit der hochsensiblen Verwundbarkeit affizieren läßt, die den Künstler Horst Janssen auszeichnet.

Jede Linie, die dieser leidenschaftlich besessene, dem Zeichnenmüssen rauschhaft hingegebene Künstler ins Offene des Bildgrundes entäußert hat, trägt das Stigma eines fundamentalen Wagnisses. Seine Striche sind nicht „Setzungen“ eines eigenwilligen Subjektes, das gegen den Andrang von Welt sein Autonomiebedürfnis behauptet, und auch nicht purer Gestus eines allein aus der Innerlichkeit hervorbrechenden Ausdrucksimpulses; sie vertrauen sich dem Prozeß des sehenden Erschaffens und schaffenden Schauens an und liefern sich aus, so daß hier einmal ganz wahr wird, was C. F. von Weizsäcker über den künstlerischen Akt gesagt hat: daß die Wahrnehmung von Gestalt und die Hervorbringung von Gestalt nicht zu trennen, ja nicht einmal zu unterscheiden sind. In diesem Wagnis der Linie aber, die sich ihres haltgebenden Ordnungsgefüges nicht im voraus gewiß sein kann, ist das Urwagnis allen Lebens präsent, das sich der fraglosen Selbstgenügsamkeit und identitätslosen Ungefährdetheit materieller Gegenständlichkeit ekstatisch entäußert, um vom Mikroorganismischen über das Vegetabilische und Animalische bis zum Menschen in immer differenziertere Kontakt- und Austauschbezüge und immer weitreichendere Freiheitsspielräume hineinzuwachsen - um den Preis zunehmend komplizierter Abhängigkeiten und Verletzbarkeiten.

In der Preisgabe an diesen prekären Stoffwechselverkehr der

Sinnlichkeit mit der Welt ist Janssens Kunst in einem fundamentalen und umfassenden Sinne erotisch, und erotisch ist sie nicht nur dort, wo ihre Motive im landläufigen Sinne „erotisch" sind - mit jener schamlos diskreten Unbefangenheit, die auch die Tabuzonen des Pornographieverdächtigen nicht zu scheuen braucht, weil sie an ihren Vordergrundsensationen nicht haften bleibt. Erotisch in diesem weitgefaßten Sinne sind auch Janssens Landschaften, seine Bäume und Blumen, seine Porträtblätter und nicht zuletzt seine unerschöpflich vielfältigen Selbstbildnisse. Und aus dem gleichen Grund ist in seiner Kunst auch der Tod immer gegenwärtig als der immanente Horizont allen Lebens, ohne den es weder seine Lebendigkeit noch seine Freiheit hätte. Der Hauch des Vergänglichen, des gefährdeten Seins auf Widerruf, fragil sich ausfaltend über dem Abgrund des Nichts, ist überall mit eingewoben in Janssens spürig vibrierende Liniengespinste, ob sie die schrundig zerklüfteten Züge eines Gesichtes ertasten oder die erschlaffenden Blütenblätter einer welkenden Tulpe.

Und doch muß dem Mißverständnis begegnet werden, über den Grundcharakter dieser Art von Kunst sei etwas Wesentliches gesagt, wenn man sie in Abgrenzung von der „abstrakten" Kunst als „gegenständlich" definiert. Für Janssen ist die Erscheinungsvielfalt der Natur stets Inspirationsquelle gewesen, der er so treu blieb wie sie ihm; er hat sich nicht einmal gescheut, ein so dubioses Wort wie „Abzeichnen" für sich in Anspruch zu nehmen. „Da es", hat er einmal gesagt, „nichts Einfallsreicheres und Phantasievolleres gibt als die Natur und da es nichts Skurrileres, Monströseres und Tolleres gibt als die menschlichen Verhaltensweisen - zeichne ich einfach ab." Man muß aber nur wenige Blätter von Horst Janssen gesehen haben, um zu wissen, daß dieses „Abzeichnen" bei weitem nicht eine so „einfache" Sache ist, wie die schlichte Vokabel vorgibt. Und nicht einmal, daß er sich überhaupt auf identifizierbare Naturvorbilder bezieht, ist für das Spezifische von Janssens Kunst letztlich entscheidend.

In einem Beitrag zum Katalog der Münchner Ausstellung macht Wieland Schmied ein hochinteressantes Gedankenexperiment. Er stellt die landläufige Einschätzung geradezu auf den Kopf mit der provozierenden Behauptung, Janssens Kunst sei „streng und demonstrativ ungegenständlich". Janssens Leidenschaft des Sehens, so schreibt Schmied, habe die Dinge gewissermaßen „aufgezehrt", so daß sie in der Intensität des Umgangs mit ihnen ihre vertrauten Konturen und ihren Gegenstandscharakter verloren; geblieben sei ihm „auf seinen Zeichenblättern und Radierplatten nicht mehr als das Allgemeine, der Stoff, aus dem die Welt gemacht ist, und die Form, in der er endet, ein Mikrokosmos aus Linien, Flecken und Energien, Weltgewebe, Weltstruktur". Für die Landschaftsminiaturen der frühen siebziger Jahre formuliert Schmied das so: „Da gibt es keine Einzelheiten mehr, da gibt es, sehen wir genau hin, keinen Baumstamm und keinen Grashalm, da gibt es keine Beschreibung eines Tümpels oder Weges. Da gibt es nur Schrammen und Schraffuren, Striche und Flecken, Kratzer und Haken, Krakeleien und Kritzeleien. Erst der Gesamtkontext des Blattes, der Zusammenhang all der Kratzer, Flecken und Haken und die von ihm erzeugte Stimmung machen, daß jede erscheinende Form so sehr mit Landschaft getränkt ist, daß jeder Tropfen, jeder Strich, jede Fläche sich so vollkommen mit Suggestion füllt und unserem Auge sagt: ich bin ein Baumstamm, ein Grashalm, ein Schilfrohr, ein Weiher, ein Weg, und all das in einer bestimmten Witterung und Tageszeit, im Wind, im Sturm, im Regen, in der Abenddämmerung."

Die Transzendenz des Gegenstandes

Dies mußte in extenso zitiert werden, weil solche einläßliche Genauigkeit des Hinsehens in der Kunstbetrachtung und Kunsterörterung selten geworden ist; die Fähigkeit dazu schwindet im gleichen Maße, in dem die Kunstpraxis sich von den erlebten Vibrationen der Sinnlichkeit ablöst und sich in die freischwebende Verfügbarkeit intellektueller Konzepte verliert (daß der Begriff „Konzept" sich etymologisch von dem lateinischen Wort für Empfängnis und Empfänglichkeit herleitet, also unerkannt jene kreatürliche Leibhaftigkeit noch mit sich trägt, die seine Gebrauchsform verleugnet, sei als eine Ironie der Sprachgeschichte am Rande vermerkt). Die Sätze mußten aber auch zitiert werden, weil sie den Kern dessen treffen, was das künstlerische Sehen überhaupt ausmacht: die Einschmelzung des Gesehenen im erlebenden Subjekt und das Wagnis seiner Neuerschaffung im leibhaften Gestus der malenden oder zeichnenden Hand. Ein jedes Bild, das künstlerischen Wert hat und nicht bloß handwerklich gekonnte Abschilderei ist, besteht nicht aus Gräsern, Bäumen und dergleichen, sondern aus Strichen und Flecken, die erst in ihrem kompositorischen Zusammenspiel geschaute Wirklichkeit suggerieren.

Man kann aber noch einen Schritt weitergehen. „Geschaute Wirklichkeit" als Erfahrungswert einer künstlerischen Darstellung muß keine Ähnlichkeit mit wohlbekannten Sinnesdaten haben, und sie kann, wo solche Ähnlichkeit vorliegt, weit jenseits eines vordergründigen Wiedererkennens von Gegenständen angesiedelt sein. Auf den Flaschenbildern Giorgio Morandis sind es nicht die Flaschen, auf den späten Stilleben Carl Schuchs sind es nicht die Spargelbündel, Schalen und Käsebrocken, die uns eine bewegende Präsenz von „Welt" spüren lassen, sondern in der Fragilität der Umrisse, der Gebrochenheit der Farbtöne und der schwebenden Balance der Flächen teilt sich etwas mit, das mit den dargestellten Objekten wenig zu tun hat, an ihnen aber aufscheint oder durch sie hindurchscheint. Und die Anwesenheit „realer" Objekte ist keine unabdingbare Voraussetzung für die Erfahrung einer solchen Präsenz von „Welt" im Bild.

Die Begriffe „Gegenstand" oder „Objekt" sind unscharf, weil ihre philosophische Bedeutung mit dem umgangssprachlichen Gebrauch interferiert. Philosophisch gesehen kann es ein Subjekt ohne Objekt so wenig geben wie ein Objekt ohne wahrnehmendes Subjekt; die beiden Begriffe sind Wechselbegriffe, die einander bedingen und nur in der wechselseitigen Bezogenheit Sinn machen. Streng genommen kann es eine vollkommen gegenstandsfreie Kunst darum gar nicht geben, weil zusammen mit dem Gegenstand auch das Subjekt verschwände, das die Kunst macht; die Frage ist, ob das Objekt, der Gegenstand - „Welt" im weitestens Sinne als das der subjektiven Erfahrung Gegebene - sich zum Dinghaften konkretisiert oder als prozessuales Strömen, als Schwingungsfelder, als Energiestrukturen erfaßt wird. Für die künstlerische Bewertung weit wichtiger aber ist, im einen wie im anderen Fall, die Frage, ob die Reaktion auf das Objekt „Welt" in einem sinnenhaft erlebenden oder einem gedanklich konstruierenden Modus geschieht.

Im letzteren Fall setzt Kunst mit ihren visuellen Mitteln die Bemächtigungsstrategien jener verstandeskonformen Wirklichkeitsreduktion fort, die unsere Wissenschaft und Technik bestimmen und durch sie, mit zunehmend gefährlichen Folgen, die Bedingungen der rationalistisch instrumentalisierten modernen

Wirklichkeit diktieren. Und das tut sie auch dann, wenn ihre Intention sein sollte, diese Bedingungen kritisch in Frage zu stellen, denn eine Kritik, die sich der Mittel des Kritisierten bedient, macht sich ungewollt zu dessen Komplizen. Die eigentliche Chance der Kunst aber läge darin, das Zwangsgehäuse der funktionalistisch verengten Weltsicht wenigstens augenblicksweise zu durchbrechen und offene Ausblicke in die Geheimnisse des leibhaft erfahrenen Seins möglich zu machen. Und ob sie sich auf dieses Ursprungsabenteuer des künstlerischen Sehens und Gestaltens eingelassen hat, wird nicht daran ablesbar, daß Naturdinge im Bild gegenständlich anwesend sind, sondern an der ungeschützt mitschwingenden, verletzlich sensiblen Hingabe an den Prozeß des wahrnehmenden Gestaltens und gestaltenden Wahrnehmens, die an der nüancierten Reagibilität der Strichführung, des Farbenflusses und der Formverläufe zu spüren ist.

Kunst ist dann „erotisch" in jenem weitgefaßten Sinne, in dem die Kunst Horst Janssens erotisch ist: in der liebenden Preisgabe an das Strömen der Lust und an die Schauder des allem Leben inhärenten Todes. Horst Janssen brauchte dafür das Menschengesicht und die Natur als Gegenüber, aber es gibt auch Maler, die eine solche erotisch-dialogische, leibhaft sinnliche Seins-Erfahrung „ungegenständlich" vermitteln; Afro Basaldella gehört zu ihnen und wohl auch Wols und unter den Lebenden etwa der im oberbayerischen Antdorf ansässige Heinz Kreutz. Jene Künstler aber, die überhaupt dem Bild oder dem Bildobjekt den Rücken kehren und die leibhafte Seinsbegegnung in der Aktion suchen, haben aus ihren Erfahrungswagnissen selten mehr mitgebracht als tote Reliquien; selbst Joseph Beuys, der diesen Künstlertypus am elementarsten und authentischsten verkörpert, hat es nur in Ausnahmefällen vermocht, das Bewegende der Erfahrung in seinen Installationen sinnlich spürbar zu machen, statt die emotionale Reaktion erst intellektuell vermittelt durch Gedankenassoziationen zu induzieren. Und das kann auch nicht anders sein, weil das von der Aktion hinterlassene Objekt kaum mehr die sichtbare Spur des sinnlich erregten Leibes trägt. Der innere Zustand des ZEN- Bogenschützen, der nach geduldiger asketischer Übung jene ehrgeizfreie Gelassenheit erreicht hat, aus der er absichtslos ins Schwarze trifft, ist durch keine Fotodokumentation zu vermitteln und schon gar nicht durch den Anblick seines Bogens.

Am 31. August 1995 ist Horst Janssen, 65 Jahre alt, in Hamburg gestorben, nach einem Künstlerleben ruheloser Suche und schier unermeßlicher Produktivität. Die Ausstellung in der Münchner Akademie, deren korrespondierendes Mitglied er gewesen ist, war nicht als Gedächtnisschau konzipiert; sie war schon seit langem projektiert. Zur Gedächtnisschau ist sie nun geworden, und als solche hält sie nicht nur die Erinnerung an einen außerordentlichen, aber derzeit etwas unzeitgemäßen Künstler wach. Sie ruft auch Möglichkeiten der Kunst in Erinnerung, die, anders als Horst Janssen, nicht tot sind, sondern jederzeit lebendig werden können, wenn sie Aufmerksamkeit und Wertschätzung finden.

III. Macht und Moral

Die Macht, das Leben und der Tod

Eine ökologische Osterbetrachtung

Das Grab war leer: ein mythisches Bild für die Überwindung des Todes. Wichtiger war die Erfahrung der Jünger: Jesus lebt fort in uns in der geisterfüllten Bereitschaft, dem Beispiel seines Lebens der Gotteskindschaft zu folgen. Wie die Auferstehung zu verstehen sei, war in der frühen Christenheit umstritten: ein spirituelles Ereignis, das im Inneren jedes Menschen stattfinden muß, wie unter dem Einfluß östlichen Denkens die gnostischen Strömungen glaubten, oder die einmalige, das Naturgesetz durchbrechende Wundertat Gottes, wie es als kirchliche Lehrmeinung sich durchsetzte? So oder so - ohne Leiden und Tod macht Auferstehung keinen Sinn.

Auferstehung ist für den Menschen des Wissenschaftszeitalters kein Thema. Er glaubt nicht an göttliche Wunder, sondern an menschliche Technik, und für die Symbolsprache der spirituellen Erfahrung ist ihm weithin das Verständnis abhanden gekommen. Eher phantasiert er vom tiefgefrosteten Organismus, der in sterilen Kühlräumen auf bessere Tage harrt, oder vom Individuum als einer spezifischen Kombination von Informationen, die auf der Datenbank überdauert. Sein Thema ist nicht die Überwindung des Todes, die voraussetzen würde, den Tod erst einmal anzunehmen; der Tod soll entmachtet werden, zumindest aber überlistet - nicht mehr mit Kirschgeist und Kartenspiel wie beim Brandner Kaspar, sondern durch Forscherscharfsinn und Bastlerakribie, die das kreatürliche Sterben immer mehr hinauszögern und dem Tod die fast schon sichere Beute noch einmal entreißen.

Das ist der Kern jenes ehrgeizigen Programms der Emanzipation von der Natur, das die Menschheit seit einigen Jahrhunderten mit stetig beschleunigtem Tempo betreibt. Seine stolzen Erfolge haben zur Voraussetzung, daß der Mensch die gesamte übrige Natur als bloßes Material seiner eigenen Bedürfnisbefriedigung betrachtet und hemmungslos seinen Zwecken unterwirft: nichts hat Eigenrecht, alles steht als Mittel in der Verfügung des Menschen. Eben daraus aber resultiert die Paradoxie des Erfolges: die Natur, in der in hochkomplexer Balance alles mit allem zusammenhängt, erträgt solche Eingriffe in ihr empfindliches Gleichgewicht nicht unbegrenzt. Sie reagiert mit bedenklichen

Rhythmusstörungen, deren Rückwirkungen auf den Menschen allmählich dramatische Ausmaße annehmen. Mit der Folge, daß zwar das einzelne Menschenleben (in den begünstigten Regionen des Globus) im Durchschnitt immer länger wird, die Lebensspanne der Gattung aber sich bedrohlich zu verkürzen scheint. Unter denen, die mit sich selber ehrlich sind, gibt es wohl nicht mehr allzu viele, die sich sicher sind, daß die Menschheit das Ende des kommenden Jahrhunderts noch erleben wird, wenn sich nicht im Umgang mit der Biosphäre des Planeten sehr bald und sehr gründlich etwas ändert. Klimaveränderung, zunehmende Vergiftung von Böden, Luft und Meeren, schwindende Ozonhülle - das alles sind unheilvolle Indizien. Es geht da wohl nicht nur um das Haushalten mit Energien und Ressourcen, um vernünftiges Wirtschaften also und die Bereitschaft zu gedrosseltem Konsum. Es geht darum, wie der Mensch seine Stellung im Kosmos definiert und wie er sich einstellt auf die Tatsache seiner Endlichkeit, also seines Eingebundenseins in die natürlichen Zyklen des Werdens und Vergehens, des Gebärens und Sterbens, des Fressens und Gefressenwerdens, in denen es Leben nur um den Preis des Todes gibt (und die Illusion, sich außerhalb des Zyklus stellen zu können, allenfalls für begrenzte Zeit).

Kann Ostern uns helfen zu einer Rückbesinnung? Drei Traditionsschichten sind in unserem Osterfest überlagert. Die christliche Feier der Auferstehung Jesu sitzt wie ein Pfropfreis auf dem jüdischen Traditionsstamm des Passahfestes mit seinen Erinnerungen an den Exodus des Volkes Israel aus der ägyptischen Knechtschaft; im Wurzelgeflecht aber wirkt fort die heidnisch-naturreligiöse Feier der auferstehenden Vegetation als eines zyklischen Geschehens von Tod und Neugeburt. In dieser untersten Schicht, der wir mit unseren Eier- und Hasenbräuchen noch unbewußt huldigen, liegt das Wissen von der Angewiesenheit des Menschen auf die Intaktheit der natürlichen Kreisläufe. Viele sogenannten Primitivkulturen haben die besondere Stellung des Menschen in diesen Kreisläufen nicht als privilegiertes Nutzungsrecht, sondern als Mitverantwortung empfunden; Beispiele dafür sind die Sonnentänze der Indianer oder die Schöpfungserneuerungsfeste der australischen Aborigines, bei denen ausdrücklich auch um ausreichende Vermehrung jener Mitgeschöpfe gebetet wurde, die der Zivilisationsmensch als schädlich oder unerträglich lästig empfindet (etwa Giftschlangen). Im Exodus der Juden aber liegt der Appell zum Herausgehen aus der Gefangenschaft, die ja auch eine selbstgeschaffene sein kann, etwa die der selbstgemachten sogenannten Sachzwänge.

Das christliche Mysterium der Auferstehung fügt dem etwas Entscheidendes hinzu: Gott selbst hat sich nach christlichem Glauben in der Endlichkeit inkarniert; er hat das Los der Kreatürlichkeit bis zur Konsequenz eines qualvollen und demütigenden Todes auf sich genommen. Auch darin steckt ein älteres Muster: die Antike kennt den leidenden, sterbenden und auferstehenden Gott in vielen Varianten. Das absolut Neue aber ist das Moment der Freiwilligkeit: was Tammuz oder Horus oder Dionysos als unvermeindliches Geschick erleiden, nimmt der Christengott aus freiem Entschluß auf sich. Seine Inkarnation und Passion ist ein Akt der Liebe und als Akt der Liebe ein ungeheurer Machtverzicht (diesem Gedanken des Machtverzichts hat der aus jüdischer Tradition kommende Philosoph Hans Jonas vor dem Hintergrund der Realität von Auschwitz eine besondere, sehr bewegende Wendung gegeben).

Mit der Inkarnation und Passion Gottes erfährt die monotheistische Vorstellung vom allmächtigen Schöpfergott (selbst wohl eine überhöhende Projektion des Homo faber) eine bemerkenswerte Korrektur: Gott kehrt in seine Schöpfung wieder ein und teilt ihr Schicksal; die gewaltige Kluft, die ihn als überweltliches Subjekt von der Welt als seinem bloßen Objekt radikal getrennt hatte, wird nicht pantheistisch eingeebnet, aber doch entschieden relativiert. Die mystische Strömung des Christentums (Meister Eckart etwa) hat in der Menschwerdung Gottes das Signal zur Gottwerdung des Menschen gesehen - ein gefährlicher Gedanke, wenn man das Göttliche in Kategorien der Macht begreift, aber ein außerordentlich fruchtbarer, wenn man es in Kategorien der Liebe und Verantwortung versteht.

Es ist eine merkwürdige Paradoxie der Geistesgeschichte, daß gerade jener Teil der Menschheit, der vom Glauben an den inkarnierten, den freiwillig leidenden und sterbenden Gott geprägt wurde, eine Zivilisation hervorgebracht hat, die den Menschen an die Stelle Gottes setzen will. Dieser sich selbst vergottende Mensch freilich, der mit Atomspaltung, Genmanipulation und dergleichen auf eigene Faust und nach Gutdünken das Schöpfungswerk fortzuführen gedenkt, will kein leidender und sterbender Gott sein, sondern ein Machergott, der mit schlauem

Machtgebrauch das Leiden und Sterben abwehrt; er hat dabei mit der Ausrottung von Tausenden von Tier- und Pflanzenarten schon zahllose „Gedanken Gottes" ausgelöscht. Er tut das mit einer Mischung aus Genialität und Dummheit, die gerade nicht seine spezifisch menschliche Fähigkeit zur Selbstreflexion ins Spiel bringt, sondern eher, bei allem Einsatz raffiniertester instrumenteller Vernunft, dem Triebprogramm des animalischen Egoismus folgt (Carl Amery sagt es drastisch: wie die Bierhefe, die drauflos wuchert, bis sie an ihren eigenen Exkrementen erstickt).

Aber noch ist wohl nicht ganz vergessen, was die Botschaft des leidenden und auferstehenden Gottes war. Und vielleicht mußten wir das lockende Spiel der Macht so weit ausreizen, bis der Schrecken über seine unausweichlichen Konsequenzen uns unüberhörbar daran mahnt, daß mit unserer „Gottesebenbildlichkeit", von der die Bibel spricht, wohl doch etwas anderes gemeint war. Der Gott, der sich seiner Macht begab, tat dies nicht, damit wir umso hemmungsloser damit hausen. Jesu Überwindung des Todes lag in der Furchtlosigkeit, mit der er den Tod hinnahm als die andere Seite des Lebens, ohne die es das Leben nicht gibt, ohne die wir das Leben nicht schmecken können. Und die Wiedergeburt, die seine Auferstehung verheißt, ist nicht die endlose Dauer der „Unsterblichkeit", sondern die zeitenthobene Entgrenzung des erfüllten Augenblicks in jenen inneren Frieden, den die Mystiker Einkehr in Gott nannten. Beim Unsterblichkeitsprogramm des Kriegs gegen die Natur bliebe am Ende nur das leere Grab, groß wie die Erde: ein Massengrab, aus dem es keine Auferstehung gibt.

Jenseits des Machtprinzips

Günther Schiwy rät zum „Abschied vom allmächtigen Gott“

Kann der liebe Gott in seiner Allmacht einen Stein erschaffen, der so schwer ist, daß er ihn selbst nicht aufheben kann? Nicht erst der sprachkritische Logizismus der analytischen Philosophie hat an dieser Vexierfrage seinen Scharfsinn erprobt; das hatte zuvor schon die Tradition jüdischer Talmudisten getan, denen der Witz zur Metaphysik und die Metaphysik zum Witz wurde. Das spielerische Paradox läßt die Logik in eine Falle gehen, die sie sich selber gestellt hat. Der Widerspruch bleibt unauflösbar, weil zwei unvereinbare logische Ebenen miteinander kurzgeschlossen sind: Allmacht, wenn es sie gibt, ist ihrem Wesen nach unendlich und kann nicht mit sich selber verglichen werden wie zwei endliche Größen, deren Differenz zu ermitteln ist. Daß es sich dabei nicht nur um eine Paradoxie der Begrifflichkeit handelt, sondern auch um eine des Gottesbildes, hat der alten Scherzfrage ihren Stachel gegeben. Es hat aber lange gedauert, bis einer darauf gekommen ist, daß die Paradoxie nicht erst aus der Art der Fragestellung kommt, sondern tiefer sitzt: daß der Begriff der Allmacht Gottes, den das Christentum mehr der antiken Philosophie als seinen biblischen Wurzeln verdankt, nicht nur in sich widersprüchlich, sondern sinnlos ist. Das war der jüdische Philosoph Hans Jonas. In seinem kleinen, aber gewichtigen Buch „Der Gottesbegriff nach Auschwitz“, erschienen 1987 und eigentlich nur die Niederschrift einer Rede, hat er dargelegt, daß der Begriff der Macht ein Beziehungsbegriff ist, nur Sinn macht als Bestimmung relativer Mächtigkeit im Pluralismus der Mächte; eine „Allmacht“, der keine andere Macht mehr gegenübersteht, an der sie sich als überlegen bewährt, ist als Macht nicht erkennbar, und eine Macht, der noch eine andere Macht entgegensteht, und sei diese auch noch so winzig, ist keine Allmächtigkeit, sondern allenfalls erdrückende Übermacht.

Aber nicht darum lädt Günther Schiwy mit seinem ebenfalls schmalen, aber gewichtigen neuen Buch zum „Abschied vom allmächtigen Gott“ ein. Und auch für Hans Jonas, auf den Schiwy sich ganz zentral bezieht, war das logische Argument nur eine Hilfskonstruktion, eine zusätzliche Absicherung seiner sehr viel tiefer ansetzenden Kritik am traditionellen theistischen Gottesbild. Die Triebkraft dieser Kritik ist das uralte Theodizeeproblem, das durch Auschwitz und Hiroshima eine ungeheure Verschärfung erfahren hat: wenn Gott so grauenvolle Dinge hat geschehen lassen, sie also entweder nicht verhindern wollte oder nicht verhindern konnte, dann kann er nicht zugleich allgütig und allmächtig sein; beide Attribute aber scheinen konstitutiv für das, was wir Gott nennen. Was bleibt, wenn wir eines dieser Attribute opfern, als entweder ein mächtiges Monstrum oder ein gütiger Schwächling? Nicht wenige, so etwa Günter Anders, haben so ihre Entscheidung für den Atheismus begründet.

Der leidende Gott

Hans Jonas ist einen anderen Weg gegangen, und diesen Weg empfiehlt Schiwy der christlichen Theologie. Er empfiehlt ihr damit etwas, das ihr keineswegs ganz fremd ist, aber in ihrer Tradition nie wirklich zur Entfaltung gekommen ist. Wenn Jonas sagt, daß Gott Auschwitz tatsächlich nicht verhindern konnte, weil er seine göttliche Macht schon eingeschränkt hat mit der Erschaffung der Welt, die sich nach mitgegebenem Gesetz entwickelt, und sich dieser Macht mit der Erschaffung des in die Verantwortung der Freiheit entlassenen Menschen freiwillig und aus Liebe völlig entledigt hat, gibt er dem christlichen Mysterium der Inkarnation eine Dimension von kosmischer Tragik. Gott wird damit sichtbar als Liebender, der ein ungeheures Wagnis eingegangen ist um der Liebe willen, die keine Liebe wäre, wenn sie zu erzwingen auch nur versuchte, worauf sie hofft; präsent ist dieser Gott in seiner Schöpfung nicht als machtvoll Herrschender („der Herr der Geschichte“, wie Theologen so gerne sagen), sondern als der Leidende, dessen Schöpfung nicht nur sein Werk, sondern auch seine Passion in des Wortes doppelter Bedeutung ist, ohnmächtig nicht aus Schwäche, sondern aus freigewähltem Verzicht auf eine Macht, deren Durchsetzung dem Schöpfungsziel einer Welt der verantworteten Liebe widerspräche.

Das ist um einiges radikaler gedacht als die geläufige, auch in Katechismustexten auftauchende Argumentation, daß das Böse in der Welt aus der „Freiheit“ des Menschen und nicht aus Gottes Ratschluß entspringe, radikaler vor allem darum, weil diese „Freiheit“ sonst immer als eine bedingte und gnadenhaft vorläufige gedacht wurde, die letztlich doch am Marionettenfaden Gottes hängt, der ihr jederzeit mit einer Zornesgeste in die Parade fahren könnte; Jonas und mit ihm Schiwy denkt die Freiheit des Menschen wie das Liebeswagnis Gottes so radikal wie zuvor nur einige Mystiker, Angelus Silesius etwa: als unwiderruflich und bedingungslos. Die Verantwortung des Menschen, über die Hans Jonas ein grundlegendes Buch geschrieben hat, wächst damit nicht nur physikalisch, sondern auch theologisch ins Kosmische. Deckt sich dies aber nicht letztlich mit dem Kern der christlichen Glaubensbotschaft, daß Gott in Knechtsgestalt in seine Schöpfung kam, um mit und an ihr zu leiden, daß er in der Gestalt seines Sohnes das Schändlichste und Grausamste am eigenen Leib durchlitten hat? Daß - wenn wir die Aussage von der Wesensgleichheit Christi mit Gott ernst nehmen - Gott selbst am Kreuzesstamm geschrien hat: „Mein Gott, warum hast du mich verlassen?“

Die Frage nach der Leidensfähigkeit Gottes enthält ein ähnliches Paradox wie die nach dem Stein, den Gott zwar schaffen, aber nicht heben kann: kann Gott nicht leiden, dann fehlt ihm etwas, und er ist nicht vollkommen und allumfassend; kann er aber leiden, dann muß er auch leiden, wenn ihm die Erfahrung des Leidens nicht fehlen soll, was ihn ebenfalls begrenzen würde, und wenn er leidet, ist er per definitionem in den Begrenzungen der Endlichkeit. Doch all dies sind letztlich müßige Spekulationen der theoretischen Vernunft, die das Unendliche zwar denken kann und auch denken muß, es sich aber nicht anders vorzustellen vermag als in Summierungen und Extrapolationen von Endlichem. Wichtiger ist, was solche Begriffsarbeit am Gottesbild praktisch bedeutet, und es bedeutet praktisch eine ganze Menge.

Gottesbilder als Ausdruck der transzendentalen Begabung des Menschen sind Grenzphänomene seiner seelischen Wirklichkeit; so wenig sich hier das wahnhaft Imaginierte von der Tiefenerkenntnis restlos trennen läßt, so wenig ist jemals verläßlich zu klären, wieweit das Glas, auf dem die Gottesbilder sich malen, ein Fenster oder ein Spiegel ist. Von Gott reden heißt nicht nur von den Gründen reden, warum die Welt überhaupt ist und warum sie so ist, wie sie uns erscheint; es heißt vor allem darüber reden, wie der Mensch sich selbst versteht und seine Rolle in dieser Welt, der er zugleich naturhaft angehört und beobachtend und deutend gegenübersteht. Gottesbilder sind nicht zuletzt Selbstprojektionen des Menschen, an denen er sich mißt und nach deren Weisung er sich entwirft, auf die er zulebt und aus denen er den Sinn seines Seins abliest. Sie sagen etwas aus über das Wertsystem der Kultur, aus der sie erwachsen, wirken aber auch steuernd und regulierend auf sie zurück und entwickeln eine eigene Dynamik, die vom Gesellschaftsprozeß nicht unabhängig ist, aber mit ihm nicht als bloße Widerspiegelung synchron verläuft.

Das Ende des Äons der Gewalt

Ein Gottesbild, das die Vorstellung der Allmächtigkeit so beherrschend in den Mittelpunkt rückt, kommt aus kulturellen Traditionen, die zur Vergötzung der Macht tendieren, sei es zur Absicherung despotischer Herrschaft oder aus Abwehr gegen extreme Ohnmachtserfahrungen. Daß damit implizit auch dem Menschen eine Machtrolle zugewiesen ist, wird explizit in der biblischen Aufforderung „machet euch die Erde untertan!" (von einem kundigen Altorientalisten habe ich mir versichern lassen, daß das entsprechende Wort im Originaltext eher eine Vergewaltigung als hegende Sorge assoziieren läßt). Dieses machtförmige Gottesbild, das Bild eines Gottes, der sich durch schrankenlose Macht definiert, hat geleuchtet über einem Äon der Gewalt, und es hat andere Aspekte, die im christlichen Gottesbegriff angelegt sind, in randständige Schattenzonen abgedrängt. Der Äon der Gewalt war gekennzeichnet durch das primäre Streben des Menschen nach Macht: nach Macht über seinesgleichen, über die Natur und über sich selbst. Macht aber ist das Prinzip des Todes; das Prinzip des Lebens ist Liebe, die zum Leiden bereit ist.

Mit ausbeuterischer Unterjochung hat der Mensch die Natur ins Siechtum gestürzt und sich selbst seelenlos gemacht. Der Äon der Gewalt kommt darum unwiderruflich an sein Ende: entweder der Untergang des Menschen, vielleicht des höheren Lebens auf der Erde (das wäre nach Schiwy die „kosmische Kreuzigung") oder eine neue Kultur, die nicht mehr auf das Prinzip der Macht gegründet ist. Die Umkehr, die dazu nötig wäre, ist ohne religiöse Neubesinnung nicht zu leisten; sie braucht ein Gottesbild, das den Weg des Machtverzichts weist. Hier liegt die praktische Bedeutung von Schiwys Buch, dessen Hauptverdienst im übrigen darin besteht, eine seit vielen Jahren geführte Theologendiskussion aus dem Elfenbeinturm herausgeholt und in präziser Bündelung und Zuspitzung in die öffentliche Auseinandersetzung eingebracht zu haben.

Und diese Auseinandersetzung geht nicht nur Christen oder andere theistische Gläubige an; das machtförmige Gottesbild west in vielerlei säkularisierten Verkleidungen auch in der Vorstellungswelt erklärter Atheisten, und einer seiner opulentesten Altäre ist die angeblich wertneutrale Wissenschaft, deren oberster Wert nicht das Erkennen, sondern die Macht ist: die Allmacht durch Wissen. Es gibt keine völlig areligiösen Menschen; wer die Religion bewußt aus seinem Horizont verbannt hat, der lebt sie unbewußt in profaner Camouflage. Denn es gehört zum Schicksal des Menschen, daß er die religiöse Frage zwar nie allgemeinverbindlich und definitiv beantworten kann, aber auch nicht aufhören kann sie zu stellen, ohne aufzuhören Mensch zu sein; er ist unentrinnbar das Wesen, das dazu in der Lage, aber auch dazu verurteilt ist, über sich hinauszudenken. Am klarsten hat das der Philosoph Christoph Türcke gesagt: „In letzter Instanz ist menschliche Bedürftigkeit Gottesbedürftigkeit, der Gedanke Gottes daher unveräußerlicher Bestandteil ihrer unverkürzten Selbstreflexion - auch wenn es Gott nicht gibt."

Ein wichtiger Aspekt bleibt in Schiwys Buch leider unterbelichtet. Eher beiläufig zitiert er einmal den Schweizer Dichter und Pfarrer Kurt Marti, der in seinem Buch „O Gott!" die Erfindung der göttlichen Allmacht für eine Männerphantasie, für eine Ausgeburt des männlichen Größenwahns erklärt hat. Die Brisanz dieses Hinweises bleibt unentfaltet. Der Äon der Gewalt und des allmächtigen (männlichen) Gottes war der Äon der Männerherrschaft und der Unterdrückung nicht nur der Frauen, sondern auch der weiblichen Seite des menschlichen Geistes. Die weiblichen Religionen der Urzeit, die sich die Welterschaffung nicht wie einen Willkürakt des Machens, sondern als ein geschehenlassendes Gebären vorstellten, waren dem aus Liebe leidenden Gott, den Schiwy uns nahebringen will, um einiges näher als die theistischen Gottesspekulationen des patriarchalen Zeitalters. Hier muß entschieden weitergedacht werden. Eine Bildhilfe dazu haben wir gerade an Weihnachten überall vor Augen: in der Gestalt der Gottesmutter mit dem göttlichen Kind auf dem Schoß, das sie aus sich geboren hat in eine Welt des Leidens.

Der Denker des Ewig Weiblichen

Eine Erinnerung an den Religionsphilosophen Otfried Eberz

München war seine Wohnheimat geworden, und in München ist er 1958 hochbetagt gestorben, aber vergessen wurde er nicht nur hier, soweit man ihn überhaupt erst vergessen mußte: der Religionsphilosoph Otfried Eberz, einer der bedeutendsten, tiefsinnigsten und eigendenkendsten Köpfe dieses Jahrhunderts. In München wurde jetzt an ihn wieder erinnert mit einem Vortrag der Theologin Christa Mulack, der Interpretin der „Weiblichkeit Gottes", die Eberz als den bis heute radikalsten Denker des Primats des Weiblichen wiederentdeckt hat.

„Natürlich weiblich" hatte das letzte Buch Christa Mulacks geheißen, und der Titel benannte ein Dilemma. Denn nichts ist unserer Denkgewohnheit - oder muß man schon sagen: Denkentwöhnung? - weniger natürlich, als dem Weiblichen von Natur aus Werthaftigkeit zuzuerkennen; gerade seine Natürlichkeit macht es männlichem Bewußtsein inferior, und darum fürchten die nach gesellschaftlicher Aufwertung strebenden Frauen das natürlich Weibliche, weil es sie auf jene Restbedeutung zu reduzieren scheint, die männliche Herrschaft ihnen ließ. Damit versäumen sie die notwendige Restitution des Weiblichen, denn es ist die Mißachtung des Weiblichen an sich, aus der die gesellschaftliche Entrechtung der Frau erst entsprang: die soziale Unordnung hat ihre Wurzel in einer geistigen.

So die Diagnose von Otfried Eberz, der den Verlockungen einer akademischen Karriere die entbehrungsreiche Existenz eines kaum bemittelten Privatgelehrten vorzog, um seine Unabhängigkeit zu wahren. In jahrelanger Forschungsarbeit las er die Quellentexte der Geistesgeschichte samt ihrem mythologischen Unterfutter als Palimpseste, deren mannorientierte Muster dem geschärften und ausdauernden Auge ein darunterliegendes enthüllen: durch das Chaos endloser Gewalt schimmert die ursprünglich gemeinte Ordnung noch schattenhaft durch. Eine Ordnung nämlich, die das Weibliche und das Männliche als die polaren Erscheinungsformen des in die Schöpfungsvielfalt sich individuierenden göttlichen Einen im Gleichgewicht harmonischer Wechselwirkung hält, dem Weiblichen aber als dem integrativen, zur Einung strebenden Pol gegenüber dem eher dissoziativen, vereinzelnden Männlichen die Führung zuspricht: den Frauen fällt die Aufgabe zu, die Männer geistig zu erziehen; durch das Weib wird der Mann erst zum Menschen.

Hier liegt die größte Herausforderung des Eberzschen Denkens: auf seinem ureigensten Feld, dem des Geistes, wird der männliche Anspruch auf Vorherrschaft widerlegt. Freilich nicht in einfacher Umkehrung des Gewohnten: der auf mechanisches Analysieren und Verknüpfen gerichtete männliche „Logos", eigentlich irrational, weil er das Wesen der Dinge verkennt, bedarf der Führung durch die weibliche „Sophia", um nicht destruktiv zu werden; ohne diese Einbindung wird der enthemmte Mann zum „Feind des Lebens", führt seine „Aktivitätshysterie" in die „Eiszeit der Seele", wie es ja tatsächlich geschieht: schon um 1930 sah Eberz die kommende ökologische Katastrophe mit vollkommener Klarheit voraus. Und keine bloß äußere Emanzipation ohne innere Umkehr wendet das Unheil: „Nicht die Frau hat die ökonomische Männermaschine erobert, sondern diese die Frau."

Daß dies so fremd nicht ist, wie es klingt, machte nach dem Vortrag eine Diskussionsbemerkung klar: nichts anderes besagt der Schluß von Goethes „Faust"-Tragödie. Fausts Weg ist der des allen Bindungen entglittenen Mannes, ein Weg des Größenwahns, der Schuld und des praktischen wie metaphysischen Scheiterns; seine Wette mit Mephisto hat er verloren, und wenn er wider alles (männliche) Recht aus purer (weiblicher) Gnade noch eine Chance erhält, so durch Eingreifen des am Schluß (im Gegensatz zum Stück-Beginn) völlig verweiblichten Himmels. „Das Ewig Weibliche zieht uns hinan" - das ist keine hübsche Floskel, sondern Goethes eigentliche Botschaft. Auch hier hat der Außenseiter Eberz tiefer geblickt als ganze Generationen von Germanisten.

Eberz hat sich, um Mißdeutungen zu entgehen, seine eigene Begrifflichkeit geschaffen. Das fordert dem Leser seiner Bücher einige Anstrengung ab, doch die Mühe lohnt. Und zum Glück sind die Bücher noch da. Kein Verleger versprach sich Gewinnchancen davon, doch die tapfere Witwe, die Eberz um Jahrzehnte überlebte (auch hier das Ungewohnte: nicht ein alternder Mann nahm sich ein junges Blut, sondern ein hartnäckiges junges Mädchen trotzte dem aus Vernunftgründen widerstrebenden Endfünfziger das Ja-Wort ab; „Sophia" bezwang „Logos"), hat sie im Eigenverlag herausgegeben. In der Pfeifferschen Buchhandlung in der Hohenzollernstraße, die jetzt auch den Vortrag veranstaltete, sind sie zu finden.

Ketzer-Dialog, verkürzt

Drewermanns Bruno oder die gespaltene Wirklichkeit

Ein Donnerstagmorgen im Februar des Jahres 1600. Auf dem Campo dei fiori in Rom wird ein Ketzer verbrannt. Ein „sehr hartnäckiger Ketzer", wie die „Avvisi di Roma" zwei Tage später vermerken, „der nach seiner Laune verschiedene Dogmen gegen unseren Glauben ersonnen hatte". Die Bruderschaft von St. Johannes dem Enthaupteten, unterstützt von Dominikanern und Jesuiten, begleitete ihn als „Trostspender"; sie „zeigte ihm mit großem Eifer und mit großer Gelehrsamkeit seinen Irrtum" und versuchte „bis zum letzten Augenblick, seinen hartnäckigen Widerstand zu brechen, bis er schließlich sein elendes und unglückseliges Leben aufgab". Es war nicht das Ende eines kleinen Lästerers. Auf dem Scheiterhaufen starb der bedeutendste philosophische Kopf der Epoche: Giordano Bruno.

Ein Augenzeuge der Verbrennung hat berichtet: „Er sah bleich und blaß aus - offenbar geschwächt von dem Blutverlust, den er durch die vergangenen Marterungen erlitten hatte. Seine Arme hingen wie leblos herunter. Man hatte sie aus den Gelenken gerissen, als man ihn über das Rad geflochten hatte. Nicht genug damit - die furchtbaren Marterwerkzeuge hatten an vielen Stellen das Fleisch bis auf die Knochen heruntergeschabt."

Solche und ähnliche Zeugnisse wurden von der Kirche lange als Fälschungen abgetan. Erst 1889 wurde der Bericht der Bruderschaft von St. Johannes dem Enthaupteten veröffentlicht - das erste auch von der Kirche als authentisch anerkannte Dokument. Es setzte allen Bemühungen ein Ende, die Hinrichtung des Philosophen ins Reich der Legende zu verweisen.

Fast vierhundert Jahre sind vergangen. Heutige „Ketzer" haben ein glimpflicheres Schicksal: sie riskieren nicht Leib und Leben, sondern verlieren schlimmstenfalls ihr Amt. Einer von ihnen, der umstrittene katholische Theologe Eugen Drewermann, hat nun den Fall Bruno literarisch aufgegriffen, und es ist unverkennbar, daß er in der cause célèbre des Wahrheitsmärtyrers aus der Zeit der Gegenreformation das eigene Außenseitertum, das eigene Irrewerden an der Kirche, die eigene Verbitterung spiegelt.

Doch entscheidende Unterschiede bestehen nicht nur im Härtegrad der Verfolgung. Giordano Bruno war kein Theologe; er war Naturforscher und Philosoph; die „Heilstatsachen" der kirchlichen

Dogmatik haben ihn wenig interessiert, sie waren ihm bloß hinderlich. Denn er suchte in der Naturerkenntnis den Weg zur Gotteserkenntnis: die Unendlichkeit des Universums als sichtbarer Spiegel des Göttlichen. Sein Denken strebte an der Kirche vorbei und über das Christentum hinaus zu einer pantheistischen Schau der Allgegenwart Gottes in seiner Schöpfung, hob damit die Trennung von Diesseits und Jenseits auf und ersetzte Erlösung durch Erkennen. Mit dem Machtapparat der Kirche mußte er kollidieren, weil er den Anspruch gefährdete, das gesamte Geistesleben einer von Aufbruchswirren erschütterten Zeit zurückzuzwingen unter die Vorherrschaft des Offenbarungsglaubens.

Tragisches Mißverständnis

Drewermann ist Theologe und vor allem Seelsorger. Das ganze Denken, Schreiben und Reden dieses wortmächtigen und geradezu unglaublich produktiven Mannes ist (oder war?) ein Versuch, überlieferte Glaubensinhalte einer rationalistisch ausgenüchterten, aber nach Spiritualität lechzenden, an ihrem Sinndefizit leidenden und von den Folgen ihrer technischen Macht verunsicherten Gegenwart durch Neuinterpretation wieder verständlich zu machen. Und zwar ganz praktisch als Halt in der Daseinsnot: erneuerter Glaube als Lebenshilfe. Drewermann vereinigt gewissermaßen in sich die beiden Pole des historischen Dilemmas: die Denk-Autonomie des Ketzers und die nach Bindung strebende Fürsorglichkeit des Seelenhüters.

Der Fall Giordano Bruno ist für die Kirche beschämend, aber historisch verständlich. Der Fall Drewermann ist ein tragisches Mißverständnis. Denn Drewermanns Ringen mit der Kirche ist ein Ringen *um* die Kirche. Hier ist dem in die Defensive geratenen Christentum einer erwachsen, der die klaffende Wunde zu heilen versucht, an der es seit der Zeit der Kirchenväter siecht: die schroffe Spaltung in Vernunft und Glaubenswahrheit als Ausdruck der Dissoziation von Materie und Geist. Drewermanns tiefenpsychologisch fundierter Vorschlag, die Dogmen der Heilsgeschichte nicht als Aussagen über biologisch und physikalisch verifizierbare historische Fakten zu verstehen, sondern als symbolischen Ausdruck für geistige Ereignisse, könnte die kirchliche Lehre aus einer selbstgeschaffenen Zwickmühle befreien. Denn es handelt sich, grob gesagt, um die Wiedergewinnung der geistigen Dimension der Wirklichkeit.

Wie sehr diese geistige Dimension der Wirklichkeit, auf der doch gerade eine Religion beharren müßte, dem Christentum abhanden gekommen ist (nur seine mystische Unterströmung hielt daran fest), wird schlagend sichtbar an dem Standard-Argument gegen Drewermann, die Deutung der Heilsvorgänge auf der Symbol-Ebene als spirituelle Ereignisse nehme den Glaubensaussagen jede Verbindlichkeit und gebe sie der Beliebigkeit subjektiver Befindlichkeiten preis. Damit nämlich wird Geistiges implizit für irreal erklärt: das Symbolische gilt nicht als eine andere Dimension der einen Wirklichkeit (als solche hat C. G. Jung es für die Psychologie und damit für die wissenschaftlich denkende Menschheit wiederentdeckt), sondern eben als „nur symbolisch" und damit letztlich als eine Illusion, ein Nichts.

Es gehört zu den Paradoxien der Spaltung, daß beide Seiten verarmen: die Wirklichkeit verliert den Geist, und der Geist verliert Wirklichkeit. In die als wertlos verachtete materielle Wirklichkeit kann das Geistige nur noch als ein ihr Fremdes und Äußerliches einbrechen, muß aber, um nicht irreal zu sein, selber als materielles Faktum gefaßt werden. So macht sich Religion, ohne es zu bemerken, zum Verbündeten einer materialistischen Weltsicht. Deutlich zu sehen auf manchem barocken Kirchenfresko, wo etwa das zum Himmel auffliegende Herz des sterbenden Heiligen als körperhaftes Objekt sogar einen Schatten wirft.

Damit kommt neben dem Unterscheidenden auch das Verbindende zwischen Giordano Bruno und Eugen Drewermann in den Blick. Brunos Forschervision eines „göttlichen", eines gotterfüllten, geistdurchdrungenen Universums überwindet den Geist-Materie-Dualismus auf ihre Weise - nicht theologisch motiviert, aber für die religiöse Interpretation der Welt natürlich von enormer Bedeutung. Für eine faktengläubige, buchstabenhörige Dogmatik wäre in seiner Kosmologie kein Raum gewesen, wohl aber für ein Symbolverständnis christlicher Glaubensaussagen. Wie die Geschichte verlaufen wäre, wenn Bruno nicht verbrannt worden wäre, wenn seine Wissenschaft vom lebendigen All-Einen nicht in der Gelehrtenwelt seiner Zeit auf Unverständnis gestoßen wäre, darüber kann nur spekuliert werden. Fest steht: Brunos Tod auf dem Scheiterhaufen war nicht nur ein Pyrrhus-Sieg kirchlicher Macht, er besiegelte auch den Triumph der mechanistischen Wissenschaft über das ganzheitliche Denken.

Bestimmend für den weiteren Weg des abendländischen Denkens wurde nicht Brunos Wesensschau der „Einheit der Natur" (um die Formel Weizsäckers aufzugreifen, der sich ansonsten auf Bruno nicht bezieht); bestimmend wurde Francis Bacons machtorientierte Inbesitznahme der entgöttlichten Natur, Galileo Galileis Reduktion der Qualität auf meßbare Quantitäten (Bruno hatte, obwohl ein exzellenter Mathematiker und Vorausdenker vieler späterer astronomischer Entdeckungen, für dieses Genügen am Zählbaren nur Verachtung) und der verkürzte Rationalismus eines René Descartes (dessen Aufspaltung der Wirklichkeit in „res cogitans" und „res extensa" die Paradoxie des mittelalterlich-christlichen Dualismus gewissermaßen säkularisiert - mit ähnlichen Folgen).

Identifikation im Leiden

Giordano Brunos Feuertod - ein abendländisches Drama von schicksalhafter Wucht. Der Siegeszug der mechanistisch verengten Wissenschaft hat die Welt zuerst entleert und dann verwüstet. Daß die Kirche an dieser folgenschweren Weichenstellung mitwirkte, ist nur scheinbar paradox: mittelfristig konnte sie sich mit einer streng materialistischen Wissenschaft leichter arrangieren; eine unverkürzte, die geistige Dimension der Wirklichkeit mitbedenkende wäre die größere, zu eigener spiritueller Erneuerung zwingende Herausforderung gewesen. Oberflächlich betrachtet: getrennte Geschäftsbereiche, die einen modus vivendi wechselseitiger Tolerierung möglich machen. Tiefer gesehen: der gleiche Dualismus, mit unterschiedlicher Akzentuierung, die praktisch kaum mehr ins Gewicht fällt. Denn die methodische Reduktion auf das Quantifizierbare wirkte auf den Realitätsbegriff zurück: was nicht zählbar und meßbar ist, ist auch nicht wirklich. Diesem Verlust an Wirklichkeit aber, der ihren eigenen Boden unterminiert, hat die Kirche nichts entgegenzusetzen; sie bestätigt die Horizontverengung mit dem Beharren auf der historisch-materiellen Faktizität der „Heilstatsachen". Tragische Ironie: wo ihr Hilfe geboten wird, die dualistische Spaltung mit einer umfassenderen Sicht zu überwinden, weist sie dies noch immer als Irrlehre ab. Hier schließt sich zwischen Giordano Bruno und Eugen Drewermann ein Kreis.

Oder könnte sich schließen. Drewermann hat ihn leider kurzgeschlossen durch die Identifikation im Martyrium. Wohl gelingen ihm passagenweise grandiose Ausblicke in die Weiträumigkeit von Brunos Denkwelt. Doch im Vordergrund steht der Geschundene, das ohnmächtig sich aufbäumende Opfer kirchlicher Macht: Drewermanns Leidensgenosse. Drewermann hat kein philosophisches Buch geschrieben und erst recht kein theologisches, auch nicht einen geistesgeschichtlichen Essay. Sein Bruno-Buch ist ein literarischer Text und insofern ein Debüt: der Theologe als Belletrist. Der Form nach handelt es sich um einen großen Monolog oder ein Stück Rollenprosa: Drewermanns Kunstgriff besteht in der Fiktion, daß Bruno in den letzten Tagen vor der erwarteten Hinrichtung noch einmal sein Leben rekapituliert in einer nur für ihn selbst und die Nachwelt bestimmten Confessio, in der er sich vergewissert, wer er war und wofür er gelebt und gekämpft hat, und sich vom Zorn auf seine Peiniger kathartisch entlastet.

Die Vorteile der Ich-Form liegen auf der Hand: sie gibt Drewermann die Möglichkeit, in seinen Helden hineinzuschlüpfen und ihn aus der Innenschau vorzuführen. Und da Drewermann nicht nur über eine beachtliche stilistische Meisterschaft verfügt, auch in der mimetischen Aneignung der syntaktisch verschachtelten Redeweise eines Gelehrten aus der Endphase des gescheiterten Renaissance-Humanismus, sondern auch Einfühlungsvermögen und Phantasie reichlich genug besitzt, um die in solidem Quellenstudium erworbene Kenntnis des historischen Szenarios in lebendiger Anschaulichkeit zu inkarnieren, gewinnt die Darstellung über weite Strecken eine packende Unmittelbarkeit. Die Nachteile sind weniger offenkundig, aber nicht zu übersehen: eben diese Unvermitteltheit betrügt um das Erlebnis der historischen Distanz, das für ein gründlicheres Durchdenken unerläßlich ist, und der Wunsch, die gesamte innere und äußere Biographie in diesen zornig-resignierten Lebensrückblick hineinzupacken, mit all den Stationen eines unsteten Wanderlebens quer durch halb Europa, den wissenschaftlichen Disputen, den Quälereien und Erniedrigungen der achtjährigen Haft und des Prozesses, detailfreudig ausgeschmückt, zerdehnt die gewählte Erzählstruktur denn doch gewaltig. Und natürlich leistet die Ich-Form der Identifikation mit dem Märtyrer beträchtlichen Vorschub.

Als erste Annäherung an einen berühmten, aber fast unbekannten großen Denker ist Drewermanns Buch eine lohnende Lektüre. Der Autor hat sich gründlich kundig gemacht; die kleinen Anachronismen, die ihm unterlaufen sind (und über die der „Spiegel“ sich so genüßlich mokiert hat), sagen nichts gegen die Solidität der Recherche. Schwachpunkte sind die ausufernde Weitschweifigkeit, die bei fortschreitender Lektüre denn doch ermüdet, und ein Mangel an zwingender Form im Aufbau des Ganzen, vor allem aber die endlosen lyrischen Ergüsse an das imaginäre Objekt einer platonischen Liebe. Hier hätte ein kluger Lektor eingreifen müssen. Und zwar nicht nur, um den debütierenden Erzähler davor zu bewahren, sich mit den platten Reimereien einer ungeerdeten Kleriker-Erotik literarische Blößen zu geben. Sondern auch, um den Denker Bruno vor der sentimentalisierenden Verkleinerung zum romantisch-dichterischen Schwärmer zu schützen. Das Original-Gedicht Brunos, das Drewermann zitiert, zeigt mit seiner ungleich kantigeren Diktion, wie wenig Drewermanns versifiziertes Nazarenertum ihm gerecht wird.

Die Welt wird kälter und leerer

Mit Verzärtelung verschleiert sich da eine kernige Gestalt. Wobei thematisch doch wichtig bleibt die Einheit von Erkennen und Lieben, also auch von Wahrheitsliebe und Geschlechterliebe. Einmal, kurz vor dem Ende, liest Drewermanns Bruno sich selber die Leviten wegen der erdfernen Verstiegenheit seiner Huldigungen an die erträumte „Diana/Morgana“. Das hätte Konsequenzen des Autors gefordert, auch rückwirkende. Sie blieben leider aus.

Und dann doch die großen Ein- und Ausblicke. Drewermann in der Maske Brunos oder Bruno durch das Sprachrohr Drewermann sagt: „Wenn es bei dieser Äußerlichkeit in der Gottesgelehrtheit bleiben sollte, darf man sich wirklich nicht wundern, wenn parallel zu der seelenlosen Verwaltung der Kirche im Raum der Geschichte eine ebenso seelenlose, rein mechanistische Betrachtung der Natur ihren Einzug halten wird.“ Weiter: „Wenn ein Gott existiert, der in seiner Schöpfung sich mitteilen, ausdrücken und offenbaren wollte, so kann er dies nicht mit Hilfe mechanischer Gesetze; dann muß er die Welt, statt von außen, von innen antreiben; dann muß er ein Stück seines Bildes in die Seele eines jeden Atoms legen; dann enthält jedes einzelne Ding, jedes Tier, jeder Mensch in sich ein Abbild des Ganzen, jedoch in einer Weise, die nur ihm selber ... zukommt.“ Wenn man dies nicht begreife, werde „der Mensch bald einer Welt gegenüberstehen, die immer kälter und leerer wird“.

Dann werden wir „inmitten dieser Welt uns zugleich immer einsamer und sinnloser fühlen, denn eine mechanisch erklärte Uhrmacherwelt antwortet auf keinerlei Fragen noch Klagen der leidenden Menschen. Verwaist und heimatlos werden sie sich bald schon den unendlichen schweigenden Räumen gegenübersehen, und das Schaudern über die Winzigkeit und Kurzlebigkeit ihres Daseins wird sie dazu bestimmen, sich mit aller Kraft an dieses irdische Leben zu klammen. ... Weigert sich die Kirche auch in Zukunft, meine Entdeckungen aufzunehmen, so wird man schon aufgrund der Überfülle an Schmerz und Sinnlosigkeit inmitten der Mechanik einer ebenso pünktlich genauen wie unerbittlich mörderisch ablaufenden Weltenuhr die Erde auszupressen suchen bis zum äußersten. ... Die Menschen werden ganz richtig verstehen, daß im Munde der Kirche ‚Gott' nie etwas anderes bedeutet hat als Herrschaft und Macht, und so werden sie lernen, an die Stelle des Glaubens an den alten Gott fortan den Glauben an die neuen Formen von Herrschaft und Macht zu setzen. Aber wie kann man so dumm sein, nicht deutlich zu sehen, daß nach dem Ende des Gottesglaubens auch der Kirchenglaube zu Ende sein wird?"

Schließlich die Folgerung: „Die Zukunft der Kirche in der menschlichen Geschichte wird sich entscheiden an der Einstellung zur Schöpfung Gottes. Eine Religion, die dem Menschen kein Zuhause gibt inmitten eines unendlichen Kosmos, widerlegt in Zukunft sich selbst. Man wird nur durchs Fernrohr zu schauen brauchen. Dies, ihr gottesbeamteten Menschenverkrüppler, ist heute mein kostbarster Trost: Meine Ablehnung wird Euch noch teuer zu stehen kommen, teurer, als Ihr sie in Jahrhunderten werdet bezahlen können, denn erst in Jahrhunderten werdet ihr den Preis präsentiert bekommen."

Brunos Stimme? Wohl eher Drewermanns Stimme, mit der Schöpfungsfrömmigkeit des Philosophen aus Nola als Resonanzboden. Da wird dann doch deutlich: unendlich mehr als die Identifikation mit den Leiden eines großen Verfolgten hätte der Dialog der Denker über die Distanz von vier Jahrhunderten hinweg gebracht. Dieser Dialog ist zu ahnen, aber wirklich begonnen hat er noch nicht.

Die Freiheit des Nichtwissens

Von den Paradoxien des Forscherdranges

Nicht zu wissen, wer man selber ist, mag als die quälendste Form der Unwissenheit erscheinen. „Ich bin, ich weiß nicht wer“, heißt es in einem alten anonymen Spruchgedicht, das diesem Nichtwissen eine Wendung von melancholischer Heiterkeit gibt: „Ich bin, ich weiß nicht wer, / ich komm, ich weiß nicht woher, / ich geh, ich weiß nicht wohin, / mich wundert, daß ich fröhlich bin.“ Doch zu wundern gibt es hier wenig, denn die Fröhlichkeit steht zu dem Nichtwissen in keinem Widerspruch und muß es nicht trotzig überspielen; die Fröhlichkeit kommt aus eben diesem Nichtwissen selbst.

Wir haben uns nicht als ein überschaubar Geschlossenes, denn dann würden wir für uns selbst zum bloßen Ding. Sondern wir sind unterwegs zu uns wie zu einem fliehenden Horizont, der nur darum, weil er ein fliehender ist, ein offener sein kann. Unser erwachendes Bewußtsein findet uns vor als etwas, das die Wahrheit seines Seins Schritt für Schritt erkunden muß in den Stadien seines Werdens. Nur weil wir aus dem Dunkel hervorkommen, können wir uns am Licht des Bewußtseins erfreuen; nur weil unser Wesen sich erst in der Bewegung des Lebendigseins erschließt, gibt es für uns, was nach herkömmlichem Verständnis den Menschen ausmacht: Freiheit. Denn alles Gewußte ist festgelegt; den offenen Horizont des Möglichen gibt es nur, wo die Fragen und Ahnungen, die Versuche und Entwürfe nicht geronnen sind zur Unverrückbarkeit des Wissens. Freiheit ist darum geknüpft an die organismische Verfaßtheit des Menschen als ein leibhaftes Wesen, das nicht gemacht, sondern geboren wurde und sich im Werden und Vergehen als das erfährt, was es ist; Bescheidenheit könnte darum eine der Vorbedingungen von Freiheit sein.

Aus antiken Mythen, dem von Ödipus etwa, kennen wir den Fluch des Selbstwissens zur Unzeit. Das Drama des Ödipus ist nicht nur das Drama eines schonungslosen Gerichthaltens über das eigene Ich; es ist auch das Drama einer Selbstzerstörung, die mit dem Wissenwollen beginnt. Hätte Ödipus nicht das Orakel befragt, also die Unklarheit seiner Herkunft mit fröhlichem Staunen ertragen, so wäre ihm grausames Unheil erspart geblieben. Denn erst die Flucht aus der Nähe der vermeintlichen Eltern macht die Verbrechen des Vatermordes und des Mutterinzests an den leiblichen Eltern möglich. Mit dem vom Orakel erfragten Wissen über Abkunft und Schicksal hat Ödipus sich eine Schlinge um den Hals gelegt; er ist hinfort nicht mehr frei, und je hartnäckiger er forscht, desto unentrinnbarer zieht die Schlinge sich zu. Dies ist das Urmodell dessen, was Horkheimer und Adorno die „Dialektik der Aufklärung" genannt haben: das Wissen, das Befreiung verhieß, wird zum Kerker. Und zwar dann, wenn der Mensch die Unverfügbarkeit seines Geworfenseins in die Welt nicht erträgt, aus der seine Freiheit erwächst, und sich selbst zum Objekt der Machbarkeit degradiert.

Diese Machbarkeit des Menschen als Krönung der Machbarkeit der Natur scheint mit den heutigen Errungenschaften der Gentechnik aus dem Stadium der Utopie in das der Realisierbarkeit zu treten. Ihre erste Etappe, die Klonung eines Menschen, also seine artifizielle Heranzüchtung aus der Körperzelle eines anderen Menschen, mit dem er genetisch identisch wäre, wird in etlichen Labors vor allem in Amerika trotz noch bestehender Verbote mit Fiebereifer vorbereitet. Zu einer Sklavenexistenz wäre ein geklonter Mensch nicht erst dadurch verurteilt, daß er möglicherweise als lebendes Ersatzteillager zur Ausschlachtung für Transplantationen vorgesehen ist. Und auch nicht nur darum, weil andere Menschen, ehrgeizige Forscher nämlich oder ihre Auftraggeber, darüber verfügt haben, was und wie er zu sein hat. Sondern noch fundamentaler dadurch, daß ihm die Gnade des Nichtwissens verwehrt bliebe, das Menschenrecht also, sich im Unterwegssein zum nur erahnbaren Selbst in Freiheit zu entfalten.

Weniger kraß stellen sich ähnliche Probleme bereits durch die Künste der genanalytischen Diagnostik, die es zunehmend möglich machen, spätere Erkrankungen vorauszuberechnen. Auch hier beginnt die Freiheitsberaubung nicht erst dann, wenn ein genetisch gefährdeter Mensch verminderte Chancen am Arbeitsmarkt hat, versicherungsrechtlich diskriminiert und sozial auf subtile Weise ausgegrenzt wird, auch nicht erst mit dem Druck auf die Eltern, risikobehaftete Kinder beizeiten abzutreiben. Sondern einen einschneidenden Freiheitsverlust stellt bereits die Last des Vorwissens dar, in einem bestimmten Alter von einer tödlichen oder die Lebensqualität vernichtenden Krankheit befallen zu werden. Gewiß besteht die Hoffnung, daß dem diagnostischen Fortschritt auch der therapeutische folgen werde. Doch in letzter Konsequenz ist dies die Utopie der totalen Kontrolle über alles, was den Menschen ausmacht, und über alles, was auf ihn einwirkt. Totale Kontrolle aber hieße totale Selbstentfremdung, hieße selbstauferlegte totale Unfreiheit.

Ganz so weit wird es nicht kommen, denn bei aller überlegenen Intelligenz bleiben wir Menschen ein Teil der Natur, der niemals das Ganze überblicken und beherrschen kann. Das macht die Sache aber nicht weniger gefährlich. Denn im gleichen Maße, in dem wir die Gnade des Nichtwissens aus dem Menschenleben zu verbannen suchen, verdrängen wir die heilsame Einsicht in die grundsätzlichen Grenzen unseres Wissenkönnens. Wir haben eine Menge vorläufiges Wissen erlangt, mit dem wir allerhand anstellen können in der Welt, und führen uns auf, als wüßten wir schlechthin alles oder könnten es doch übermorgen wissen. Wir sind dabei, das genetische Alphabet zu dechiffrieren und schicken uns nun an, die gesamte lebende Natur nach unserem Gusto umzumodeln, haben aber nicht die leiseste Ahnung, wie aus diesem Alphabet, bildlich gesprochen, eigentlich ein Gedicht oder ein philosophischer Essay zustande kommt, und darüber, wie die Ausstattung von immer mehr Tier- und Pflanzenarten mit künstlich implantierten Eigenschaften sich auf das ökologische Gesamtsystem auswirken wird, können wir allenfalls hoffnungsblinde Vermutungen anstellen.

Je mehr Wissen wir anhäufen, desto weniger wissen wir, was wir tun. Und zwar darum, weil das Machenwollen dem wirklichen Erkennen meilenweit vorauseilt. Vielleicht wäre es an der Zeit, Wissenschaft nicht nur zur Vermehrung des Wissens zu betreiben, sondern auch zum Erkennen der Bedeutung des Nichtwissens, über dessen Heilsamkeit uns schon am Beginn der abendländischen Denkgeschichte ein Mann namens Sokrates belehrt hat. Wenn nicht nur das physische Überleben der Menschheit auf dem Spiel steht, sondern auch die Bewahrung dessen, was den Menschen zum Menschen macht, ist höchste Vorsicht geboten, und wenn nicht sogar die Angst zur Pflicht wird, wie Günther Anders und nach ihm Hans Jonas meinten, so doch skrupulöseste Beachtung der Grenzen des Wißbaren. Es gibt Risiken, die auch bei verschwindend geringer Eintrittswahrscheinlichkeit nicht eingegangen werden dürfen, und ob etwas grundsätzlich passieren kann oder nicht, weiß man unbezweifelbar nur dann, wenn es passiert ist. Freilich scheint es untergründig eine Sehnsucht nach Verabschiedung des Menschen zu geben, denn anders wären die euphorischen Visionen einer Vernetzung von Menschenhirnen mit elektronischen Apparaturen oder gar der evolutionsgeschichtlichen Ablösung des Menschen durch künstliche Intelligenzen kaum zu erklären.

Mit einer Freiheit der Wissenschaft, die die Freiheit des Menschen gefährdet, hat es eine paradoxe Bewandtnis. Der Begriff stammt freilich noch aus einer Epoche, als das Forschen in einsamen Gelehrtenstuben stattfand. Frei ist das Denken, frei ist das interesselose Wissen; alles Handeln aber unterliegt ethischen Bindungen und den Grenzen, die durch demokratische Willensbildung gesetzt werden. Und längst ist die naturwissenschaftliche Forschung, betrieben mit gewaltigem Einsatz öffentlicher Mittel und in enger Verflechtung mit industriellen Nutzungsinteressen, selber zum weltverändernden Handeln geworden; ein Beispiel dafür sind die Freilandversuche mit transgenen Pflanzen. Abwegig ist darum das Argument, Wissenschaft sei an sich wertneutral und ethische Probleme stellten sich erst mit der Anwendung. Heutige Forschung ist nicht wertneutral, sondern vertritt als Wert die Hybris des schrankenlosen Machens bei grundsätzlich begrenzter Wissensmöglichkeit. Hierüber muß völlig neu nachgedacht werden. Wer Molotowcocktails bastelt, dem sollte man nicht erst dann auf die Finger schauen, wenn er selbst oder ein anderer die Dinger in die Fenster eines Asylantenheims wirft.

Grenzmarkierungen im Bodenlosen

Ein Münchner Eskalationsmodell für die Ethik der Gen-Medizin

Wo beginnt, wo endet die ethische Verantwortung des Wissenschaftlers? Unterliegt erst die Anwendung seiner Erkenntnisse in der industriellen, medizinischen oder militärischen Technik einer ethischen Bewertung oder schon das Forschen selber? Wer heute so fragt, macht sich verdächtig als Fortschrittsverächter, Technikverweigerer und Forschungsfeind. Bis an die Schwelle der Neuzeit aber war die Antwort auf diese Frage so selbstverständlich, daß sie gar nicht erst gestellt zu werden brauchte. Wer mit dem Licht der Vernunft die Geheimnisse der Welt ausloten wollte, drang in das Wunderwerk Gottes ein, und nur demütiges Genügen an der Wesensschau, am Kontemplieren der göttlichen Wahrheit konnte den Vorwitz rechtfertigen.

Das änderte sich, als der Forschergeist die Macht entdeckte, die aus Wissen erwächst, und Machtgewinn ins Zentrum der Motivation und der Zielsetzungen von Wissenschaft rückte. „Wissen ist Macht", erklärte programmatisch schon Francis Bacon, und die militante, auch der Folterkammer des Henkers entlehnte Metaphorik seiner Sprache läßt trotz frommer Ummantelung keinen Zweifel an der prinzipiellen Gewalttätigkeit einer Vorgehensweise, die ein paar Jahrhunderte später in der Zertrümmerung des Atoms und der Fragmentierung und Ummontierung biologischer Erbsubstanz kulminieren sollte. Erkenntnis der Naturgesetze sollte der Emanzipation des Menschen von diesen Gesetzen dienen und ihn schließlich zum Herrn über die Natur machen, die er nach seinen Wünschen verändert. Eine entscheidende Weichenstellung aber wurde vorgenommen, als die Kirche mit Galileo Galilei einen bedingten Frieden schloß, Giordano Bruno hingegen grausam foltern ließ und auf den Scheiterhaufen schickte: mit der mechanistischen Wissenschaft, die die materielle Welt als die Summe des Meßbaren und Berechenbaren definiert, war ein Arrangement auf der Grundlage getrennter Reviere möglich; Giordano Brunos Vision eines von göttlicher Energie durchpulsten Universum hingegen, das sein Wesen nicht dem mathematischen Kalkül, sondern der ehrfürchtigen Schau enthüllt, mußte gnadenlos vernichtet werden.

Was wir heute unsere „Wissenschaftskultur" nennen, also das

wechselseitige Bedingungs- und Rückkoppelungsverhältnis von Forschung und technischer Nutzanwendung, nahm damals seinen Anfang. Diese Wissenschaftskultur hat ihre Eigendynamik, und sie hat ihre Paradoxien, zu deren frappierendsten der Begriff „Grundlagenforschung" gehört: als „reine", allein dem Erkenntnisgewinn verpflichtete Wissenschaft hebt „Grundlagenforschung" sich von der „angewandten Forschung" ab, obwohl doch jeder weiß, daß ihre Ankoppelung an spätere praktische Nutzung nur um ein paar Stufen vermittelter ist. Wir können dieser Wissenschaftskultur nicht mehr entrinnen; noch ihre in Katastrophennähe eskalierenden Nebenwirkungen verlangen wiederum nach Wissenschaft und Technik. Aber auch aus ihrem ethischen Dilemma (grundsätzliche Instrumentalisierung der Welt, religiös gesprochen: der Schöpfung Gottes, für den Gattungs-Egoismus der Spezies homo sapiens) werden wir nicht mehr entlassen: der Horizont des ethischen Fragens ist entweder willkürlich verengt, oder er öffnet sich ins Bodenlose. Eine Kasuistik, die für isolierte Problemfelder einzelfallorientierte Entscheidungskriterien sucht, ist zwar unumgänglich, kann sich aber nur durch moralische Dickfelligkeit gegen tiefersitzende Fragwürdigkeiten abschotten und vollführt damit einen prekären Spagat. Denn nachträglich müssen nun durch Übereinkünfte die schier grenzenlosen Handlungsfelder beschnitten werden, die eine zunächst von jeder ethischen Bindung freie Forschung eröffnet hat.

Ambition und Menschenwürde

Daß die „Unschuld" der „wertfreien" Forschung die an sich weder gut noch böse ist und beides erst durch ihre Anwendungen werden kann, eine Fiktion gewesen ist, beginnt sich freilich herumzusprechen. Denn die Manipulationsmöglichkeiten am Erbgut, die durch die Entschlüsselung des genetischen Codes in immer weiteren Radien ermöglicht werden, rücken nicht nur Anwendungsziele, sondern auch Forschungsmethoden ins Zwielicht: die „verbrauchende Forschung", an außermenschlichen Lebewesen trotz wachsender Bedenken noch immer gängige Praxis, stößt nun doch an ein noch intaktes Tabu, wenn es sich bei dem „Material", das „verbraucht" werden sollt, um menschliche Embryonen handelt. Forschungen, deren Methodik den

„Verbrauch“ von Embryonen impliziert, wie sie etwa bei In-vitro-Fertilisationen „überzählig“ anfallen (was geschieht mit ihnen, wenn die Forschung sie nicht „verbraucht“?), sind von offenkundiger ethischer Fragwürdigkeit; die Eindeutigkeit der Schwelle, die gerade hier überschritten wird, hängt natürlich davon ab, inwieweit die prinzipielle Anthropozentrik der ethischen Reflexion unhinterfragt bleibt.

Mit gutem Grund hat das Institut Technik-Theologie-Naturwissenschaften an der Universität München, das jetzt ein „Eskalationsmodell“ zur ethischen Bewertung gentechnischer Therapieverfahren in der Humanmedizin vorlegte, nicht nur für das ärztliche Handeln, sondern auch für die Forschungsmethoden, die dieses Handeln erst ermöglichen, über Kriterien nachgedacht. Das Modell orientiert sich an vier Leitbegriffen: dem ärztlichen Berufsethos (das „durch Forschungsinteressen nicht außer Kraft gesetzt“ werden darf), dem Prinzip der Menschenwürde (keine Instrumentalisierung der Person für andere Interessen), dem Krankheitsbegriff (nicht alles, was Menschen gerne ändern würden, ist im wissenschaftlichen Sinne als „Krankheit“ zu definieren) und dem Selbstverständnis der Naturwissenschaft, das schon im Postulat der Wiederholbarkeit des Experimentes die Forderung nach Öffentlichkeit und damit Kontrollierbarkeit enthält. Die öffentliche Kontrolle (schon über die Vergabe von Mitteln für die Forschung) ist von elementarer Bedeutung; die Vorstellung, daß nur in diktatorischen Systemen geheime, der Kontrolle entzogene Forschung möglich sei, dürfte allerdings ein wenig naiv sein. Und das Prinzip Öffentlichkeit bindet die Wissenschaft zwar an einen gewissen gesellschaftlichen Konsens, noch nicht aber automatisch an einen hohen ethischen Standard. Die vier Leitbegriffe sind im übrigen weder praktisch noch logisch gleichrangig; ohne das Richtmaß der Menschenwürde verlöre das ärztliche Ethos seinen Sinn und das Selbstverständnis der Naturwissenschaft seine humane Konturierung.

„Eskalationsmodell“ aber heißt, daß die heute schon möglichen oder in absehbarer Zeit vielleicht möglich werdenden Verfahren nach dem Grad ihrer „Eingriffstiefe“ bewertet werden. Als generell unbedenklich wird die Substitutionstherapie mit gentechnisch erzeugten Proteinen eingestuft, denn hier wird nur ein Produkt gentechnisch veränderter Organismen zur Therapie eingesetzt, nicht aber in die menschliche Erbsubstanz selber eingegriffen. Zu den stillschweigend akzeptierten Voraussetzungen dieses „unbedenklich" gehört natürlich, daß dem derzeitigen Wissensstand kein Risiko einer katastrophisch eskalierenden Spätwirkung entgangen ist, das schon das Implantieren eines artfremden Gens in einen Mikroorganismus enthalten könnte. Schon hier zeigt sich, daß jeder Versuch, dem heiklen Problem mit einer kasuistischen Ethik beizukommen, schwer lösbare Wissensprobleme aufwirft: Um jedes Risiko sicher ausschließen zu können, müßten die Forscher über eine Allwissenheit verfügen, die dem Menschen grundsätzlich verwehrt ist. Immerhin wird in der Broschüre des Instituts schon bei der Formulierung der Aufgabenstellung eingeräumt, daß die Erforschung des Genoms Erkenntnisse bringt, „deren Folgen keineswegs schon völlig absehbar sind"; worauf sich dann der „tragfähige öffentliche Konsens" gründen soll, auf den die „Wissenschaft auf diesem Weg in Neuland" angewiesen sei, ist nicht ganz leicht zu verstehen.

Die Frage nach den Wissensgrenzen stellt sich bei zunehmender „Eingriffstiefe" natürlich verschärft. Das bedingte „unbedenklich", mit dem die im Augenblick noch etwas utopische „somatische Gentherapie" zur Behandlung genetisch bedingter Erkrankungen durch direkten Einsatz von Genen am Menschen bewertet wird, ist an die Bedingung geknüpft, daß Effekte auf die Keimbahn „ausgeschlossen" werden können. Was aber läßt sich mit wirklicher Sicherheit „ausschließen"? Schon das Ersinnen der Methoden und Fragestellungen für Versuche, mit denen denkbare Folgen als „ausgeschlossen" erwiesen werden sollen, stößt an die natürlichen Grenzen der menschlichen Erkenntnisfähigkeit. Und impliziert der Ausdruck „denkbar" nicht, daß man an manche an sich mögliche Folgen schlicht noch nicht gedacht hat, weil sie das menschliche Vorstellungsvermögen übersteigen?

Mit der gleichen Einschränkung, daß Auswirkungen auf die Keimbahn auszuschließen sind, wird auch die somatische Gentherapie von Gendefekten bei Ungeborenen (derzeit denkbar, aber noch nicht möglich) für „unbedenklich" erklärt. Alle darüber hinausgehenden Eskalationen werden mit zunehmender Schärfe als „nicht zu rechtfertigen" verworfen: die Keimbahntherapie zur Behandlung krankheitsverursachender Erbfehler wegen der dafür nötigen „verbrauchenden Embryonenforschung"; die Keimbahntherapie mit Einführung neuer Gene zur Krankheitsprävention wegen zu hoher Risiken; die Keimbahntherapie zur Prävention gegen Risikofaktoren oder Normabweichungen als in Deutschland gesetzlich verboten und wegen der Fragwürdigkeit jeder Definition von „Normabweichung"; die Keimbahntherapie zur Veränderung der menschlichen Gattung als auch wissenschaftlich abwegig, da die multifaktorielle Bedingtheit kognitiver Eigenschaften keine berechenbare Beeinflussung erlaube.

Verantwortung und Furcht

Ein paar Abgrenzungen sind gezogen, und das ist auf jeden Fall zu begrüßen; der Weg zur praktischen Durchsetzung ist damit freilich noch nicht gesichert. Und schon die Tatsache, daß solche interdisziplinären Klärungen zwischen Naturwissenschaftlern und Theologen (offenbar gelten sie allein, nicht auch Philosophen als für ethische Fragen zuständig) überhaupt stattfinden und zu vorweisbaren Ergebnissen führen, ist ein immenser Gewinn.

Punktuell wird damit ein Feld ausgeleuchtet, dessen Ausdehnung sich ins Unbestimmbare verliert, und etliche Fallbeispiele geben der theoretischen Erörterung ein konkretes Fundament. Darf man mehr verlangen? Zumindest wohl dies, daß die Versuche, darüber hinauszudenken, nicht als die vorschnellen Pauschalisierungen von Uninformierten beiseitegewischt werden. Jede ethische Reflexion bewegt sich im Spannungsfeld zwischen konkrekter Einzelfallabwägung und Grundsatzorientierung und verrät sich selbst, wenn sie einen der beiden Pole aus dem Auge verliert; Max Webers so gerne zitierte Unterscheidung von „Gesinnungsethik" und „Verantwortungsethik" ist eine idealtypische und kann nur relative Gewichtungen meinen, denn ohne Bindung an Werte, also „Gesinnung", gibt es auch keine Verantwortungsethik.

Je mehr die Risiken des Machbaren ins räumlich wie zeitlich Unabsehbare und zugleich Irreversible wachsen, desto schwerer lastet das Gewicht der Verantwortung, und desto größer wird die Pflicht, schon bei minimaler Eintrittswahrscheinlichkeit des zu befürchtenden Übels das Wagnis zu scheuen. Es fällt immerhin auf, wie geläufig längst die Berufung auf das „Prinzip Verantwortung“ von Hans Jonas ist, und wie selbstverständlich darauf die lässige Distanzierung von seinem Furchtprinzip folgt, ohne das auch das Prinzip Verantwortung seine Verbindlichkeit verliert: Es gibt eben Dinge, die auf keinen Fall und von niemand zu verantworten sind, auch wenn die Wahrscheinlichkeit, daß schon nichts passieren wird, an Sicherheit zu grenzen scheint, und vor solchen Dingen warnt eine heilsame und notwendige Furcht, deren Stimme zu überhören leichtfertig wäre. Eben die Verantwortung ist es, die zur Furcht raten muß. Vereinfacht gesagt: Man wartet nicht, bis das Kind in den Brunnen gefallen ist, um erst dann zu vermuten, daß es dabei umkommen kann.

In dieser Sicht liegen die Dinge ein wenig anders als in der Perspektive einer medizinischen Kasuistik, die die Chancen und Gefährdungen der Gentechnik im Griff zu haben glaubt. Die Frage, ob die Gentechnik „natürlich“ sei, also bloß eine Fortsetzung der natürlichen biologischen Evolution mit veränderten Mitteln, hat der Molekularbiologe Prof. Ernst-Ludwig Winnacker bei der Vorstellung des „Eskalationsmodells“ vor der Presse eindeutiger beantwortet, als es in der Broschüre geschieht, die Winnacker zusammen mit dem Biochemiker Peter Hans Hofschneider, dem Gynäkologen Hermann Hepp und den Theologen Wilhelm Korff und Trutz Rendtorff verfaßt hat: Winnacker sagte, diese „Natürlichkeit“ der Gentechnik sei eine „Legende“. Schon die rasante Beschleunigung der Veränderungsprozesse durch menschlichen Eingriff (vergleichbar mit der Differenz zwischen dem Kriechgang einer Schnecke und dem Tempo eines Überschallflugzeugs) macht die Gentechnik zu etwas grundsätzlich Neuem in der Geschichte des Lebens. Die Vorstellung, der Zauberlehrling könne da immer alles unter Kontrolle behalten, mutet etwas abenteuerlich an.

Der Theologe Trutz Rendtorff sagte auf die Frage, welches Gewicht die Grenzen menschlicher Voraussicht und die Unwägbarkeit völlig neuartiger Risiken für die ethische Bewertung der Gentechnik aus theologischer Sicht haben, auch jede Zeugung eines Menschen sei ein Wagnis, weil man nie vorauswissen könne, was dieser Mensch einmal anstellen wird und wie sich durch seine Existenz die Welt verändert. Auf die Zusatzfrage, ob er zwischen der naturgegebenen Fortpflanzung des Lebens und der willkürlichen Veränderung von Richtung und Tempo des Evolutionsprozesses nicht doch einen Unterschied mache, antwortete Rendtorff: „Das ist ein gradueller Unterschied.“ Von solcher Theologenweisheit hat die ethische Aufklärung naturwissenschaftlich ermöglichter Machtverlockungen nicht allzuviel zu erwarten.

Ein paar Grenzpflöcke wurden mit dem Eskalationsmodell des Münchner Instituts in aufgeweichten Boden gerammt. Das ist mehr als nichts, aber zufrieden sein kann man damit nicht. Ein bemerkenswert hoher Stand des ethischen Bewußtseins in unserer Wissenschaftskultur ist damit noch nicht dokumentiert.

Sternstunde mit bösen Folgen

Der Bundestag und seine widersprüchliche Entscheidung zum Embryonenschutz

Der Zweck heiligt das Mittel - nach diesem Motto pflegt seit guten alten Jesuitentagen die Spitzfindigkeit das Gewissen auszuhebeln. Der Zweck heiligt das Mittel eigentlich zwar gar nicht, aber ein kleines bißchen eben doch - diesem Leitspruch ist die Mehrheit des Deutschen Bundestages soeben mit dem Beschluß gefolgt, den Import embryonaler Stammzellen mit sehr strengen Einschränkungen zuzulassen.

Der Zweck ist ein überaus nobler: die Heilung bisher unheilbarer Krankheiten, die Linderung quälenden Leidens. Das Mittel ist die Forschung an menschlichen Embryonen, die getötet werden müssen, damit aus ihnen jene Stammzellkulturen gewonnen werden können, die in naher oder ferner Zukunft einmal krankes Gewebe regenerieren und Ersatzorgane zur Implantation liefern sollen.

Je edler der Zweck, desto leichter gelingt die Heiligung des Mittels. Oder aber: die Unterschätzung seiner ethischen Fragwürdigkeit. Der „verbrauchenden“ Embryonenforschung, die nur eine Minderheit des Hohen Hauses gutheißt, glaubt die Mehrheit mit ihrem Beschluß einen Riegel vorgeschoben zu haben: die Stichtagregelung sorge dafür, daß nur schon vorhandene Stammzellkulturen importiert werden, also keine weiteren Embryonen getötet werden müssen. Das ist skrupulös gedacht, aber illusionär.

„Wenn man dem Teufel den kleinen Finger gibt, nimmt er die ganze Hand“, sagt das Sprichwort. Auch für die vorhandenen Stammzellkulturen wurden Embryonen getötet; die Forschung an ihnen ist Forschung, für die Embryonen verbraucht werden. Kann man guten Gewissens die Früchte einer Tat genießen, die selber auszuführen man sich mit Grund verbietet? Nicht nur für den Volksmund, auch für das Strafrecht ist der Hehler kaum besser als der Stehler.

Mit Recht ist der von der Parlamentsmehrheit gebilligte Antrag schon im Vorfeld als nicht ganz ehrlich gegeißelt worden. Entweder hat das menschliche Individuum vom Augenblick der Zeugung an Menschenwürde und genießt damit grundrechtlichen Schutz; dann darf der Frühembryo unter gar keinen Umständen als bloße Sache behandelt und als Material für noch so hochrangige Forschungszwecke verbraucht werden. Oder aber der Frühembryo hat die volle Menschenwürde noch nicht; dann wird es logisch wie praktisch sehr schwierig, seiner Instrumentalisierung Grenzen zu setzen. Ein Drittes dazwischen gibt es nicht.

Es liegt in der Logik des Bundestagsbeschlusses, daß er nach dem Prinzip der fallenden Dominosteine weitere Lockerungen nach sich zieht. Die Tür zur verbrauchenden Embryonenforschung wurde zwar nur einen Spaltbreit geöffnet, aber nun kann man den Fuß in den Spalt setzen und weitere Öffnungen erzwingen. Die erste Ausnahme vom Verbot ist der Präzedenzfall für die nächsten Ausnahmen. Die Forderungen werden nicht auf sich warten lassen: die vorhandenen Stammzellkulturen reichen nicht aus, wird es heißen, ihre Qualität ist zweifelhaft, viele sind durch das Substrat von Mäusezellen mit Viren verseucht. Den Argumenten aber, mit denen man solche Begehrlichkeiten abwehren könnte, ist die Glaubwürdigkeit genommen. Wie will man das Verbot der Embryonentötung zu Forschungszwecken noch glaubhaft vertreten, wenn die im Ausland getöteten als Forschungsmaterial dienen dürfen?

Die Debatte wurde mit großem Ernst und auf hohem Niveau geführt, ohne Polemik und jenseits der Fraktionstaktik. Daß der Abgeordnete nur seinem Gewissen zu gehorchen hat, war hier einmal nicht Verfassungsfiktion, sondern real erlebbar. Insofern kann man von einer Sternstunde des Parlamentarismus sprechen. Deutlich wurde, daß es noch immer einen verläßlichen

Konsens über die tragenden Grundwerte gibt, keinen Konsens allerdings darüber, was diese Grundwerte bedeuten und welche Konsequenzen sie fordern. Etwa darüber, daß die Menschenwürde bedingungslos und unteilbar ist; man hat sie entweder ganz oder gar nicht. Und sie ist grundsätzlich schon in Frage gestellt, wenn sie abhängig wird von irgendwelchen Kriterien, sei es Entwicklungsstadium oder Bewußtseinsgrad. Wer heute die Einnistung in der Gebärmutter als den Zeitpunkt bestimmen will, von dem an Menschenwürde zuzusprechen sei, wird mühelos übermorgen einen späteren finden, wenn Wissensfortschritt und neue Forschungsinteressen dies nahelegen.

Es ist keineswegs ethischer Fundamentalismus, wenn man darauf beharrt, daß die Menschenwürde vom Augenblick der Zeugung an als unantastbar zu gelten hat. Es ist ein Gebot der Vernunft, weil nur so der Schutz der Menschenwürde verläßlich gesichert und vor manipulatorischer Willkür bewahrt werden kann. Auch dem Vertreter einer utilitaristischen Ethik oder Interessenabwägungsethik müßte das einleuchten. Denn auch er wird nicht in einer Gesellschaft leben wollen, in der die Menschenwürde fallweise zugesprochen oder aberkannt werden kann, er selbst also in einen Zustand geraten könnte, der seine Menschenwürde zur Disposition stellt.

Ein kompromißloses Nein zu jeder Art von verbrauchender Embryonenforschung wäre darum auch dann geboten gewesen, wenn die Relation zwischen Zweck und Mittel zwingend wäre, die Erreichbarkeit des Zweckes also ebenso gewiß wie die Unerläßlichkeit des Mittels. Davon aber kann keine Rede sein. Die erwarteten künftigen Heilungschancen mit Stammzellen sind eine begründete Hoffnung, aber nicht mehr. Und ob es dazu des Verbrauchs menschlicher Embryonen überhaupt bedarf, ist auch unter Forschern umstritten. Stammzellen aus Nabelschnurblut oder aus dem erwachsenen Organismus eröffnen vielversprechende Alternativen mit erheblichen Vorteilen. Und vielleicht hat die Abgeordnete Hanna Wolff gar nicht unrecht, wenn sie sich von einem klaren Nein zur Embryonenforschung sogar einen „Kreativitätsschub" für die Medizin versprochen hätte.

Noch wenig beachtet worden ist die Tatsache, daß die ethische Problematik sich aus der Anwendung von Wissenschaft in die Forschung selber verlagert. Die klassische Annahme, daß erst mit der Anwendung die Möglichkeit von Schuld beginne, die

Forschung aber in einem wertfreien Raum jenseits von Gut und Böse agiere, ist nicht mehr haltbar. Wenn jene Forscher Recht haben, die meinen, die Forschung an menschlichen Embryonen sei vorübergehend noch nötig, um die Therapie mit adulten Stammzellen zu optimieren, dann hat sich das Verhältnis sogar dramatisch umgekehrt: die spätere Anwendung, für die keine Embryonen mehr sterben müssen, ist ethisch unbedenklich; die Forschung aber, die dorthin erst führen soll, paktiert mit dem Teufel.

Manifest geworden ist damit eine Entwicklung, die schon länger absehbar war. Die Unterscheidung zwischen Grundlagenforschung und angewandter Forschung wird obsolet, weil fast alle Forschung anwendungsorientiert ist. Und die Grenzen zwischen Forschen und Anwenden verschwimmen, wenn die aufwendigen Großversuche selbst schon ein Teil des lebensweltverändernden Eingriffshandelns sind, das sie erst vorbereiten sollen. Es ist klar, daß damit auch die Freiheit der Wissenschaft in einem veränderten Licht erscheinen muß. Als das Konzept in der frühen Neuzeit entwickelt wurde, galt es die Freiheit des Geistes, des Denkens, des reinen Strebens nach Erkenntnis der Wahrheit gegen die Bevormundung durch Staat und Kirche zu verteidigen. Heute ist die Autorität von Kirche und Staat im Schwinden; die Forschung aber droht ihre Unabhängigkeit an Geschäftsinteressen zu verlieren, mit denen sie sich immer unentrinnbarer verfilzt. Soweit hier von Freiheit überhaupt noch gesprochen werden kann, ist sie von der Wirtschaftsfreiheit des Unternehmertums kaum mehr zu unterscheiden. Zugleich werden durch das Machtkartell aus Wissenschaft, Technik und Wirtschaft veränderte Lebensbedingungen diktiert, über die eine politische Willensbildung kaum mehr möglich ist. Schrankenlose Forschungsfreiheit kollidiert also mit der Bürgerfreiheit der Selbstbestimmung. Dieses Problem anzupacken, ist äußerst schwierig. Verdrängen aber dürfen wir es nicht.

Die Menschenwürde aber ist unteilbar noch in einer anderen Hinsicht. Ihrem Wesen nach stiftet sie Beziehung. Wer die Menschenwürde des anderen respektiert, bewahrt damit seine eigene; wer die Menschenwürde des anderen mißachtet, gibt seine eigene auf. Das gilt für den Forscher, der den werdenden Menschen zum Rohstoff degradiert. Und es gilt für künftige Patienten, die ihr Wohlbefinden einer Art von Menschenopfer verdanken.

Doktor Willkürs Cäsarenritt

Der Max-Planck-Präsident streitet für die Embryonenforschung

Wenn der Mensch darf, was er kann, sind ethische Diskussionen leeres Wortgeklingel. Ethik hat ihren Sinn eben darin, daß sie dem Handeln Grenzen setzt, die zwar immer wieder neu erkannt und begründet werden müssen, aber nicht willkürlich verrückt werden dürfen. Willkürlich handelt, wer ethische Verbindlichkeiten implizit oder ausdrücklich nicht anerkennt. Dem Präsidenten der Max-Planck-Gesellschaft blieb es vorbehalten, die Willkür zu adeln. Nicht mehr als der Wille und die Wahl (Kür) stecke ja in diesem Wort, sagte Hubert Markl in seiner Grundsatzrede auf der Hauptversammlung der bedeutendsten deutschen Wissenschaftsorganisation. Willkür bedeute „nichts anderes als den Willen zur Urteilskraft und zur Kür, zur Auswahl zwischen Entscheidungsalternativen", denn „unwillkürlich" handle allenfalls das Tier. Das ist ungefähr so, als wenn man sagen würde, der Hochmütige beweise hohen Mut und der Anmaßende halte sich an das Maß und tue das Angemessene.

Wer so trickreich die Etymologie bemüht, um den sprachlichen Common sense zu entkernen und als Ausdruck reifer Urteilskraft erscheinen zu lassen, was im üblichen Sprachgebrauch als Dispensierung von der Urteilskraft gilt, der betreibt eine Vernebelungsstrategie, gibt damit aber auch zu verstehen, daß er anders als mit Vernebelungstricks seine Position nicht überzeugend vertreten zu können glaubt.

Was aber gilt es zu vernebeln? Als Anwalt einer grundsätzlich schrankenlosen Forschungsfreiheit tritt Markl an gegen Bundespräsident Johannes Rau, der in seiner großen Berliner Rede vom 18. Mai vor den Verlockungen technischer Machbarkeitsphantasien gewarnt und die „verbrauchende" Forschung an menschlichen Embryonen für unvereinbar mit der Unantastbarkeit der Menschenwürde erklärt hatte. Markl stilisiert sich dabei zum couragierten Citoyen, der allein seinem Gewissensimpuls folgt („wer, wenn nicht ich?" - irgendeiner muß es ja tun), sich nicht einschüchtern läßt vom „biopolitisch gleichgeschalteten Gesamt-Bioethikrat deutscher Tageszeitungen" und als „frecher Hecht im dicht an dicht besetzten Karpfenteich moralischer Hochgesinnung" das freie Dissidentenwort riskiert - ganz ohne

Amtsautorität natürlich, nur als „einfacher Max-Planck-Präsident" (!), der zum Staatsoberhaupt „gleichsam von Bürger Markl zu Bürger Rau" spricht. Sehr schlau und sehr skrupellos wird da mit der Doppelzüngigkeit gespielt; das böse Goebbels-Wort „gleichgeschaltet" fegt eine beeindruckend differenziert geführte Debatte einfach vom Tisch. Und natürlich vergißt Markl nicht, gelegentlich den Vatikan zu erwähnen, um Raus auf den Aufklärer Immanuel Kant gegründete Position in die Nähe eines klerikalen Fundamentalisten zu rücken.

Markl sieht die Menschenwürde nicht dann in Gefahr, wenn die Substanz des Menschlichen zum Material für medizinisch-biologische Forschungszwecke instrumentalisiert wird, sondern dann, wenn dem Forschen der Forscher Grenzen gesetzt werden. „Denn der Mensch ist seit jeher ein Wesen, das seine Grenzen überschreiten muß, um ganz Mensch zu sein"; zu seiner Würde gehöre, daß er über sich selbst bestimmt. Das suggestive Bild vom Überschreiten des Rubikon liegt da nahe, und auch dieses Bild verwendet Markl, um sich von Raus skeptischer Nachdenklichkeit abzusetzen. Rau hatte dem Bild seinen verführerischen Glanz genommen, indem er daran erinnerte, wie unendlich viel noch „diesseits des Rubikon" an Forschungs- und Entwicklungsarbeit zu leisten ist, um großen Teilen der Menschheit erst einmal die elementarste medizinische Grundversorgung zu sichern; dem unbedenklichen Tatendrang, der mit fragwürdigen Mitteln Neuland erobern will, war damit die ethische Dignität des ärztlichen Helfenwollens entzogen. Für Markl gilt: „Rom liegt auch künftig jenseits des Rubikon, und Cäsar hat ihn erfolgreich überschritten."

Das Draufgängertum des machtlüsternen Eroberers, der einen Bürgerkrieg entfesselt, um die Herrschaft in Rom an sich zu reißen, wird damit zum Vorbild erklärt nicht nur für das Voranschreiten der Wissenschaft, sondern auch für den Umgang mit der Sorge, daß der Mensch in seinem Freiheitsdrang für sich selbst zum Manipulationsobjekt werden könnte. Unvergleichbares wird da gleichgesetzt. Und unterstellt wird stillschweigend, daß die Geschichte Cäsar Recht gegeben habe. Hat sie das? Niemand kann wissen, wie die Geschichte verlaufen wäre, wenn Cäsar nicht so tollkühn nach der Macht gegriffen hätte - anders gewiß, aber nicht notwendig schlimmer.

Mit dem bloßen Überschreiten des Rubikon ist Markl allerdings noch nicht zufrieden. Er definiert den Rubikon als einen Fluß, „dem der Mensch ständig selber ein neues Flußbett bahnen muß, weil er das Vertraute vom Unerschlossenen trennt". Damit ist vorgesorgt für immer neue Rubikon-Situationen, in denen abermals die Unbedenklichkeit der Willkür riskiert werden darf. Die permanente Flußbettverlagerung erfüllt eine doppelte Funktion: Sie nimmt nicht nur der hier und jetzt anstehenden ethischen Entscheidung ihre Singularität und damit ihre herausragende Dringlichkeit, sondern bahnt auch einen generellen Relativismus vor, für den ethische Grenzziehungen grundsätzlich vorläufiger Natur sind und sich nach Maßgabe des Erkenntnisfortschritts und neuer Machbarkeitsgewinne unablässig verschieben müssen.

Daß der Naturwissenschaftler, der Biologe Hubert Markl sich hier ausgesprochen kulturwissenschaftlicher Denkmuster bedient, ist nicht unbemerkt geblieben, ist ihm von mancher Seite sogar als besonderes Verdienst angerechnet worden: als Beitrag zum Brückenschlag zwischen den „zwei Kulturen". Auch hier ist strategisches Kalkül im Spiel, das vernebelnd wirkt. Der Streit um Biopolitik und Bioethik, um die moralische Zulässigkeit von Embryonenverbrauch und gentechnischer Menschenselektion ist kein Dissens zwischen unterschiedlichen Wissenschaftskulturen; es gibt Biologen und Mediziner, die ein klares Nein zur verbrauchenden Embryonenforschung sagen, und es gibt Philosophen und Soziologen, die sie gutheißen.

Wenn Markl sich darauf beruft, daß der Mensch kein reines Naturwesen sei, sondern kraft seiner Kulturfähigkeit sich selbst definiere und zu dem erst mache, was er ist, so äußert er allgemein akzeptierte Selbstverständlichkeiten, aber er sagt das Selbstverständliche absichtlich schief, um seinen Widersachern einen naiven Naturalismus unterstellen zu können. Von denen aber, die von der Verschmelzung der Keimzellen an die Menschenwürde als unzweifelhaft gegeben und unbedingt schutzwürdig erachten, hat kein Ernstzunehmender je vergessen, daß Menschenwürde kein natürliches Phänomen, kein naturwissenschaftliches Faktum ist, sondern eine Errungenschaft menschlicher Selbstreflexion und ein Ergebnis menschlicher Setzung. Nur hat schon Kant mit unwiderlegbarer Klarheit dargetan, daß diese Setzung ihrem Wesen nach schlechthin universell sein muß, gebunden an nichts als die Gattungszugehörigkeit als solche; eine Menschenwürde, die nicht schon durch die Gattungszugehörigkeit unveräußerlich gegeben wäre, sondern von Fall zu Fall erst zugeschrieben werden müßte nach bestimmten Merkmalen (seien es Eigenschaften, Bewußtseinszustände oder Entwicklungsstadien) und folglich auch aberkannt werden könnte, wäre schon keine Menschenwürde mehr, die unantastbar ist, sondern ein Gnadengeschenk des Zufalls, diktiert von den jeweils vorherrschenden Meinungen. Und zwar nicht, weil die Natur es so vorschriebe, sondern weil es im Wesen einer solchen Setzung liegt, daß sie nur durch unrelativierbare Unbedingtheit Bestand haben kann.

Eben darin liegt das Einzigartige der jetzt anstehenden Entscheidung. Werden die frühen, noch nicht im Mutterleib eingenisteten Embryonen als Forschungsmaterial freigegeben, so wird ein Orientierungsmaßstab preisgegeben. Beim nächsten Rubikon, der zum Überschreiten lockt, steht dann schon kein Begriff von Menschenwürde mehr zur Verfügung, der Halt geben könnte; „Menschenwürde" wäre nur noch ein dehnbarer Allerweltsbegriff, der nach Gutdünken und Interessenlage beliebig auslegbar ist. Und irgendwann stehen Behinderte, Debile, Gebrechliche, genetisch Benachteiligte als nur bedingt der Menschenwürde teilhaftig zur Disposition.

Markl möchte die Menschenwürde erst mit der Einnistung der befruchteten Eizelle in der Gebärmutter beginnen lassen. Dies entspricht der Interessenlage des Forschers: der noch nicht eingenistete Frühembryo wird als purer Zellhaufen verfügbar für die Labors. Geschickt bringt Markl die besondere Bedeutung der Mutter für die Kindesentwicklung und jüdische Rechtstraditionen ins Spiel: ein aus Schuldgefühl geborener Philosemitismus und ein diffuser Antipatriarchalismus als Sympathiefaktor. Wenn Markl im gleichen Atemzug freilich darauf verweist, daß die Natur die Zeit bis zur Einnistung nutze, um Mißratenes und nur bedingt Lebensfähiges zu eliminieren, so verfällt er selbst jenem naiven Naturalismus, den er seinen Gegnern fälschlich unterstellt. Damit stürzt seine ganze. Argumentation in sich zusammen.

Hubert Markls Rede instrumentalisiert die Moral im Dienst der Forschung. Für einen Präsidenten der Max-Planck-Gesellschaft, der die Interessen der Wissenschaft zu vertreten hat, ist das nicht illegitim. Aber man sollte in der Rede nichts anderes sehen als das, was sie ist: ein humanistisch verbrämtes, mit viel feuilletonistischem Blendwerk garniertes Plädoyer für möglichst schrankenfreie Willkür. Für die ethische Diskussion ist diese Rede ohne Belang. Sie betreibt gezielt und nicht ungeschickt eine Absenkung des Reflexionsniveaus. Als gleichrangiges Gegenstück zu Johannes Raus denkwürdiger Berliner Rede darf sie gewiß nicht gelten. Schon darum nicht, weil sie einen entscheidenden Aspekt der Überlegungen des Bundespräsidenten völlig außer Acht läßt: die Sorge, daß übereilte Entscheidungen heute den Freiheitsspielraum der Zukunft schmälern könnten und daß künftig nicht mehr die freie politische Entscheidung aller, sondern wissenschaftlich-technische Machbarkeiten darüber bestimmen, wer wir als Menschen sind und wie wir miteinander leben.

Der Rubikon ist ein mythisches Bild. Ein anderes mythisches Bild ist die Büchse der Pandora. Die Neugier will die Büchse öffnen. Und wer weiß, vielleicht ist ja alles nur halb so schlimm. Das mag wohl sein, aber eben weil niemand das wissen kann, rät die Klugheit, die Büchse verschlossen zu halten. Die Cäsaren haben der Entwicklung der Menschheit einiges an Dynamik gegeben. Aber ihren Bestand gesichert hat noch immer die Weisheit.

Moral und Politik

Anmerkungen zu einer aktuellen Diskussion

„Der Handelnde ist immer gewissenlos“, hat Goethe gesagt, und das läßt sich gut zitieren, wenn wieder einmal die Unvereinbarkeit von Politik und Moral zur Diskussion steht. Sie steht jetzt zur Diskussion durch die Rechtfertigungszwänge, die der Krieg am Golf bei Befürwortern wie Gegnern des militärischen Engagements auslöst; auf den Golfkrieg bezieht sich denn auch der Leitartikel „Krieg und Moral“ einer führenden deutschen Tageszeitung, der mit dem Goethe-Wort über die Gewissenlosigkeit des Handelnden endet und den wir hier nur als Beispiel zitieren für eine derzeit mächtige Tendenz, das Feld der Politik gegen das der Moral abzuschotten.

Goethe ist für diese Tendenz ein unpassender Zeuge nicht nur darum, weil sein Satz eine zutreffende Beobachtung durch unzulässige Verallgemeinerung in eine bedenkliche Halbwahrheit verwandelt, die empirisch leicht zu widerlegen ist; die Erinnerung an Mahatma Gandhi oder Martin Luther King genügt, um zumindest das apodiktische „immer“ des Goethe-Satzes in Frage zu stellen, und auch Männer wie Dietrich Bonhoeffer oder Albert Schweitzer, die aus einer religiös begründeten ethischen Haltung entschiedene Konsequenzen zogen, sind auf ihre Weise durchaus Handelnde, auch Handelnde mit politischer Signalwirkung gewesen. Goethe ist ein unpassender Zeuge auch darum, weil sein Verständnis für die Gewissenlosigkeit des Handelnden nicht politischer Reflexion entsprang, sondern einer vitalistischen Grundüberzeugung, die sich mit dem Herauswachsen aus der Sturm- und Drangphase abschwächte, aber nie verlorenging: einer Faszination vor der triebhaften Naturkraft des inneren „Dämons“, der aus unbewußter Instinkttiefe das Handeln lenkt und aus den Zwängen zweckhafter Vernünftigkeit befreit.

Ein weitaus besserer Zeuge ist da schon der Soziologe Max Weber mit seiner vielzitierten Unterscheidung von „Gesinnungsethik“ und „Verantwortungsethik“. Ohne Namensnennung wird er auch in dem erwähnten Leitartikel in den Zeugenstand gerufen: der Begriff „Verantwortungsethik“ wird da als nahezu deckungsgleich mit „Politik“ herangezogen, während die Moral stillschweigend mit „Gesinnungsethik“ identifiziert wird. Max

Webers Typologie ist jedoch wie alle Typologien eine begriffliche Abstraktion: sie reißt aus Gründen analytischer Klarheit idealtypisch auseinander, was in den Trübungen der Realität stets vermischt auftritt und polar aufeinander bezogen bleibt. Auch C. G. Jungs „extravertierter" oder „introvertierter" Mensch existiert nirgendwo in der Welt in unvermischter Reinheit; jedes Menschenleben pulsiert zwischen Extraversion und Introversion, und die Zuordnung zu einem Typus wird nur möglich durch das mehr oder weniger ausgeprägte Überwiegen der einen oder anderen Tendenz. Typologien sind nützlich, solange man sich bewußt bleibt, daß sie Hilfskonstrukte zum analytischen Beschreiben der Wirklichkeit sind, in dieser aber keine direkte Entsprechung haben; vergißt man es, so ist man schnell in der Gefahr, das schlechthin nicht mehr Verantwortbare „verantwortungsethisch" zu rechtfertigen und jedes Ernstnehmen ethischer Werte mit dem Etikett „Gesinnungsethik" zu versehen und damit zur weltfremden Naivität zu stempeln, die in der Sonntagspredigt ihren Platz haben mag, im praktischen Leben aber und schon gar in der Politik nur gefährliche Verwirrung stiftet.

Zweierlei Ethos?

Es gibt jedoch keine Verantwortung ohne ethische Werte, also ohne „Gesinnung". Erst im Licht verbindlicher ethischer Werte wird das Abwägen der Folgen mehrerer Handlungsalternativen über das Kalkül der optimalen Interessenwahrung hinaus zu einer verantwortbaren Entscheidung in dem Sinne, daß der Handelnde denen gegenüber, in deren Namen bzw. zu deren Nutzen oder Schaden er handelt, Rede und Antwort stehen kann. Zu einer Verantwortungsethik, die diesen Namen verdient, gehört also ihr Gegenpol so unabdingbar hinzu, daß ohne die Präsenz eines gesinnungsethischen Moments im Entscheidungsprozeß niemals von einer verantwortungsethisch gerechtfertigten Handlung gesprochen werden könnte: Verantwortungsethik ist Konfliktethik, und aus dem Konfliktfeld, in dem sie ihre Wahl zu treffen hat, sind ethische Werte - die ihre Verbindlichkeit behalten, auch wenn sie kaum je ungeschmälert zu verwirklichen sind - nicht fortzudenken.

Eher möglich scheint auf den ersten Blick die reine Gesinnungsethik. Wer kennt sie nicht, jene gutgläubigen oder verbohrten Eiferer, die sich an den Buchstaben der Gebote klammern, ohne ihren Geist begriffen zu haben: Fundamentalisten der Formelgläubigkeit, naiv-gewitzte Strategen der Konfliktvermeidung, die sich mit sturen Simplifikationen die Qualen einer echten Entscheidung ersparen; sie haben ihre Entsprechung durchaus auch im außermoralischen Bereich („Right or wrong, my country!"; „Fiat justitia, pereat mundus!"). Das sind Menschen, die sich gleichsam am Fuße des Wegweisers niederlassen und sich dort schon am Ziel glauben, statt in die Richtung zu gehen, in die der Weiser zeigt. Doch auch Gesinnungsethik ist keine ohne ihren Gegenpol; Gesinnungsethik muß sich allemal bewähren in den Widersprüchlichkeiten realer Situationen, in denen nichts so glatt aufgeht wie in den Idealwelten der Traktakte und jedes Tun oder Unterlassen seine Folgen hinterläßt, für die man zur Verantwortung gezogen werden kann.

Die Vernunft der Bergpredigt

Auch die Bergpredigt Jesu ist nicht jener Katechismus einer reinen und unerbittlich strengen Gesinnungsethik, für den man sie gerne hält. Sie hat im Gegenteil jedem Versuch, sich in den Elfenbeinturm einer puristischen Gesinnungsethik zurückzuziehen, ein für allemal den Boden entzogen. Denn wenn es bereits Ehebruch ist, nach einer fremden Frau begehrlich zu blicken, wenn es bereits Mord ist, Haß und Rachegedanken zu hegen, dann heißt das nicht, daß wir nie Haß verspüren und nie lüstern blicken dürfen; kein Mensch wäre fähig, eine solche Forderung zu erfüllen. Sondern es kann nur heißen, daß moralische Grundsätze uns nicht davor bewahren, schuldig zu werden und es schon zu sein; wir sind immer schon entlassen in die ungeschützte Freiheit des Entscheiden- und Verantwortenmüssens. Wir sind darin nicht ohne Orientierung, aber der Sinn dieser Orientierung erschließt sich nicht der Sturheit des Buchstabengehorsams. Gehorsam, abgeleitet vom Hören und Horchen, und Verantwortung gehören zusammen wie das Hinhören und das Antworten - ein dialogisches Modell, eine Beziehung zwischen zwei Subjekten, nicht zwischen Subjekt und Objekt. Dieses dialogische Modell kehrt wieder in dem einen neuen Grundgebot, das Jesus gibt, alle Gesetzesmoral aufhebend und transzendierend: Liebe deinen Nächsten wie dich selbst. Wie dich selbst (nicht etwa mehr als dich selbst, was oft übersehen wird): auch hier zwei Subjekte mit gleichem Recht. Die ganze Konflikthaftigkeit des realen Menschenlebens ist so ins Zentrum der ethischen Reflexion gerückt und damit die Notwendigkeit des vernünftigen, verantwortbaren Ausgleichs; das Schuldigwerden ist unausweichlich, doch als Orientierung bleibt die Forderung der Liebe, deren praktische Konsequenz ist, Gutes zu stiften und Schaden zu mindern - für einen selbst wie für die Mitmenschen.

Die Bergpredigt ist also geradezu der Archetypus einer avancierten, auch nach 2000 Jahren noch sehr brauchbaren Verantwortungsethik. Wenn dies richtig ist, dann muß wohl auch die härteste, scheinbar absurdeste Forderung der Bergpredigt in einem neuen Licht gesehen werden: die Forderung, nach einem Schlag ins Gesicht auch die andere Backe hinzuhalten. Wenn die Bergpredigt die Überwindung der Gesetzesmoral durch eine Ethik der Liebe ist (und darüber besteht ja theologisch ein hinlänglicher Konsens), dann macht es wenig Sinn, mit dem Wörtlichnehmen einer solchen „Vorschrift" die Gesetzesmoral zur Hintertür wieder hereinzulassen. Wenn wir die Aufforderung Jesu aber nicht als zwingende, nur leider unerfüllbare Vorschrift verstehen, wie könnte sie dann gemeint sein?

Die andere Backe hinhalten, wo wir geschlagen wurden, heißt zunächst einmal anders reagieren, als es üblich ist und in einer solchen Situation erwartet wird. Es heißt heraustreten aus dem Zwang eingeschliffener Verhaltensmuster, in diesem Fall aus dem Teufelskreis von Gewalt und Gegengewalt. So gesehen, ist Jesu Vorschlag gerade nicht bindend und einengend, sondern freisetzend: eine Einladung, bisher übersehene Freiräume alternativen Handelns zu erkunden und zwischenmenschliche Phantasie zu entwickeln. Es ist ja keineswegs sicher, daß der Angreifer auch die andere Backe tatsächlich schlägt; vielleicht bringt die unerwartete Reaktion auch bei ihm das automatisierte Verhaltensrepertoire durcheinander und eröffnet eine Chance der Neuorientierung; schließlich bringt das Ausbleiben von Verteidigung oder Gegenschlag ja auch ein Feindbildschema ins Wanken.

Bei einem Mann, der wie Jesus fast stets in Gleichnissen redete, ist eine solche Deutung wohl nicht ganz abwegig, und die innere Widersprüchlichkeit, in die ein striktes Wörtlichnehmen das Gesamtgefüge des Bergpredigt-Textes brächte, macht sie schon beinahe zwingend. Ist diese Deutung zulässig, so gewinnt die Bergpredigt auch die so oft verneinte politische Aktualität. Ein konkretes Anwendungsbeispiel war das „Gleichgewicht des Schreckens" zwischen den atomar hochgerüsteten Supermächten USA und Sowjetunion: auf beiden Seiten eskalierende Drohgebärden bei fehlender Angriffsabsicht; jeder scheut aus Furcht vor der Gegenseite die „Vorleistung" eines ersten Schrittes zum Rüstungsabbau, aber ohne einen solchen ersten Schritt muß die Spirale des Wettrüstens sich immer höher schrauben. Es war dann, wie erinnerlich, Gorbatschow, der den ersten Schritt tat und eine gefährlich festgefahrene Situation in produktive Bewegung brachte.

Politik und Moral sind also keineswegs so weit auseinander, wie uns im Augenblick einer gewaltigen Herausforderung an das ethische Bewußtsein durch ein kurzschlüssiges Denken nahegelegt wird. Beide sind Erscheinungsformen dessen, was Kant die praktische Vernunft genannt hat; beide haben es zu tun mit einer vernünftigen und lebbaren Ordnung des menschlichen Miteinanders: mit ihrer Grundlegung einerseits, ihrer kompromißhaften Realisierung andererseits. Beide fokussieren unterschiedliche Aspekte der gleichen Sache. So wie in Max Webers dualem Modell von „Gesinnungsethik" und „Verantwortungsethik" einmal mehr die leitenden Wertbegriffe, einmal mehr die realen Konfliktfelder des konkreten Handelns in den Blick treten, ohne daß das jeweils eine ohne das jeweils andere lebendigen Sinn machte, so bedenkt der Ethiker mehr die orientierenden Universalien, der politisch Handelnde und der Theoretiker der Politik mehr die konfliktträchtigen, zum moralisch Richtigen sperrig querstehenden Realien. Aber es handelt sich um ein polares Zueinander, dessen Wahrnehmung durch ein dichotomisches Auseinanderdenken nicht behindert werden darf. Es ist die Fähigkeit des Menschen zur Unterscheidung von Gut und Böse (gut für mich und die anderen, böse für mich und die anderen), die ihn in einem anderen Sinne als das staatenbildende Insekt zum „Zoon politikon" macht; erst die ethische Fundierung gibt der politischen Ordnung über die normative Kraft des Faktischen hinaus sinnstiftende Legitimität.

Politik und Moral sind einander auch darin nahe, daß beide einen ähnlichen Entwicklungsprozeß durchlaufen haben: den einer allmählichen Ausweitung und Universalisierung der Ordnungsvorstellungen. So wie die politische Ordnung zunächst nur für kleine Einheiten Gültigkeit hatte und für die Beziehungen und Konflikte zwischen diesen Einheiten erst sehr allmählich (und noch immer unvollkommen) Regelungen gefunden werden mußten, so hatte auch die ethische Reflexion nach und nach zu entdecken, daß etwa ein Gebot wie „Du sollst nicht töten" nicht nur für den eigenen Stammesgenossen gilt, sondern auch für den „Feind" (oder auch: die Frau, den Sklaven usw.). Ein unlösbarer Widerspruch und damit der Eindruck von Unvereinbarkeit ergab sich aus der Ungleichzeitigkeit der Entwicklungen: die Universalisierung der politischen Vernunft hinkt der des ethischen Bewußtseins nach.

Die globale Dimension

Die Wahrnehmung dieser Ungleichzeitigkeit ist für das Nachdenken über Politik und Moral wichtiger als die Unterscheidung zwischen einem „privaten" Bereich (wo man „gesinnungsethisch" aus der Reihe tanzen darf) und einem „politischen" (wo der „verantwortungsethische" Helmgurt festzuzurren ist). Unter den eingangs zitierten Gewährsleuten für ein Handeln aus dem Gewissen waren zwei (Bonhoeffer und Schweitzer), deren ethische Lebensentscheidung in diesem Sinne dem Privaten zuzurechnen wäre. Doch kein Mensch lebt in einem gesellschaftsfreien Raum; jedes Handeln und Unterlassen, wie auch immer ethisch begründet, hat mittelbare oder unmittelbare Auswirkungen auf Mitmenschen und ist darum im Ansatz politisch. Es gibt da nur graduelle Abstufungen: je mehr Menschen in Mitleidenschaft gezogen werden können, desto schwerer wird die Last der Verantwortung. Die Verpflichtung, die Alternativen des Handelns nicht nur unter dem Aspekt der Zweckrationalität, sondern auch unter dem der ethischen Vertretbarkeit zu wägen, wird dabei nicht geringer; nur die Schwierigkeit ihrer Einlösung wächst mit der Komplexität der Situation.

Gerade hier stehen wir vor einer entscheidenden Entgrenzung. Die Universalisierung der Politik, die als weltumspannende Friedensordnung noch bei weitem nicht erreicht, nicht einmal in die Nähe des erreichbar Scheinenden gerückt ist, ereilt uns hinterrücks als Drohung durch die globale Dimension zerstörerischer Folgen. Die Welt ist eng geworden nicht nur durch Bevölkerungswachstum, Allgegenwart der westlichen Zivilisation und umfassende Kommunikationsnetze, sondern durch das planetarische Zerstörungspotential der modernen Waffentechnik (dem man jetzt noch die Möglichkeiten der „ökologischen Kriegsführung" hinzurechnen muß). Eine so eng gewordene Welt duldet keine moralfreien Räume mehr, duldet nicht mehr die Fiktion einer Politik, die sich temporär aus der ethischen Verantwortung ausklinken kann, weil sie im Moment gerade Dringlicheres zu tun hat.

Die Berufung auf Max Webers Begriff der „Verantwortungsethik" droht da mitunter zur Schutzbehauptung zu werden für das vermeintliche Recht auf ein eingeengtes Blickfeld. Es sind da oft die angeblichen „Gesinnungsethiker", die eher die Bereitschaft zeigen, die geschichtlich neue globale Dimension der Verantwortlichkeit anzunehmen, beispielsweise vor der Entscheidung für eine Militäraktion geklärt haben wollen, ob man mit Ölteppichen von Milliarden Litern noch fertig werden kann und ob großflächige Brände von Ölquellen eine dem „atomaren Winter" vergleichbare Klimakatastrophe heraufbeschwören. Der katholische Moraltheologe Bernhard Häring etwa, befragt nach der Rechtfertigung des Krieges gegen Saddam Hussein, hat sich nicht auf allgemeine Prinzipien zurückgezogen (etwa: „Kein Krieg kann gerecht sein"), sondern zwar bejaht, daß es um eine gerechte Sache gehe, die Verhältnismäßigkeit von Zielen einerseits und Mitteln samt Folgen andererseits aber verneint (wobei er zu den schwerwiegenden, durch die gerechte Sache nicht gedeckten Folgen auch die Eskalation des Hasses und der Feindbilder zählt). Er hat also ausgesprochen „verantwortungsethisch" argumentiert, und zwar in jenem umfassenden Sinne, wie es die heutige Weltlage fordert, in der das Überleben der Menschheit im ganzen in Frage steht.

Noch aus einem anderen Grunde ist geschärftes Nachdenken über das Verhältnis von Politik und Moral keine spitzfindige Gedankenspielerei, ist es lebensnotwendig, die eilfertige Trennung der Bereiche als kurzschlüssig zu durchschauen. Kriegszeiten sind Zeiten der Polarisierung; mit dem Verlust des Friedens nach außen gerät auch der Friede nach innen in Gefahr. Eine Art Arbeitsteilung pendelt sich heraus: die einen handeln und nehmen es auf sich, sich dabei schmutzig zu machen, oder tragen die Handelnden mit durch Zustimmung; die anderen übernehmen stellvertretend das unausweichliche Leiden an diesem Zustand und den ebenso unabweisbaren Zweifel an seiner Richtigkeit; beide Seiten aber hegen füreinander herzliche Verachtung. Daß sich unter den Leidenden, aus ihrem Leiden heraus auch Protestierenden vor allem Frauen und Jugendliche finden, ist kein Zufall; diese Rolle übernehmen vor allem die Sensibleren, die sich weniger gut wappnen können gegen Ängste und Gewissensskrupel. Es ist aber immer eine Überforderung, ein Leiden stellvertretend auszutragen, das der Gesellschaft als ganzer zugehört. Das sozialpsychologisch Gefährliche dieser inneren Spaltung liegt nicht nur darin, daß sich aus der Ohnmacht des Alleingelassenseins abermals, wie schon einmal, eine resignativ bis aggressiv getönte Abwendung von der Gesellschaft entwickelt. Gerade in Krisenzeiten bleibt Dialogbereitschaft wichtig und bedarf sorgfältigster Pflege.

Vor einer „Verdrängung der Politik durch die Moral" hatte kurz nach Beginn der Kriegshandlungen ein anderer Leitartikler gewarnt. Diese Gefahr hat wohl kaum je bestanden und am allerwenigsten jetzt; noch stets war die Gefahr weitaus größer, daß die Politik die Moral überrollt. Beide gegeneinander auszuspielen, ist in jedem Falle unfruchtbar. Die Spannung zwischen Politik und Moral auszuhalten und ihre uneingelöste fundamentale Einheit im Blick zu behalten, gehört zu den Grundvoraussetzungen einer politischen Kultur und einer verantwortungsethisch reflektierten, darum verantwortbaren Politik.

Wenn das Theater alles dürfen will

Ohne ethische Bindung gibt es keine Freiheit des Geistes

Wer alles darf, darf gar nichts - nur wo es auch Unerlaubtes gibt, kann von „dürfen“ die Rede sein. Auf ein „Dürfen“ aber gar nicht mehr angewiesen zu sein, weil ohnehin alles erlaubt ist, bedeutet durchaus nicht einen paradiesischen Zustand grenzenloser Freiheit, sondern lähmende Gleichgültigkeit, in der von menschlicher Freiheit nicht mehr sinnvoll gesprochen werden kann. Freiheit ist immer relativ, weil sie relational ist, definierbar nur in der Bezogenheit auf Möglichkeiten der Wahl und erlebbar nur in der Konfliktsituation der Entscheidung. Wo nicht mehr entschieden werden kann und entschieden werden muß zwischen dem Besseren und dem Schlechteren, also auch dem ethisch Wünschbaren und dem ethisch Fragwürdigen, wird die Freiheit nicht unendlich, sondern sie reduziert sich auf Null; der solchermaßen aus der Verantwortung des Wägenmüssens entlassene Mensch folgt blind seinem Trieb oder verhungert wie Buridans Esel zwischen zwei gleichgroßen Heuhaufen.

Der Mensch ist das Wesen, das zwischen „Gut“ und „Böse“ unterscheiden kann und darum unausweichlich auch unterscheiden muß; er kann die Abgrenzung zwischen dem einen und dem anderen sehr unterschiedlich ziehen, aber auf jede Grenzziehung überhaupt verzichten kann er nicht. Zu dürfen und nicht zu dürfen, zu sollen und nicht zu sollen, gehört so unabdingbar zu seiner „Natur“, daß jedes Ausbrechen aus der offiziell verbindlichen Moral nicht in ein „Jenseits von Gut und Böse“ führen kann, sondern stets in eine andere Moral oder eine Sondermoral münden muß; auch der Kriminelle handelt nicht gesetz- und regellos, sondern folgt einem abweichenden Kodex, der bis zur Absurdität pervertiert sein kann, aber darum nicht minder rigide ist - auch er „darf“ nicht alles. Warum also sollte ausgerechnet das Theater alles dürfen, wie seit Jahren immer wieder postuliert wird und jetzt im Rahmen eines Symposions im Münchner Prinzregententheater erneut zur Diskussion gestellt wurde?

Ganz alleine steht das Theater freilich nicht mit diesem Anspruch; die „Kunst“ ganz allgemein erhebt ihn zwar selten so explizit wie die umtriebigeren Bühnenleute, aber sie hat sich einen moralischen Sonderstatus auch vor Gericht ertrotzt, der nahezu alles absegnet, was außerhalb der Kunst unerlaubt sein könnte. Und daß die Forschung alles oder fast alles darf, gehört zu den stillschweigenden Prämissen unserer Wissenschaftskultur, die nur noch selten in Frage gestellt werden - etwa wenn ein amerikanischer Physiker großspurig ankündigt, er wolle demnächst Menschen klonen - ; sehr nachdrücklich scheinen solche Probleme die Öffentlichkeit freilich nicht zu beschäftigen, denn zu einer anhaltenden Debatte über die offenen Grundsatzfragen kommt es nicht.

Das bestgehütete Tabu

Dem steht eines der bestgehüteten Tabus unserer vermeintlich schon nahezu tabufreien Zivilisation entgegen: die „Freiheit des Geistes". Hier von einem „Tabu" zu sprechen, mag provokatorisch, ja zynisch und vor allem geistfeindlich, wissenschaftsfeindlich, antiaufklärerisch klingen. Und in der Tat: wer wollte bestreiten, daß die Freiheit des Geistes von jeglicher ideologischer, religiöser oder politischer Bevormundung zu den kostbarsten Errungenschaften der menschlichen Kulturentwicklung gehört. Nur: die Freiheit des Geistes ist die Freiheit des Geistes und nichts sonst; sie ist die Freiheit des Denkens, des Phantasierens, des Spekulierens und Träumens, und das Feld, auf dem niemand sie in die Schranken weisen oder ans Gängelband nehmen darf, ist das Feld des reinen Gedankens. Sobald der Gedanke aber seinen Elfenbeinturm verläßt, um handelnd in den Gang der Welt einzugreifen, ist seine Unschuld dahin; er gerät wie alles Handeln in das unentrinnbare ethische Dilemma, das Rechtfertigung verlangt für die Motive, zur Verantwortung zieht für die Folgen und ein Abwägen fordert zwischen Rechtsgütern. Solange dem Naturforscher ein paar Zahlenreihen auf einem alten Briefumschlag genügen, wie es von Einsteins Bemühungen um eine Weltformel kolportiert wurde, die Folgen seiner Gedankenkühnheit also nur auf dem Papier stehen, ist er niemandem Rechenschaft schuldig; wenn er aber, wie es heute längst selbstverständlich ist, mit apparativ aufwendigen Großversuchen die Veränderbarkeit der Natur erkundet, indem er den verändernden Eingriff bereits vollzieht, so bewegt er sich nicht mehr auf der abstrakten Ebene theoretischer Wahrheitssuche, deren einzige Konsequenzen darin bestehen, daß man ihren Denkfunden zustimmen kann oder nicht, sondern er ist ein praktisch Handelnder, dessen Handlungen Folgen haben - mehr oder weniger segensreiche, mehr oder weniger absehbare, auf jeden Fall weitreichende. Nicht nur, weil sie die Mittel bereitstellt, die solches Forschen erst möglich machen, sondern mehr noch, weil die Folgen des wissenschaftlichen Probehandelns alle treffen, wird die Gesellschaft sich auf Dauer nicht damit begnügen können, die „Freiheit der Forschung" für sakrosankt und aller ethischen Bindungen ledig zu erklären und nur für Extremfälle unerwünschter Anwendung Grenzen zu setzen; sie wird erkennen müssen, daß die Entscheidung über Forschungsrichtungen und Forschungsziele ein Politikum ersten Ranges ist, das den Prozessen der demokratischen Kontrolle und der ethischen Rechenschaftslegung nicht entzogen bleiben kann.

Die Problematik des Theaters, das alles dürfen zu wollen vorgibt, ist da sehr viel simpler. Wer Theater spielt, will öffentliche Wirkung erzielen und begibt sich damit, ob er es zugibt oder nicht, auf ein Feld des (kommunikativen) Handelns, das prinzipiell einer ethischen Bewertung unterliegt. Und nichts wäre für den Theatermacher fataler als die Gleichgültigkeit des Alles-Dürfens: es wäre jene Finsternis, in der alle Katzen grau sind und nichts mehr irgend etwas bewegt. Und natürlich wollen die Theaterleute auch gar nicht wirklich alles dürfen; sie wollen nur immer ein bißchen mehr dürfen, als man ihnen schon zubilligt, und indem sie die Grenze des Erlaubten um ein kleines oder großes Stück weiter hinauszuschieben versuchen, haben sie die prinzipielle Gültigkeit und vor allem die Notwendigkeit einer solchen Grenze schon stillschweigend anerkannt. Sie brauchen diese Grenze, um sich an ihr zu reiben und sie gezielt zu verletzen, ihr also jene kleinen Triumphe abzutrotzen, die nicht mehr möglich wären, wenn die Grenze einmal nicht nur verlagert, sondern völlig beseitigt würde. Und zugleich liegt der Vorliebe für Grenzüberschreitungen und Tabuverletzungen - die sich für das Theater nicht zu allen Zeiten von selbst verstanden hat - selber eine moral-analoge Wertentscheidung zugrunde, die das Provozieren, das Erregen von Ärgernis für „richtiger" und „sinnvoller", also auch „erlaubter" hält als die konfliktlose Erfüllung konventioneller Erwartungen.

Diskutiert wird ja nicht, ob das Theater einfach gefallen, gar Freude machen „darf", obwohl es bei Machern wie Kritikern eine starke Tendenz gibt, ihm gerade dies zu verwehren. „Gewalt,

Blut, Sperma - darf Theater alles?“ lautete im Prinzregententheater die Fragestellung; es ging also wieder einmal darum, ob die krude Darstellung von Gewaltakten, von Obszönem und Fäkalischem auf der Bühne ihr Daseinsrecht hat und möglicherweise einem Zwang zur Eskalation unterliegt, der aus Gründen der Wahrheitserkenntnis oder eines gewandelten ästhetischen Empfindens hingenommen werden muß. Merkwürdig durcheinander gingen dabei die Frage nach den erlaubten Themen und die nach den erlaubten Darstellungsmitteln.

Eine andere Art des Dürfens

Obwohl Moderator August Everding schon einleitend daran erinnert hatte, daß Theater eine „Kunst des Als-Ob“ ist, also die Handlungen, die es zeigt, nicht real vollzieht, sondern mit symbolischen Äquivalenten simuliert, wurde allen Ernstes die Frage diskutiert und mit unterschiedlichen Wenns und Abers grundsätzlich für bejahbar erklärt, ob Schauspieler auf offener Bühne real scheißen dürften, wenn nur auf diese Weise die Befindlichkeit der jeweiligen Figur ungeschmälert ausgedrückt werden könnte. Ganz abgesehen von der Verletzung der Menschenwürde des Schauspielers, die durch keinen „Wahrheits“-Anspruch der Figur zu rechtfertigen wäre - daß mit solchen Mitteln das Theater sich selbst aus den Angeln heben würde, sollte klar sein. Ein Theater, das dies „darf“, wäre kein Theater mehr, weil es nicht mehr spielte, sondern Realität produzierte, also die Distanzspannung des symbolischen Verweisens aufgäbe; allein schon darum kann es, als Theater, dies nicht dürfen.

Wie weit aber darf das Theater mit seinen verfremdenden formalen Mitteln - seiner Sprache, seinen szenischen Metaphern - die Gewalttätigkeit, die enthemmte Sexualität, das Fäkalische zum dominierenden Thema machen? Johann Kresnik, Schöpfer eines aggressiven gesellschaftskritischen Tanztheaters, berief sich vor allem auf das Sprachgebaren jüngerer Zuschauergenerationen und schien gar nicht zu bemerken, wie sich damit unterderhand die Fragestellung verschob: unter der stolzen Fahne des erweiterten Dürfens beschwor Kresnik den Anpassungsdruck veränderter Erwartungshaltungen, dem das Theater sich offenbar zu beugen hat. Der entscheidende Beitrag zum eigentlichen Thema aber ging unbeachtet unter im flinken Schlagabtausch.

Der Regisseur Einar Schleef sagte Merkwürdiges: er, der bekannt ist für seinen selbstherrlichen Umgang mit Texten, wollte als Anwalt der Treue zum Autor verstanden werden. Aber er sagte auch sehr Bedeutsames: in seinen Arbeiten gebe es nie Blut und nie die Tötung von Menschen. Das war ein bemerkenswertes Bekenntnis: einer der bedeutendsten deutschen Regisseure lehnt grundsätzlich die Darstellung von etwas ab, was andere offenbar besonders gern darstellen. Das Entscheidende aber war Schleefs Begründung: wer die Tötung eines Menschen darstelle, müsse die Tötungsbereitschaft in sich selbst entwickeln. Das heißt, allgemeiner gesagt: jede Darstellung verstärkt das Dargestellte - nicht erst dadurch, daß es ihm Wirkung in der Öffentlichkeit verschafft, sondern schon dadurch, daß es in den Darstellern selbst die entsprechenden Energien konstelliert und aktiviert. Jede Darstellung von Gewalt vermehrt also das Potential der Gewalttätigkeit - selbst dann, wenn sie eigentlich kritisch vor ihr warnen will.

Das mag richtig oder falsch oder auch halbrichtig sein - es wäre auf jeden Fall ein Ansatzpunkt gewesen, die moralische Verantwortung des Theaters konkreter zu untersuchen. Was ist an der menschlichen Realität, auf die das Theater zeigend und klärend reagieren will, überhaupt der Aufmerksamkeit wert und darstellungswürdig? Schon darin liegen Vorentscheidungen für die Wirkung des Theaters auf den Zuschauer. Daß dieser Ansatz nicht weiter verfolgt wurde, lag nicht nur an den Interventionen Rolf Hochhuths, der mit Schleef lieber über die Entstellung seines Stückes „Wessis in Weimar“ bei der Berliner Uraufführung hadern wollte. Theaterleute scheinen auf die Diskussion solcher Fragen überhaupt nicht vorbereitet zu sein. So stolperte man ziellos dem bequemen Schlußwort August Everdings entgegen: Theater beantwortet nicht Fragen, sondern es stellt Fragen (und welchen Fragen stellt es sich?). Und eines darf es auf jeden Fall niemals: langweilig werden.

Langweilig könnte das Theater schon bald werden, wenn es sich darauf kapriziert, die zynische Verrohung - mit oder ohne kritischen Vorwand - für einen Freiheitsgewinn zu halten. Aber das Theater darf ja auch noch anderes als Tabuschranken einrennen und Schamgrenzen abbauen. Darf es - ohne den Vorbehalt ironischer Zersetzung - Zärtlichkeit, Vertrauen, Solidarität, unverfälschte Liebe zeigen? Darf es von der Fähigkeit des Menschen zur Güte, zum Verzicht, zur Weisheit erzählen? Darf es, träumend und phantasierend, humane Utopien entwerfen, an der Sensibilisierung des ethischen Bewußtseins arbeiten, wie dies einem Lessing noch ganz selbstverständlich war? Keine Macht der Welt kann das dem Theater verbieten. Nur das Theater selbst kann sich dies verbieten, und manchmal scheint es wild entschlossen, das zu tun. Das Theater darf gewiß nicht alles; es darf nicht einmal alles dürfen wollen. Aber es darf vielleicht etwas mehr und vor allem anderes, als es zu dürfen wagt.

Die leistungsorientierte Schule

Ein paar Nachfragen zu einem gängigen Begriff

Sprache ist Politik; Sprachverwirrung ist Politikverwirrung. Als im Osten Europas der Sozialismus, der keiner war und „real existierend" hieß, weil er real nicht existierte, den Geist aufgab, den er nicht hatte, herrschte Frohlocken und Wehklagen zugleich über das Verschwinden des „Utopischen". Kaum einer aber machte die notwendige Unterscheidung zwischen dem Utopischen als vorwärtsdrängendem Prinzip des Überschreitens aus den Verfestigungen des Jetzt in die Offenheit des Noch-Nicht und der schlüsselfertigen Utopie als seiner Versteinerungsform, mit der das Utopische eben nicht ins Recht gesetzt, sondern an seiner Wurzel gelähmt wird, weil die Perfektion des vorausgreifenden Planungswissens genau das verrammelt, was das Utopische öffnen will: die Freiheit des Horizonts. Mit dem einen wurde das andere verworfen - ein nicht unwesentlicher Beitrag zum Mißbehagen an der Wende.

Ähnliche begriffliche Unschärfen blockieren die Diskussion über Schule und Bildung, soweit sie überhaupt noch stattfindet. Als „leistungsorientiert" gilt das überkommene Schulsystem, und das hört sich natürlich gut an. Der Stolz auf ein Schulwesen, das „leistungsorientiert" ist, scheint berechtigt; der Kritiker aber, der diese Leistungsorientierung als einseitig oder überzogen rügt, setzt sich linguistisch ins Unrecht. Denn wer, der ernstgenommen werden will, könnte etwas dagegen einzuwenden haben, daß in der Schule Leistungsbereitschaft gefordert und Leistungsfähigkeit entwickelt wird? Als bloße Wärmstube mit Spielangebot wäre die Schule nicht einmal mit dem Argument zu rechtfertigen, daß die Kids wenigstens für ein paar Stunden am Tag nicht vor der Glotze verkommen.

Die Trennung des Lernens vom Leben

Was aber Leistung eigentlich ist, wird selten gefragt. Der Begriff „Leistung" ist eine leere Hülse, zu füllen mit diesem und jenem. Extrem gesprochen: auch Eichmann war auf seine verbrecherische Weise leistungsorientiert. Das Beispiel ist kraß und ungerecht, gewiß. Aber es zeigt, daß man über Leistung nicht sprechen kann, ohne ihre Ziele zu bedenken: Leistungsfragen sind immer Sinnfragen und damit ethische Fragen; es gibt Leistungen, die besser nicht erbracht würden oder niemals erbracht werden dürften. Und weil dies so ist, gehört die Fähigkeit, über den Sinn von Leistung nachzudenken, die eine bewußt zu erbringen und die andere bewußt zu verwerfen, zu den wichtigsten „Leistungen" des Menschen: sie erst macht Verantwortung möglich als reflektiertes Handeln, das seine Motive prüft und seine möglichen Folgen abwägt und dafür einsteht.

Und wenn die Aufgabe der Erziehung, auf die knappste Formel gebracht, darin besteht, junge Menschen zur vollen Entfaltung ihres Menschseins zu führen, dann darf in ihrem Programm die Frage nach dem Sinn von Leistung nicht fehlen; sie würde sich selbst sabotieren, wenn Leistung immer nur als etwas erscheint, das unbefragbar vorgegeben ist und allein schon deshalb erbracht werden muß, weil irgendjemand das fordert. Gerade wer, wie so mancher vermeintliche Traditionalist, gerne argumentiert, die Kinder müßten beizeiten die rauhe Luft der Wirklichkeit kennenlernen, wo einem „nichts geschenkt" wird und nur der Leistungsfähige bestehen kann, wird dies, wenn er glaubwürdig bleiben will, mitbedenken müssen. Denn zur rauhen Luft der Erwachsenenwirklichkeit gehört auch, daß man sich nicht mehr mit kindlicher Unschuld auf die Autoritäten verlassen kann, sondern selber Entscheidungen zu treffen und dafür einzustehen hat - erst recht in der modernen Welt, deren gewaltige technische Möglichkeiten das Machbare und das Verantwortbare so weit auseinanderklaffen lassen. Wo aber hat die Frage nach dem Sinn von Leistung (und danach, wie man ihn erkennt und dafür Kriterien findet) als Einübung in die Verantwortlichkeit in der Schule, wie wir sie kennen, ihren Ort?

Das Problem ist damit vom schwierigsten Ende her aufgerollt; man sollte vielleicht bescheidener beginnen. Und natürlich ist nicht gemeint, daß jede Englischstunde mit einer Diskussion anzufangen hätte, ob man Fremdsprachen lernen soll und warum gerade diese. Zu den Leistungen, die der Lehrer als Erzieher einbringt (und im Idealfall vorbildhaft wirken läßt), gehört auch, daß er Halt und Orientierung bietet als eine Autorität, der man auch darum vertrauen kann, weil sie Widerpart leistet und es nicht bequem macht, die aber nicht blindes Vertrauen fordert, sondern befragt werden darf. Wer alles in Zweifel ziehen und immer wieder neu entscheiden muß, wäre heillos überfordert; wer aber stets nur sein Pensum erfüllt, ohne im Nachprüfen, wozu das denn gut ist, eigene Einsicht und damit ein Stück Selbstverantwortung zu gewinnen, bleibt nicht nur in seinem Menschsein, sondern auch in einem Teil seines Spektrums möglicher Leistungen unentfaltet.

Es gäbe - nein: gibt - aber Möglichkeiten, den Sinnhorizont des schulischen Lernens erfahrbar zu machen, indem das Lernen eingebettet wird in Handlungszusammenhänge, die Wissen verlangen. Etwa in der Form des sogenannten Projektunterrichtes. Man lernt mit anderer Motivation und darum mit anderem Eifer, wenn man die Erfahrung macht, daß man bestimmte Kenntnisse notwendig braucht, etwa weil man die Verantwortung für ein Biotop übernommen hat. Ansätze in dieser Richtung sind vorhanden, aber sie sind noch immer die Ausnahme, die auf die Regel zu wenig abfärbt. Die Erfahrungen sind gut: handlungsorientierter Unterricht kann das Lernen nicht nur effektiver machen, indem er erwünschte Leistungen wirksamer fördert; er macht es auch realistischer in einem sozialen und einem anthropologischen Sinne.

Daß jemand etwas lernt, ohne zu wissen warum, kommt in der Erwachsenenwelt nicht vor; der Erwachsene lernt entweder aus

Neugier (vornehmer gesagt: Wissensdurst) oder weil er in einem bestimmten beruflichen oder privaten Kontext zusätzliche Kenntnisse braucht. Neugier aber und eingesehene Notwendigkeit sind die gewissermaßen natürlichen Antriebe des Menschen zur Leistung des Wissenserwerbs und waren Jahrzehntausende lang auch für Kinder nahezu die allein wirksamen, solange Kinder noch mehr oder weniger durch beobachtende und nachahmende Teilhabe am Leben der Erwachsenen in ihre Gesellschaft hineinwuchsen und die zunehmende Komplexität des Sozialgefüges noch nicht zur Abtrennung einer „pädagogischen Provinz" geführt hatte, in der, bildlich gesprochen, das Schwimmen auf dem Trockenen gelernt werden muß.

Diese Absonderung des Lernens vom Leben, seine Abschiebung in Erziehungsoasen, die vom „Ernstfall" abgeschirmt bleiben, war unausweichlich und hat zum Teil auch Schutzfunktionen; sie ist nicht rückgängig zu machen, behält aber trotzdem etwas Künstliches, das mit der Lust am Lernen auch den Erfolg des Lernens zu beeinträchtigen droht, und müßte so total nicht sein, wie sie ist. Und sie hat die Erziehung in eine Zwickmühle gebracht: sie muß ständig Methoden der Sekundärmotivation ersinnen und verfeinern (eine besonders problematische ist das Notensystem), während sie zugleich die Quellen der Primärmotivation kaum nutzt, zum Teil auch allein schon durch ihre Strukturbedingungen demotivierend wirkt.

Ein Ansatz zur Milderung der Abspaltung liegt in realitätsnahen Handlungsprojekten, in denen Kompetenzen erprobt und erweitert werden, ein anderer in der Aktivierung des spontanen kindlichen Wissensdurstes. Wieweit die Schule sich diesen natürlichen Hunger nach Welt, mit dem jeder gesunde Mensch geboren wird, zunutze macht oder ihn brachliegen, gar verkümmern läßt, ist eine weitere Frage, auf die sie Antwort geben muß, bevor sie sich mit vollem Recht leistungsorientiert nennen darf - leistungsorientiert auch in dem Sinne, daß sie selber die optimale Leistung erbringt, um Kinder zu dem werden zu lassen, was sie werden können. Sigmund Freud hat diese Frage auf seine Weise beantwortet, als er von dem „betrüblichen Kontrast" zwischen der „strahlenden Intelligenz" eines gesunden Kleinkindes und der Denkträgheit des durchschnittlichen Erwachsenen sprach. Fast ein Jahrhundert ist seither vergangen, aber der Ausspruch klingt auch heute nicht gerade weltfremd - auch wenn der

„betrübliche Kontrast" sicher nicht allein auf das Konto der Schule geht.

Als Leistung gilt, was meßbar ist

Leistung, wie die Schule sie fordert, bezieht sich im wesentlichen auf den zielstrebigen und erfolgreichen Erwerb von vorgeschriebenen Kenntnissen. Etwa englische Vokabeln pauken, die Regeln der Grammatik respektieren lernen, das Lösen von Infinitesimalgleichungen üben, sich die Strukturmuster chemischer Verbindungen oder der Zellteilung einprägen. Gewiß ist in neuerer Zeit vieles hinzugetreten, das die Realitäten des modernen Lebens nahebringen soll, vom Verkehr bis zum Gesundheitsbewußtsein - manchmal schon so viel, daß man sich fragen kann, ob der Schule nicht Aufgaben zugeschoben werden, vor deren Bewältigung die Gesellschaft als Ganzes sich ein wenig drückt. Mit der Umwelterziehung als fächerübergreifendem Unterrichtsprinzip, das eine Kooperation über den Horizont des Einzelfaches hinweg voraussetzt, kam der Versuch eines Brükkenschlages hinzu, der nur begrenzt wirken kann, solange er eigentlich systemfremd ist, die Stundentafel generell noch festhält am häppchenweisen Verabreichen von isoliertem Fachwissen.

Es wäre gewiß ungerecht übertrieben, zu sagen, daß verstehendes Durchdringen, das Erfassen von Sinnzusammenhängen und übergreifenden Vernetzungen im herkömmlichen Unterricht gar keine Chance hätten; unbestreitbar aber tritt es weit zurück hinter den Erwerb des reinen Faktenwissens. Dafür sorgt schon das Notensystem, das einen schlichten Raster von Richtig oder Falsch voraussetzt: Beim Abfragen von Faktenwissen läßt sich verläßlich sortieren; wie aber will man das Verständnis von Sinnstrukturen und Zusammenhängen oder, einfacher gesagt, das Denkvermögen gerecht bewerten und tabellarisch fixieren?

Das alles aber sind nicht nur ganz sicher wichtige, auch gesellschaftlich bedeutsame Leistungen, sondern eindeutig auch kognitive Fähigkeiten. Wer der Schule also vorhält, ihr Leistungsbegriff beschränke sich auf das Kognitive, greift schon zu kurz: Auch die Wahrnehmung, Pflege und Würdigung der kognitiven Leistungen ist bereits selektiv.

Erst recht fällt aus diesem Leistungsbegriff heraus, was nicht rein kognitiver Natur ist. Etwa das weite Feld sozialer Kompetenzen. Menschen in ihren Stärken und Schwächen erkennen und anerkennen, Fremdes respektieren können und dennoch das Eigene bewahren, Konflikte entschieden ausfechten ohne Unversöhnlichkeit und Haß, Kompromisse schließen, Solidarität üben, ohne Trennendes zu verwischen, gemeinsame Aufgaben gemeinsam lösen und sich dazu über Ziele und Wege kooperativ verständigen, den Dissens aushalten, dem Schwächeren beistehen und sich dem angemaßten Recht des Stärkeren nicht beugen, allgemein gesagt: Sensibilität im menschlichen Miteinander entwickeln, demokratische Konsensfindung kompetent praktizieren und sich verantwortlich engagieren - alles das sind zivilisatorisch hochbedeutsame Leistungen. Welchen Stellenwert haben sie in der Schule? Werden sie gefördert, wenigstens wahrgenommen?

Leistung, so könnte man sagen, ist für die Schule das, was - zu Recht oder zu Unrecht - als leicht meßbar gilt und sich bequem kategorisieren läßt. Dabei gerät vieles aus dem Blick, was besonderer Aufmerksamkeit wert wäre. Ob ein Ergebnis falsch oder richtig ist, läßt sich leicht feststellen; wie es zustandekam, interessiert wenig, ist aber pädagogisch oft ungleich wichtiger. Wer gedankenlos das erwartete „Richtige" trifft, bekommt seine gute Note; wer mit einer ausgesprochen intelligenten, hochkreativen Überlegung zu einem „falschen" Ergebnis kommt, kriegt eine schlechte Note. Das ist einer der vielen Gründe dafür, warum Kreativität im Unterricht so wenig Chancen hat, und offenbart eine Bequemlichkeit des diagnostischen Blicks, die sich mit dem Anspruch auf Leistungsorientierung schlecht verträgt.

Heinrich Jacoby, einer der großen Reformpädagogen der ersten Jahrhunderthälfte, hat dies schon vor vielen Jahrzehnten als Grundübel der Schule angeprangert: gelernt werde, was richtig und was falsch ist, anstatt im eigenen Erarbeiten herauszufinden, warum das Richtige richtig und das weniger Richtige weniger richtig ist. Zugespitzt ausgedrückt: das Lernen in der Schule bestehe in einer Dressur zur Fehlervermeidung. Dementsprechend könnte man, wiederum zugespitzt, formulieren: was die Schule als Leistung fordert und belohnt, ist das Geschick in der Strategie der Fehlervermeidung. Wer aber darauf fixiert ist, Fehler zu vermeiden, hat nur eine höchst eingeschränkte Chance, zum Verstehen und zu eigener Einsicht zu gelangen - den eigentlichen Leistungen, auf die es ankommt. Denn das würde voraussetzen, daß er Irrtümer riskiert, um aus ihnen zu lernen - nach dem Prinzip von „trial and error", wie es in der Wissenschaft gilt.

Leistungsorientierung? Einige Fragezeichen bleiben. Die Zeit scheint wenig günstig für solche Überlegungen: die Kassen sind leer, und das Interesse an Bildungspolitik tendiert gegen Null. Aber auch wenn das Geld knapp ist, kann man fragen, ob es eigentlich zweckdienlich ausgegeben wird; man muß das dann vielleicht erst recht.

Schule der Freiheit und der Verantwortung

Pädagogische Ketzereien nach Erfurt und Pisa

Wenn es knirscht im Getriebe der Gesellschaft, dann rufen wir nach der Schule: die Schule soll dafür sorgen, daß die Welt wieder besser und schöner wird. Und wenn es in der Schule kracht, dann rufen wir erst recht nach der Schule: wenigstens dort muß es doch bitteschön unmöglich gemacht werden, daß so scheußliche Verbrechen geschehen wie jüngst in Erfurt.

Um 1968 träumten viele von der Schule als dem Gewächshaus einer geläuterten Menschheit: durch vernünftigere Erziehung schaffen wir die humanere Gesellschaft. Dabei hatte Siegfried Bernfeld, der marxistische Psychoanalytiker, einer der vieldiskutierten Theoretiker von damals, den schönen Traum, an den er so gerne selber geglaubt hätte, schon ein Menschenalter zuvor gnadenlos zerstört: die Gesellschaft prägt die Erziehung und nicht die Erziehung die Gesellschaft.

Den großen Traum träumt schon lange niemand mehr, aber das kleine Träumchen wollen wir uns noch immer nicht gern nehmen lassen: daß die zahllosen Defizite, an denen die Gesellschaft leidet (Mangel an Umweltbewußtsein etwa, an Geschichtsbewußtsein, an Wertebewußtsein oder auch latente Gewaltbereitschaft, Medienhörigkeit und Verführbarkeit durch drogenartige Ersatzlüste) durch gezielte Reformkuren am Schulsystem zu lindern, wenn nicht gar zu beheben sein müßten. Das Gute daran ist: wenigstens zeitweise, wenn gerade wieder etwas passiert ist, denken wir nach über die Bedingungen, unter denen unsere Kinder aufwachsen. Aber der Preis ist hoch: mit dem Verblassen des Anlasses schwindet das Interesse, und das ganze Problemfeld rückt in eine verzerrte Perspektive.

Lernen für die eigene Zukunft

Schule aber ist nicht dazu da, ein gottseidank extrem seltenes Verbrechen zuverlässig zu verhindern (was dort so wenig lückenlos gelingen kann wie am Bankschalter oder sonstwo). Und sie ist auch nicht dazu da, uns die Beschämung zu ersparen, daß „wir" (wer ist wir?) bei einer internationalen Vergleichsstudie („Pisa") schlecht abschneiden und, wie es der Bremer Schulsenator so hübsch entlarvend formuliert hat, „in die Regionalliga zurückgestuft" werden. Kinder lernen für ihre eigene Zukunft und weder für das beruhigte Gewissen der Erwachsenen noch für das Renommee Deutschlands.

Richtig ist es trotzdem, sich auch ad hoc Gedanken zu machen. Und gut ist es, daß die Debatte über die Allgegenwart brutaler Gewalt in den Medien, in Horrorvideos und aggressiven Computerspielen, erneut und intensiviert in Gang gekommen ist. Erstaunlich effektiv als Killer-Argument sind freilich immer noch die Beschwichtigungsphrasen, daß man über die (grundsätzlich verrohende oder akut stimulierende) Wirkung von massiver Gewaltdarstellung noch viel zu wenig wisse. Als ob bei schwerwiegenden Gefährdungen nicht der bloße Verdacht schon hinreichen müßte, sich ernstlich um Abwehr zu bemühen. Daß wir einen so sensiblen Bereich wie die tägliche Zufuhr von Bewußtseinsformung (um das drastische Wort „Manipulation" zu vermeiden) der gemeinsam verantworteten öffentlichrechtlichen Kontrolle entzogen und dem Profitgerangel des „freien" Marktes ausgeliefert haben (wieso frei, wenn wenige Große den Zugriff haben?), dürfte ein Fehler gewesen sein, der kaum wieder gutzumachen ist. Wir haben aber auch das gewiß hohe Gut der Meinungsfreiheit und der Kunstfreiheit in einer Weise fetischisiert, die völlig außer Acht läßt, daß dieses Rechtsgut die Freiheit der Gedanken schützt und nicht die Schrankenlosigkeit eines in die Innenwelt anderer massiv eingreifenden aktiven Handelns, und daß der Wesenscharakter dieses Rechtsgutes, dessen ethischer Kern die Gewissensfreiheit ist, ein korrelierendes Abwehrrecht fordern würde, das vor psychotechnischer Infiltration bewahrt.

Wohin diese Entwicklung führt, hat das Urteil des amerikanischen Supreme Court gezeigt, wonach die filmische Darstellung von sexuellem Mißbrauch an Kindern und der Genuß solcher Darstellungen erlaubt ist, wenn die realistisch scheinenden Mißbrauchshandlungen „virtuell" sind, also mit technischen Kunstgriffen simuliert, und bei der Herstellung nicht tatsächlich sexueller Mißbrauch mit Kindern getrieben wurde. Dies ist ein Freibrief für die Lust an der Verrohung: man darf sich guten Gewissens an der imaginierten Schändung von Kindern delektieren und perverse Lüste gewohnheitsmäßig stimulieren, wenn nur die Schändungstat selber nicht schon bei der Produktion der pornographischen Reizmittel stattgefunden hat, sondern erst am Ende einer langen und indirekten Kausalkette steht und den Charakter einer statistischen Wahrscheinlichkeit behält. Daß der Vorrang der Meinungsfreiheit vor der Moral aber nur selektiv gilt, hat vor wenigen Jahren der Streit um den Satz „Soldaten sind Mörder" gezeigt. Pazifistische Überzeugung mit diesem Satz auszudrücken, der nicht einen Berufsstand, sondern eine Mentalität anprangert, war in der ungefestigten, von Militarismus und Autoritarismus bedrohten Weimarer Demokratie noch fraglos möglich und löste im Nach-Wende-Deutschland der neunziger Jahre eine Entrüstung und eine Bereitschaft zur Relativierung der Meinungsfreiheit aus wie noch nie eine noch so gewalttriefende TV-Monstrosität.

Vor der Verführung durch die Gewalt werden wir unsere Kinder nur dann schützen können, wenn wir bereit sind, uns selber Zügel anzulegen und das Prinzip Verantwortung wichtiger zu nehmen als das Lustprinzip. Das reicht von der großen Politik, wo das Bombardieren viel leichter fällt als ein langfristig friedenstiftendes Konfliktmanagement, bis in die Konsumdressuren des familiären Alltags. Und bei internationalen Vergleichen der Schulleistungen werden wir erst dann besser abschneiden, wenn uns das Abschneiden bei internationalen Vergleichen nicht mehr wichtig ist, sondern unsere Sorge allein der Frage gilt, was unsere Kinder wirklich brauchen. Denn dann erst werden wir begriffen haben, daß es bei Schule und Bildung nicht um Konkurrenz geht, bei der einige den Rahm abschöpfen und andere notwendig die Verlierer sein müssen, sondern um das Recht junger Menschen auf Entfaltung ihrer Persönlichkeit. Und zwar für alle.

Nicht nur formale Chancen

Das ist zuallererst ein Demokratieproblem. Daß zum Recht auf freie Entfaltung der Persönlichkeit auch die schrankenlose Bereicherung auf Kosten anderer gehört, sofern sie sich nicht nachweislich eklatant illegaler Mittel bedient, scheint uns selbstverständlicher zu sein als die Verpflichtung zu einem Bildungswesen, das allen Kindern eine mehr als nur formale Chance gibt, ihr humanes Potential voll zu entfalten. Alle Kinder müssen die Gelegenheit haben, soviel Weltwissen verstehend anzueignen und soviel soziale Kompetenz zu erwerben, daß sie fähig werden, an einer hochkomplexen, sich ständig wandelnden Welt als freie Persönlichkeiten selbstverantwortlich teilzuhaben - gewiß nach Maßgabe ihrer Begabung, aber die Grenzen dieser Begabung sind nichts Starres, und niemand kann sie im Vorhinein festlegen. Selbst der „Sicherung des Wirtschaftsstandortes" (eine magische Formel der Horizontverengung) kommt eine allein auf Persönlichkeitsentfaltung zielende Bildungspolitik langfristig mehr zugute als jede kurzatmige Anpassung an vermeintliche Erfordernisse „der Wirtschaft".

Gefordert ist damit ein weitaus differenzierteres, flexibleres Bildungswesen, als wir es bisher haben. Wir müssen die Polarität von Integration (was allen nötig ist) und Individualisierung (was das einzelne Kind an Stimulierung, Förderung und Stützung braucht) völlig neu durchdenken. Wir müssen den Wahn der frühen Sortierung nach „Begabung" aufgeben, mit dem wir inzwischen ziemlich allein in der Welt dastehen; wir müssen die Grundschule zeitlich ausdehnen, inhaltlich erweitern, materiell sehr viel besser ausstatten und ihr ein Elementarjahr vorschalten, weil in den frühen Jahren die entscheidenden Entwicklungsimpulse gegeben werden und nur hier herkunftsbedingte Defizite noch ausgeglichen werden können. Wir müssen aufhören, das

Fordern gegen das Fördern auszuspielen, und einsehen, daß Leistung, die auch das Kind will, nicht aus Druck erwächst, sondern aus individuell dosierter Herausforderung, Anregung und Anleitung und kein Kriterium für Selektion ist sondern ein Indiz für gelungene Förderung. Wir müssen der Schule mehr Tageszeit einräumen („Ganztagesschule"), weil die Elternhäuser kaum mehr erziehen können und das ausgewogene Zusammenwirken von Familie, Schule und Umwelt zum idyllischen Ausnahmefall geworden ist.

Weil aber Bildung, wie Montaigne gesagt hat, nicht darin besteht, ein Gefäß zu füllen, sondern ein Feuer zu entfachen, brauchen wir als Lehrer Menschen, die selber brennen. Wir brauchen pädagogisch bestqualifizierte, hochmotivierte Lehrer, die ihren Beruf lieben und die Kinder mit Anteilnahme begleiten. Hier dürfte am meisten zu tun sein, und das reicht von der Verbesserung der Ausbildung (samt psychologischen Eignungstests) über die Stärkung der schulischen Autonomie und der pädagogischen Selbstverantwortung bis zur Hebung des gesellschaftlichen Ansehens des Lehrers und so banalen Fragen wie der, warum die gleichen Leute, die sich im Unterricht kreativ verausgaben sollen, danach auch noch die Pausenaufsicht führen müssen.

Wenn Schule aber als Ort des Hineinwachsens in die Welt auch Werte vermitteln soll, so kann sie das kaum, wenn die Gesellschaft selber nicht sichtbar und glaubhaft von Werten geleitet ist. Die Welt, in der unsere Kinder einmal leben werden, wird nicht mehr die unsere sein, und die Welt, die wir hinterlassen, hat wenig Einladendes. Sie erwarten von uns die Ehrlichkeit, daß wir unser Versagen nicht beschönigen, aber sie erwarten auch begeisternde Impulse, die Mut machen, den Sisyphus-Stein erneut nach oben zu stemmen, und wollen nicht einfach unsere Verzweiflung über all das schändlich Mißratene aufgebürdet bekommen.

Gefordert ist hier auch das, was wir im engeren Sinne „Kultur" nennen: die Künste also, die Literatur und alles, was dazugehört. Dort macht man es sich gern bequem in zynischer Lust an nihilistischer Destruktion (vornehmer: „Dekonstruktion") oder hoffnungsloser Jeremiade. Das ist Verrat an den Potentialen des Geistes. Als Goethe seine „Iphigenie" schrieb, wußte er durchaus, daß er von Utopischem sprach, und er kannte auch den Unterschied zwischen Utopie und Illusion: die Enttäuschung bleibt beiden nicht erspart, aber die Energien, die sie ausstrahlen, sind völlig unvergleichbar. Kultur braucht Freiheit, gewiß. Aber die Freiheit höhlt sich selber aus, wenn sie sich nicht bindet an Verantwortung. Denn Freiheit und Verantwortung sind Komplementärbegriffe: keines von beiden kann es ohne das andere geben.

IV. Das Fremde und das Eigene

Die Tücken der Verständigung

Zum Streit um die Friedenspreisträgerin Annemarie Schimmel

Unfrieden um den Friedenspreis? Warum nicht. Der Streit ist das Lebenselement der demokratischen Kultur, die keine ein für allemal verbürgten Wahrheiten kennt, sondern nur die offene Konkurrenz der um Wahrheitserkenntnis Bemühten; die Weisheit eines Preisrichterkollegiums, auch eines so erlauchten wie der elfköpfigen Jury für den Friedenspreis des Deutschen Buchhandels, ist der polemischen Kritik so wenig entzogen wie die des Bundesverfassungsgerichts. Daß das Lebenswerk der Orientalistin Annemarie Schimmel, die seit reichlich vier Jahrzehnten in unzähligen Publikationen den islamischen Kulturkreis dem Westen übersetzend und interpretierend erschlossen hat, ein wesentlicher Beitrag zum Frieden und Verständnis zwischen Völkern und Kulturen ist, muß nicht unbesehen geglaubt werden; man darf da kritisch nachbohren, darf Zweifel anmelden und grundsätzliche Einwendungen erheben, wenn man den Zweifel und die Einwendungen solide begründen kann.

Auch frühere Friedenspreisverleihungen waren nicht immer unangefochten; gegen die Auszeichnung Manès Sperbers etwa gab es 1983 heftige Proteste aus der damaligen Friedensbewegung. Beispiellos aber ist die Breite und Stoßkraft der Protestfront gegen die diesjährige Preisträgerin; beispiellos ist es, daß rund 100 Verlage, Buchhändler, Autoren und andere Prominente, unter ihnen Günter Grass, Jürgen Habermas, Johannes Mario Simmel und der CDU-Politiker Heiner Geißler, mit einem offenen Brief an den Bundespräsidenten appelliert haben, den Preis nicht zu „übergeben" und damit ein „Zeichen für Menschenrechte und Demokratie" zu setzen - in grotesker Verkennung der Tatsache, daß der Bundespräsident den Preis gar nicht übergibt, sondern beim Festakt in der Frankfurter Paulskirche nur die Laudatio halten wird. Roman Herzog hat sich durch die Mahnrufer allerdings nicht beirren lassen, und auch der Stiftungsrat für den Friedenspreis des Deutschen Buchhandels hält an der getroffenen Entscheidung fest. Und das mit guten Gründen.

Um den Rang der wissenschaftlichen und literarischen Leistung Annemarie Schimmels geht es allenfalls am Rande und auch nur sekundär, denn erst der aufgeflammte Disput ließ die polemischen Schnüffler in den Buchveröffentlichungen nach Zitaten suchen, mit denen sich mangelnde Entschiedenheit in der Ablehnung des islamischen Fundamentalismus und allzuviel Verständnis für die Unterdrückung der Frau in der islamischen Welt belegen lassen könnten. Und da es in wissenschaftlichen Werken nicht üblich ist, gegen den Untersuchungsgegenstand zu polemisieren, lassen sich solche Zitate mit ein wenig Ausdauer natürlich finden, obwohl das Hauptinteresse Annemarie Schimmels stets den mystischen Strömungen des Islam gegolten hat, die ihrem Wesen nach antifundamentalistisch sind und trotz eines ungleich größeren Einflusses auf die offizielle Kultur, als ihn die Mystik der christlichen Welt jemals erreichen konnte, immer wieder der Unterdrückung und Verfolgung durch die Orthodoxie ausgesetzt waren (al-Husain Ibn Mansur al-Halladsch etwa, dessen Leben und Werk Annemarie Schimmel mehrere Publikationen gewidmet hat, erlitt im 10. Jahrhundert ein grausames Märtyrerschicksal, weil seine mystische Gottesliebe als blasphemisch galt). Es geht vielmehr einzig und allein um Annemarie Schimmels Stellungnahme zum Fall des von der Fatwa bedrohten Schriftstellers Salman Rushdie.

Vermutlich aber hätte dieser Einzelaspekt nicht ein so allesbeherrschendes Übergewicht bekommen können, wenn die religionswissenschaftliche Grundlagenarbeit Annemarie Schimmels und der literarische Rang ihrer kongenialen Eindeutschungen persischer und arabischer Lyrik (Dschelaleddin Rumi ist da nur einer unter vielen Namen) der kulturellen Öffentlichkeit hinreichend vertraut wären. Man ist eben in der intellektuellen Zunft erst mal irritiert, wenn ein Preisträger nominiert wird, der einem selber nicht als preiswürdig eingefallen wäre, und sucht dann gerne nach Rechtfertigungen des skeptischen Erstaunens. So berechtigt aber die Verwunderung bleibt, daß ein für den Friedenspreis des Buchhandels so prädestinierter Autor wie Horst Eberhard Richter, der auf so exemplarische Weise das wissenschaftlich-publizistische Wirken für die geistige Abrüstung mit konkreter Friedensarbeit verbunden hat, seit eineinhalb Jahrzehnten konsequent übergangen wird - dies ist kein Grund, die stille und unspektakuläre Gelehrten- und Übersetzerarbeit in ihrer Bedeutung für den Frieden und die interkulturelle Verständigung zu unterschätzen, gerade in Zeiten, in denen das Schreckensgespenst des Fundamentalismus einen differenzierteren Blick auf die innere Vielfalt des islamischen Kulturkreises so schwer zu machen scheint.

Warum also die Aufregung? Ihren Abscheu über die religiös motivierte und staatlich sanktionierte Morddrohung gegen einen mißliebigen Schriftsteller hat Annemarie Schimmel klar und unmißverständlich zum Ausdruck gebracht. Sie hat es dabei aber nicht bewenden lassen, sondern noch etwas hinzugefügt: sie hat Verständnis eingefordert für die verletzten Gefühle der gläubigen Muslime, für die eine Beleidigung des Propheten seit Jahrhunderten das todeswürdigste aller Verbrechen ist. Das ist keine Relativierung der Ablehnung der Fatwa, sondern die notwendige und eigentlich selbstverständliche Ergänzung dieser Ablehnung und die unerläßliche Voraussetzung für einen Verständigungsprozeß. Wer dies zweideutig und anstößig findet, bleibt in den Schwarzweißschablonen eines unreflektierten Feindbild-Denkens, in einer subtilen Form des geistigen Kolonialismus befangen: er empört sich nicht nur, zu Recht, über die Fatwa, sondern spricht den Muslimen auch das Recht ab, sich durch Rushdies Roman in ihren religiösen Gefühlen verletzt zu fühlen (für die Authentizität dieses Verletztseins spielt es letztlich kaum eine Rolle, ob die Massen der Empörten das Buch selber gelesen oder nur davon gehört haben). Über Gefühle kann man nicht rechten, wie man über Handlungen oder Handlungsaufrufe rechten kann; sie sind, auch wenn man sie nicht zu teilen vermag, ein Stück menschliche Realität, die zu respektieren ist, und sie zu verstehen zu versuchen ist ein Gebot nicht nur der zwischenmenschlichen Moral, sondern auch der intellektuellen Redlichkeit und der praktischen Lebensklugheit. Das kategorische und leidenschaftliche Nein zur Fatwa läßt sich der islamischen Welt weit überzeugender vermitteln, wenn wir sagen: wir verstehen und achten eure Gefühle, aber die Tiefe der Verletztheit gibt euch noch lange nicht das Recht, einen Menschen umzubringen. Nur so ist Verständigung und Ausgleich möglich.

Unsere heutigen Vorstellungen von allgemeinen Menschenrechten, zu denen neben der Unantastbarkeit der Menschenwürde und dem Recht auf körperliche Unversehrtheit auch das Recht auf freie Meinungsäußerung gehört (auch auf die Äußerung unbequemer, schockierender, verletzender Meinungen), sind eine der höchsten Errungenschaften der menschlichen Zivilisation. Aber wir dürfen nicht vergessen, wie jung und wie wenig selbstverständlich diese Errungenschaft ist: eine späte und hart erkämpfte Frucht der europäischen Kultur, mühsam abgetrotzt dem Beharrungsvermögen ständischer Privilegien und machtgestützter Vorstellungen von unverbrüchlich allgemeingültiger göttlicher Wahrheit - mit ihren Gleichheitspostulaten und Toleranzgeboten kein Erbteil des genuin christlichen Abendlandes, sondern Produkt der Auflösung dieses Abendlandes in eine aufgeklärte, pluralistisch säkulare Welt.

Noch leiden wir selbst, mehr oder weniger bewußt, unter den Erschütterungen dieses Umwandlungsprozesses, der uns aus dem Schutz und den Zwängen einer metaphysisch begründeten Ordnung in die Offenheit der Selbstverantwortung entließ; einen neuen Ausgleich zu finden zwischen dem rationalistisch-materialistischen Weltbemächtigungsdrang und dem spirituellen Bedürfnis nach religiöser Verankerung, ist uns überwiegend mißlungen (wäre es anders. gäbe es keine ökologische Krise)

Und die schmerzlichen Verzichte, die mit den notwendig formalistischen Sicherungen der Toleranz, des Minderheitenschutzes und der weltanschaulichen Neutralität des Staates verbunden sind, machen auch uns noch zu schaffen, wenn es zu Konflikten mit althergebrachten, tief verwurzelten Wertvorstellungen kommt; Beispiele dafür haben in jüngster Zeit die Auseinandersetzungen um Urteile des Bundesverfassungsgerichtes zur Verwendung des Tucholsky-Zitates „Soldaten sind Mörder“ und zur staatlich verordneten Anbringung von Kreuzen in Schulräumen geliefert.

Der islamische Osten blieb von der europäischen Aufklärung nahezu unberührt und hat etwas ihr Vergleichbares aus sich selbst nicht hervorgebracht. Ihre geistigen Turbulenzen haben ihn allenfalls von ferne gestreift; ihre materiellen Folgen treffen ihn mit voller Wucht und reißen ihn fast übergangslos aus dem Mittelalter in die Verlockungen und Verunsicherungen des Industrie- und Medienzeitalters mit all seinen Tendenzen zur Auflösung, Nivellierung und Desorientierung. Ein Umbruchprozeß, für den Europa mehrere Jahrhunderte hatte, verdichtet sich hier auf wenige Jahrzehnte, und das Neue kommt nicht von innen, sondern von außen, wird darum als Bedrohung der eigenen Kultur und Identität erlebt. Die neue Attraktivität des Fundamentalismus, vor allem bei den Unterprivilegierten der Umwälzung, hat hierin wohl eine ihrer stärksten Wurzeln. Wir können nicht erwarten, daß die islamische Welt in einer Generation den gesamten Prozeß der europäischen Aufklärung nachholt, an dessen Dialektik wir selber noch zu kauen haben. Wir sollten aber auch nicht vergessen, daß das islamische Mittelalter, das so viel länger dauerte als das europäische, durchaus nicht so finster war; Europa hat von ihm, von Avicenna bis Goethe, viele fruchtbare Anregungen empfangen, und an religiöser Intoleranz konnte es sich mit dem christlichen Abendland bei weitem nicht messen. Im osmanischen Reich blieben die Zwangsbekehrungen von Christen seltene Ausnahme, und als 1492 mit der Rückeroberung und Rechristianisierung der arabischen Gebiete Spaniens die große Tragödie über die dortigen Juden hereinbrach (Zwangstaufe oder Tod), fanden viele von ihnen eine neue Heimat in der Türkei, wo sie freier und unangefochtener leben konnten als in irgendeinem Winkel des christlichen Abendlandes.

Daß die Modernisierung, mit der der islamische Osten heute konfrontiert wird, „strukturell gewaltsam“ sei, schreibt ausgerechnet einer der entschiedenen Gegner der Preisverleihung an Annemarie Schimmel, nämlich Jürgen Habermas. Müßte er daraus nicht selbst die Folgerung ableiten, daß westliche Stimmen, die für die Erschütterungen dieser gewaltsamen Umstrukturierung Verständnis bekunden, außerordentlich notwendig und friedensdienlich sind? Annemarie Schimmel signalisiert der islamischen Welt, daß es im Westen Menschen gibt, die sich um Verständnis ihrer Positionen bemühen; uns aber hat sie mit ihren Büchern vor Augen geführt, wie ungleich reicher die islamische Tradition ist, als das Klischeebild vom bedrohlichen Fundamentalismus (den es natürlich auch gibt) suggeriert - eine Vermittlungsleistung in beiden Richtungen. Habermas aber hält ihr vor, daß sie in einer schriftlichen Stellungnahme zum Fall Rushdie das Wort „Redefreiheit“ in distanzierende Anführungszeichen gesetzt hat: welch ein Sakrileg! Man habe sich, schrieb Annemarie Schimmel 1995 im Vorwort zur Neuauflage ihres Buches „Und Muhammad ist sein Prophet“, im Falle Rushdies vor der Auseinandersetzung mit den Gründen der islamischen Empörung gedrückt und sich „in eine Verteidigung der ‚Redefreiheit‘ geflüchtet“. Die Anführungszeichen stehen hier zu Recht. Redefreiheit ist das Recht auf uneingeschränkte Kommunikation; sie erlaubt mir zu sagen, was ich will, aber sie entbindet mich nicht von der Verantwortung für die Folgen meiner Äußerung und von der Pflicht, mich dem daraus erwachsenden Konflikt zu stellen. Wenn das, was ich zu sagen habe, die Gefühle anderer Menschen verletzt, muß das, wenn es um Wichtiges geht, kein Grund sein, die Äußerung zu unterdrücken; es kann und darf mir aber nicht gleichgültig sein, daß ich andere Menschen verletze. Übergehe ich den Konflikt, indem ich mich ohne Güterabwägung allein auf das Recht zur freien Meinung berufe, so handle ich unbewußt und darum nicht wirklich frei; ich nehme die Redefreiheit nicht als Chance zur offenen Kommunikation, sondern als pures formalistisches Privileg in Anspruch: Redefreiheit als Alibi, darum Redefreiheit in Anführungszeichen. Wer das nicht versteht, ist unfähig zum interkulturellen Dialog.

Am Schluß seiner Polemik (in der „Süddeutschen Zeitung") hält Habermas Frau Schimmel vor, daß sie „gegenüber der Public-Relations-Abteilung der iranischen Botschaft offenbar keine Berührungsängste" habe, und knüpft daran als finale Pointe die Frage: „Muß sie dafür mit dem Friedenspreis ausgezeichnet werden?" Natürlich weiß Habermas, daß Annemarie Schimmel nicht „dafür" ausgezeichnet wird. Und natürlich „muß" niemand irgendeinen Preis erhalten. Annemarie Schimmel „muß" nicht mit dem Friedenspreis ausgezeichnet werden, aber sie ist des Preises würdig; sie hat ihn verdient. Nicht trotz ihrer Äußerungen zum Fall Rushdie, sondern letztlich auch wegen der differenzierenden Ausgewogenheit ihrer Stellungnahme, die nach Osten Kommunikationsbereitschaft signalisiert, ohne unaufgebbare Positionen des aufgeklärten Westens zu verraten oder gar Menschenrechte zu relativieren. Vielleicht dauert es noch ein Weilchen, bis wir das alle begreifen.

Das Bleibende einer sterbenden Kultur

Buddhistische Kunst aus Tibet

Das Geheimnis wirkt noch immer, stark und sofort: Exotik, durchwirkt mit Esoterik. Ein fremder Sinnenreiz kündet dunkel von tiefstem Wissen. Nirgendwo sonst drang der Mensch so hoch hinauf zu den Göttern und so tief hinab in die letzten Gründe von Sein und Geist wie auf dem Dach der Welt. Das ahnen wir, seit wir in frühen Jugendtagen Alexandra David-Neel verschlungen haben. Jahrelang müßte man studieren, um sich an ein wirkliches Verständnis der Rollbilder, Kultbronzen und Zeremonialgeräte heranzutasten, die jetzt im Münchner Haus der Kunst einen Eindruck von der buddhistischen Kunst Tibets vermitteln. Die „Götter des Himalaya" - so der Ausstellungstitel - rücken uns näher als je zuvor und bleiben so fern wie immer. Doch ihre numinose Aura ist unmittelbar zu spüren; sie ergreift auch ohne genaueres Begreifen.

Die Situation ist paradox. Der museale Blick verfehlt das Wesen dieser Objekte. Für den ästhetischen Genuß sind sie nicht bestimmt, und schon die Verwendung des Begriffes „Kunst" schafft ein kaum überwindbares Mißverständnis. Sie sind sowohl Ausdruck wie Hilfsmittel einer religiösen Praxis, deren mentale Prämissen sich europäischem Bewußtsein nur schwer erschließen, und darum im Kontext einer Kunstausstellung noch entfremdeter als etwa ein gotisches Altarwerk. Denn anders als die christliche „Kunst" des Mittelalters will die buddhistische „Kunst" nicht eine gläubig nachzuvollziehende Heilsbotschaft vergegenwärtigen, sondern der Initiation und Übung dienen für die spirituelle Vertiefung, für den eigenen Weg zur verborgenen Buddha-Natur. Mögen die Kultfiguren großer Lehrergestalten mit ihrer Mischung aus stilisiertem Typus und angedeuteten Porträt-Zügen wenigstens in ihrer äußeren, quasi historischen Bedeutungsschicht noch intellektuell zu erfassen sein, so beschwört die Rekonstruktion eines Cham-Tanzes mit seinen Tiermasken und fremdartigen Musikinstrumenten unweigerlich ein folkloristisches Mißverständnis herauf, und spätestens bei den hammerförmigen Instrumenten zur Bändigung des falschen Ich-Bewußtseins, schön verziert mit einem Hundekopf, muß der Verständniswille vorerst kapitulieren. Und wie sollen wir, auch wenn wir C. G. Jung gelesen haben, von den Mandala-Bildern mehr mitbekommen als ihre symmetrische Geordnetheit um ein innerstes Zentrum, ihre kraftvolle Farbigkeit und den dekorativen Schwung ihrer Einzelformen? Wie etwa verstehen, daß das tiefe Schwarz auf einigen dieser Bilder zur Versenkung in die Leerheit aller Erscheinungen einlädt?

Widerstand des Geistes

Das ist die eine Seite der Paradoxie, doch sie hat noch eine andere. Traditionell war Tibet ein verschlossenes Land, in das nur wenige Reisende sich entdeckerkühn verirrten. Heute reisen viele Tausende nach Tibet, aber von tibetischer Kultur sehen sie kaum noch etwas. Nicht nur für den Dalai-Lama, auch für die tibetische Kultur wurde das Exil zur Rettung, nachdem Rotchina 1950/51 das Land besetzte und den Umsturz der überkommenen Feudalstruktur - dies nach außen und innen die ideologische Rechtfertigung der Expansion - mit dem erbitterten Ausrottungskampf gegen ihre religiösen Wurzeln absicherte. Tausende von Klöstern und Tempeln wurden mehr oder weniger vollständig zerstört, die Kunstschätze geplündert und verschleudert, zum Teil auch von Flüchtlingen ins Ausland gerettet. Der Kunstmarkt profitierte davon; die Tragik Tibets wurde zum Glück der Sammler. So auch für Gerd Wolfgang Essen, dessen in 20 Jahren aufgebaute Sammlung im Winter 1989/90 in Köln zum ersten Mal öffentlich gezeigt worden war und nun dank der Initiative des Völkerkundemuseums und einer Finanzhilfe der Dresdner Bank doch noch nach München gelangt ist, nachdem erste Pläne zunächst an der Finanzkrise der Ausstellungsleitung Haus der Kunst gescheitert waren. Und es ist wiederum ein Glücksfall, daß ein um tieferes Verständnis der geistig-religiösen Hintergründe bemühter Sammler - Essen ist von Haus aus Theologe - zugegriffen hat und damit vieles der spekulierenden Raffgier entzog und vor der Zerstreuung rettete. Daß dies ein Dienst an der Bewahrung der tibetischen Kultur gewesen ist, hat nicht nur der Dalai Lama in einem Grußwort hervorgehoben; auch die enorme wissenschaftliche Sorgfalt, die auf den zweibändigem Katalog verwendet wurde, spricht dafür.

Das esoterisch überhöhte Exotische gewinnt so etwas doppelt Anrührendes. Hinter der kunsthandwerklichen Vollendung ahnen wir den geistigen Erfahrungsschatz von zwölf Jahrhunderten buddhistischer Übung (einer doppelt so langen Spanne, wenn wir das indische Erbe hinzurechnen, aus dem Tibet den Buddhismus empfing) und darüber hinaus einer noch weit älteren schamanistischen Spiritualität; von der tieferen Bedeutung der Kultobjekte, der Dämonen- und Boddhisatvafiguren und ihrer durch Tradition festgelegten Haltungen und Gesten der Ekstase oder der Kontemplation können wir uns allenfalls einen ungefähren Begriff machen, aber wir wissen, daß es Zeugnisse einer hochstehenden Kultur sind, die akut von der endgültigen Ausrottung bedroht ist. Wir stehen vor ihnen wie vor den letzten Exemplaren einer aussterbenden Vogelart, die bald nur noch in zoologischen Schausammlungen ein Erinnerungsdasein fristen, in der freien Natur aber verschwunden sein wird. Was sonst meist ein allmählicher Prozeß des Verblassens und Versandens traditioneller Kulturwerte unter dem Ansturm der schnellebigen Moderne ist, hat Tibet als brutale Gewalt von außen erreicht. Das Vernichtungswerk der Okkupanten war konsequent und umfassend; es richtete sich zugleich gegen die geistige Substanz und die physische Existenz, gegen die ethnische wie die kulturelle Identität.

In der Propagandaschrift der Volksrepublik China, die man am reich bestückten Büchertisch vor dem Eingang zur Ausstellung erwerben kann („Tibet wandelt sich", erschienen im Verlag für fremdsprachige Literatur in Peking), nimmt sich das natürlich völlig anders aus. Da ist von der „demokratischen Reform in einem Land der Sklavenhalter" die Rede und von „Ereignissen, die im Ausland mißverstanden wurden". Solche Ereignisse, „die im Ausland mißverstanden wurden", sind Massaker gegen eine wehrlose Bevölkerung (die Zahl der Opfer wird auf mehr als eine Million geschätzt), Willkürurteile, Folterungen, Massenumsiedlungen, Unterbindung des religiösen Lebens, Zwangssterilisierungen und Zwangsabtreibungen dörferweise, vielhundertfacher Säuglingsmord - die Negativbilanz einer zielstrebigen Sinisierung, die ihre Ergänzung in der forcierten Neuansiedlung von Chinesen fand und die Tibeter zur Minderheit im eigenen Land machte. Zu dieser Sinisierung gehörte auch die flächendeckende Zerstörung der Klöster als der geistigen Zentren Tibets mitsamt ihren unermeßlichen Kunstschätzen.

Der geistige Widerstand der Tibeter - ein Widerstand, der sich an die Gewaltverzichtmaxime Gandhis und des Dalai Lama hält

- ist noch immer ungebrochen, obwohl Tausende von Mönchen und Intellektuellen ermordet wurden oder aus dem Land geflohen sind. Aber selbst wenn China sich bereit fände, einzulenken und die kulturelle Autonomie Tibets zu respektieren - worauf vorerst nichts hindeutet -, könnte Tibet nie wieder sein, was es einmal war. Zu gewaltsam war der Einschnitt, zu massiv der Substanzverlust. Zumal das Zerstörungswerk über die Kultur hinaus durch administrative Eingriffe in den traditionellen Landbau und vor allem durch großflächige Abholzungen auch die natürliche Lebensgrundlage erfaßte: zum Genozid kommt die drohende ökologische Katastrophe hinzu. Das Beste, was man hoffen kann, ist, daß ein Überdauern der geistigen Wurzeln eine Regeneration in verwandelter Gestalt ermöglicht.

Was wir im Haus der Kunst sehen, ist Vergangenheit in seiner Erscheinungsform, aber Gegenwart in seinem geistigen Kern. In dieser Doppelheit zeugt es von der Geschichtlichkeit und damit Vergänglichkeit menschlicher Kultur und von ihrer Würde im Vergehen. Es mahnt zur Achtung vor der Vielfalt regionaler Kulturen und zur ehrfürchtigen Bewahrung ihrer materiellen Zeugnisse. Es erinnert zugleich daran, daß das Eigentliche jenseits der wechselnden Erscheinungsformen liegt. Tibets traditionelle Kultur hat ihre Zuflucht in der wissenschaftlichen Dokumentation und musealen Präsentation gefunden. Der Geist, aus dem diese Kultur erwuchs, führt einen zähen Überlebenskampf, und vieles spricht dafür, daß er am Leben bleiben wird.

Gerade buddhistischem Denken, das alles Erscheinende als Trug erkennt, ist dieser Doppelaspekt geläufig und das ehrfürchtige Loslassen als ständige Übung vertraut. Die Masken für die Cham-Tänze etwa, die nur bei bestimmten rituellen Anlässen Verwendung finden, genießen auch außerhalb dieser Zeremonien höchste Verehrung, und doch sind sie nicht das Eigentliche, sondern nur dessen wandelbare Erscheinung, denn alles ist im Fluß. Das Mandala wird nicht nur auf prachtvollen Rollbildern gleichsam für die Ewigkeit festgehalten, sondern kann für bestimmte Zeremonien auch äußerst kunstvoll in den Sand gezeichnet und hernach wieder verwischt werden. Und die Lehre ist nicht die verbindliche Fixierung einer ein für allemal gültigen Wahrheit, die gläubig zu übernehmen ist, sondern methodische Anleitung zur eigenen Erfahrung der Wahrheit und gelangt in dieser Erfahrung erst zu ihrem Sinn. (Wieweit buddhistische

Künstler, die als Individualitäten kaum je faßbar sind und auch keine Rolle spielen, in den durch Tradition festgelegten Formenkanon eigene visionäre Erfahrung einbringen, ist noch kaum erforscht.)

Den Schriften des Dalai Lama fehlt jeder restaurative Zug. Dieser moderne Intellektuelle im Traditionsgewand des tibetischen Mönchs, der so wenig vom würdevollen Gehabe eines geistlichen Oberhauptes an sich hat und auch in seiner Autobiographie mit entwaffnender Schlichtheit jede Selbststilisierung meidet, hat die Wandlung als Voraussetzung der Dauer erkannt - ein Grundprinzip buddhistischen Denkens. Freiheit für Tibet bedeutet für ihn weder Nationalstaatlichkeit noch Rückkehr zu alten Strukturen - deren Verkrustungen ihm, der blutjung die Ohnmacht gegenüber den Invasoren erlebte, früh bewußt wurden -, sondern Selbstbestimmung auf dem Weg in eine Zukunft, die das Erbe verwandeln muß, um es zu bewahren. Eben darum kann er das Leiden seines Volkes ohne Haß und selbstgerechte Anklage als möglicherweise heilsame Lehre verstehen: der Feind kommt nie von außen, sondern immer von innen, und das Unglück, das er bringt, fordert nicht Rache, sondern Selbstbesinnung, Wandlung, Läuterung, innere Weiterentwicklung.

So sieht es der gereifte Buddhist, der in den Schmerzen des Untergangs nach dem Unvergänglichen fragt, und dunkel mögen wir uns erinnern, daß Jesus etwas Ähnliches gesagt hat, das wir selten ernst nehmen. Darin mag für uns konsumverwöhnte Westeuropäer, die wir fleißig Denkmalpflege betreiben und im imaginären Museum der Kunst aller Zeiten spazierengehen, aber kaum mehr lebendige geistige Werte haben, die uns wirklich nähren - darum der Esoterik-Boom, darum die krampfhafte Andacht vor den Privatmythologien überschätzter Künstler, die sich als Schamanen aufführen - eine noch wichtigere Botschaft liegen als in den goldschimmernden Bronzefiguren und den farbglühenden Mandalabildern, so sehr diese auch unseren achtsamen Respekt und - im eigenen Interesse - unser Bemühen um Verstehen verdienen.

Schöpfungsordnung in der Steinzeit

Die Kunst des alten Australien

Nicht nur räumlich, sondern auch zeitlich in große Fernen führt die Ausstellung „Die Kunst des alten Australien", die noch bis zum 16. April im Münchner Völkerkundemuseum zu sehen ist. Vielleicht sogar eher zeitlich als räumlich, obwohl diese Fels- und Rindenbilder (in sorgfältigen Kopien), dazu etliche Kult- und Gebrauchsobjekte relativ jungen Datums sind und das Land, aus dem sie kommen, am anderen Ende der Welt liegt. Bis nahe an die Schwelle unserer Gegenwart heran nämlich hat sich unter den Ureinwohnern Australiens, den „Aborigines", eine mehrere Jahrzehntausende alte steinzeitliche Kultur erhalten, wie sie in unseren Breiten bestanden haben mag, als die Höhlen von Altamira oder Lascaux bemalt wurden. Die undurchdringliche Fremdheit, die von diesen Objekten ausgeht (sie als „Kunst" zu bezeichnen, ist ein Notbehelf), ist gleichsam die Fremdheit unserer eigenen Ursprünge, und schon darum lohnt es, sich ein wenig auf sie einzulassen - nicht zuletzt, um vorurteilsbehaftete Begriffe von „Primitivität" oder „Entwickeltheit" etwas in Bewegung zu bringen.

Jene ersten Siedler - überwiegend Sträflinge -, die im Januar 1788 nach fast achtmonatiger Schiffsreise in der Bucht des heutigen Sydney an Land gingen, trafen auf dunkelhäutige Wesen, die ihnen wie halbe Tiere vorkamen. Daß die parkartige Landschaft des erst wenige Jahre zuvor von James Cook entdeckten fünften Kontinents eine Kulturleistung dieser halb belächelten, halb verachteten, bald aber auch grausam verfolgten „Untermenschen" war und über Jahrtausende hinweg ein Gleichgewicht von Mensch und Natur ermöglicht hatte, das von einem hochgradigen ökologischen Instinkt zeugt, konnten die Neuankömmlinge so wenig begreifen, wie ihnen das hochdifferenzierte Rechtssystem der Ureinwohner verständlich war. Kamen diese „Wilden" doch ohne politische Hierarchien und feste Herrschaftsstrukturen aus und gründeten ihre Vorstellungen von Besitzrechten nicht auf Macht- und Ausbeutungstitel, sondern auf eine geistige Verbundenheit von Mensch und Territorium. Die Ordnung aber, die sie gleichwohl durchaus nicht nur stammesintern, sondern kontinentumgreifend zwischen etlichen hundert Stämmen errichteten und mit ausgefeilten Riten absicherten, war zu feingewirkt, um der plumpen Macht-Optik eines ans „Recht" des Eroberers gewöhnten Europäers aufzufallen. Also auch, um die für wirksame Gegenwehr erforderliche Brutalität zu entwickeln.

Zerstörung war also unausweichlich; sie setzte sofort ein und war schon weit gediehen, als aus den ersten tausend ein paar hunderttausend weiße Siedler geworden waren. Ihre Mittel waren die direkte und indirekte Vertreibung, der direkte und indirekte Mord. Was Gewehrkugeln und manchmal auch Gift nicht erledigten, das besorgten die rabiate Dezimierung der Wildbestände, die großflächigen Rodungen für immer ausgedehntere Weideflächen und die bald riesigen Schaf- und Rinderherden, die den Boden verarmen ließen und die kostbaren Wasserstellen unbrauchbar machten, schließlich aber auch die aus Europa neu eingeschleppten Krankheiten und der Alkohol, der für ein kulturell entwurzeltes, im eigenen Land heimatvertriebenes und sozial zum Subproletariat erniedrigtes Volk zur letzten Zuflucht wurde.

Physisch haben viele trotz allem überlebt: Anfang der achtziger Jahre zählte man noch oder wieder 160 000 Ureinwohner (ihre Zahl zur Zeit der ersten Landnahme durch die Engländer wird auf eine halbe Million geschätzt). Das kulturelle Überleben aber ist auch nach den materiellen und rechtlichen Integrationsbemühungen der letzten Jahrzehnte (seit 1967 Wahlrecht, seit 1984 sogar ohne den Vorbehalt formeller Eintragung in das Wählerregister) reichlich ungewiß. Assimilation ist schwer zu erreichen und bedeutet den Verlust der Identität; der traditionellen Lebensform aber ist durch die Beschränkung auf begrenzte Reservate, tiefgreifende ökologische Veränderungen und die bereits eingetretene Ausdünnung der Überlieferung weitgehend der Boden entzogen.

Die Zerstörung geschah nicht unbemerkt und unwidersprochen. Sogar Immanuel Kant, der sein Königsberg nie verließ, aber wach registrierte, was in der Welt vorging, hat die Vertreibung der Aborigines aus ihrem Lebensraum schon 1797 in seiner „Metaphysik der Sitten" als „verwerflich" gegeißelt, ihre scheinjuristischen und scheinmoralischen Legitimationen schonungslos entlarvt. Gefruchtet hat das so wenig wie andere Proteste. Und leider schritt die Zerstörung der Kultur der Aborigines rascher voran als ihre zögernd einsetzende Erforschung. Andreas Lommel, der frühere Direktor des Völkerkundemuseums, aus dessen wissenschaftlicher Ausbeute die jetzt gezeigten Objekte überwiegend stammen (seine Frau Katharina Lommel hat die Kopien der Felsbilder in minutiöser Kleinarbeit gefertigt), erzählt, daß überlebende Informanten, die ihm 1938 noch ausführlich von Bräuchen und mythischen Vorstellungen berichtet hatten, 17 Jahre später vieles schon vergessen oder verdrängt hatten.

Wie hoch etwa das Rechtsbewußtsein dieser Kultur entwickelt war, hat jener Richter vom Obersten Gerichtshof des Northern Territory bestätigt, der 1971 über eine Klage mehrerer Clans der Yirrkala in Arnhem-Land gegen die Bauxitgesellschaft Nabalco zu entscheiden hatte: Er bescheinigte den sozialen Regeln der Kläger „ein verfeinertes und ausgearbeitetes System, das in hohem Grade dem Land angepaßt war, in dem die Leute ihr Leben verbringen, das für eine stabile Ordnung der Gesellschaft sorgte und das in einem beachtlichen Maße frei war von den Zufälligkeiten persönlicher Launen und Einflüsse. Wenn je ein System eine Regierung durch Gesetze und nicht durch Menschen genannt werden konnte, dann ist es jenes, das mir die vorliegenden Zeugnisse zeigen." Das hat zwar damals nicht gereicht, den Klägern ihr Eigentumsrecht zu sichern und ihr Land vor weiterem Bauxitabbau zu schützen, hat aber immerhin einen Prozeß des Umdenkens in Gang gebracht, der zu Änderungen des Bodenrechts und einer Diskussion über die Aufnahme von Rechtsvorstellungen der Aborigines in das australische Rechtssystem führte.

Ökologische Verantwortung

Kern dieses Rechtsbewußtseins war der Clan als landbesitzende soziale Einheit, die ihre innere Verbundenheit wie auch die Bindung an das Land, das ihr gehört, von gemeinsamen mythischen Vorfahren herleitet, in denen sich die Schöpfungsordnung verkörpert. Diese Schöpfungsordnung, die in ausgedehnten Ritualen immer wieder bekräftigt und erneuert werden mußte, also in die Verantwortung der Menschen gelegt war, die ihr vertrauten und gehorchten und ihren Bestand zu sichern hatten, bedeutete aber keine ausschließliche Fixierung an ein bestimmtes Territorium und keine strenge Abgrenzung gegen andere Clans. Vielmehr gab es mit den Clans der näheren und auch weiteren

Umgebung, bedingt nicht zuletzt durch ein ausgeklügeltes Verwandtschaftssystem mit strengen Exogamievorschriften und sehr genauen Regeln für die Ausgewogenheit des Gebens und Nehmens, eine hochentwickelte Kooperation, die in einem klimatisch wie ökologisch so vielgestaltigen Kontinent, wo für nomadisierende oder halbnomadisierende Wildbeuter keineswegs überall zu jeder Jahreszeit eine ausreichende Nahrungsgrundlage zu finden war, eine optimale, den natürlichen Gegebenheiten hervorragend angepaßte Landnutzung ermöglichte und kriegerische Auseinandersetzungen weitgehend überflüssig machte.

Auch in den religiösen Vorstellungen und den rituellen Praktiken gab es clanübergreifende Verbindungen, die ein weiträumiges Gleichgewicht sicherten; starb ein Clan aus, so übernahm ein anderer seinen speziellen Anteil an der Verantwortung für die Aufrechterhaltung der Schöpfungsordnung. Die Wirtschaftsweise aber war nie ausbeuterisch, sondern stets auf Regeneration der Ressourcen bedacht. Von jeder Yamswurzel blieb ein Stück im Boden, und noch bei den Bränden, die für Treibjagden entfacht wurden, wurde so sorgfältig darauf geachtet, nur das am Boden liegende Laub und Gras und nicht die Bäume zu verbrennen, daß man sich der Methode der Aborigines inzwischen sogar in den Nationalparks zur Landschaftspflege bedient. Erst als die von den Europäern eingeführte Weidewirtschaft das in Jahrtausenden stabil gebliebene ökologische Gleichgewicht zerstört hatte, kam es zu verheerenden Buschbränden.

Erst vor diesem Hintergrund werden auch die Felsbilder verständlich. Es wäre völlig abwegig, sie nach den Kriterien europäischer Kunsttradition ästhetisch zu werten. Sie sind das Ergebnis eines rituellen Aktes, bei dem der Akt wichtiger war als das Ergebnis; sie symbolisieren und beschwören die Kräfte, die in der magischen „Traumzeit" die Schöpfung hervorbrachten, und sorgen dafür, daß dieser Schöpfungsakt sich immer wieder erneuert und das Leben weiterbesteht; sie müssen darum immer wieder rituell aufgefrischt werden. Das führt heute manchmal zu seltsamen Konflikten: Ethnologen und andere Kulturhüter sehen in den vorhandenen Bildern kostbare, unantastbare Zeugnisse der Vergangenheit und meinen, sie schützen zu müssen vor dem Drang traditionsbewußter Aborigines, ihre Pflicht zur Beschwörung der Lebenskräfte durch Übermalen zu erfüllen. Man kann die Ethnologen verstehen: Statt zu Ocker, Kalk und Holzkohle (manchmal sogar dem eigenen Blut) wird heute gern zur Spritzpistole gegriffen, und auch die Authentizität des noch vorhandenen mythischen Wissens mag oft zweifelhaft sein. Dennoch: Auch dieser Konflikt zeigt, wie schwierig und widerspruchsvoll der Versuch ist, eine von der modernen Zivilisation überrollte alte Kultur am Leben zu erhalten.

Zu den grundlegenden Riten, die mit der Felsmalerei eng verbunden waren, gehörten die sogenannten Vermehrungsriten. Oberflächlich betrachtet könnte man sie als Fruchtbarkeitsriten bezeichnen, denn ihr Zweck war, daß alles reichlich vorhanden sein sollte. Doch der Ton liegt auf alles, die Vermehrung war nicht selektiv gedacht, sondern bezog ausdrücklich auch die für den Menschen weniger erfreulichen Lebenserscheinungen wie etwa Hornissen oder Giftschlangen mit ein. Es handelte sich also nicht um den Versuch, die Schöpfungsordnung zugunsten des Menschen zu verändern, sie mit magischen Praktiken zu manipulieren, sondern schlicht um den Vollzug dieser Ordnung, die dem Menschen vorgegeben war, in die er sich eingebunden wußte und für deren Fortbestand er sich verantwortlich fühlte. Vielleicht war es dieses zugleich ehrfürchtige und aktive Akzeptieren der Schöpfung als gegeben und anvertraut - eine intuitive Vorform ökologischen Bewußtseins - , die in Australien über Jahrtausende hinweg ein vollendetes Gleichgewicht von Mensch und Natur möglich gemacht hat, wie es in solcher Dauerhaftigkeit an keiner anderen Stelle der Erde bekannt ist.

Die materielle Kultur blieb bescheiden; Besitz wäre bei einer so beweglichen Lebensweise unnötig und eher hinderlich gewesen. Die Nahrungsbeschaffung war meist unproblematisch und erforderte nur wenige Stunden des Tages; weitaus mehr Zeit verbrachte der Uraustralier mit den Riten und Festen, die sowohl der spirituellen Verankerung seiner Existenz wie der Festigung der sozialen Verbindungen dienten - also mit dem, was man in einem weitgefaßten Sinne als geistiges Leben bezeichnen kann, wobei sowohl die religiösen wie die sozialen Vorstellungen einen hohen Grad an Abstraktionsvermögen und konstruktiver Phantasie erkennen lassen. Daß es auch an technischem Verstand nicht gefehlt hätte (die Prioritäten waren eben andere), beweist die ebenso simple wie klug erdachte uralte Schleudervorrichtung, mit der beim Speerwerfen die Hebelwirkung des Armes verstärkt wurde. Erst recht natürlich der als Sportgerät europäisierte Bumerang, dessen Kreiselbewegung die Ethnologen des 19. Jahrhunderts in fassungsloses Staunen versetzte, weil die aerodynamischen Gesetze, die er so genial ausnutzt, erst um die Wende zum 20. Jahrhundert wissenschaftlich erforscht wurden. Mehr aber noch als die Erfindung des Bumerangs dürfte die ökologische Verantwortung der Aborigines als eine der großen Kulturleistungen der Menschheit bleibender Hochachtung wert sein.

Sitzend zwischen Himmel und Erde

Anmerkungen zu einer Ausstellung afrikanischer Sitze

„Ich lieg und besitz", dröhnt Fafners Baß in Richard Wagners „Ring des Nibelungen", und wie abgründig ungesichert dieses Liegen ist, macht Wagner mit dem abwärtsgerichteten Tritonus-Sprung der Singstimme hörbar. Im Liegen besitzt es sich schlecht; wer besitzen will, muß sitzen, aber sitzen kann der Riese nicht mehr, seit er sich zum Drachen gemacht hat, um den mit Brudermord erkauften Besitz zu hüten. „Ich sitz und besitz" wäre die Formel, die besser „sitzt", denn unmißverständlich macht schon die Wortbildung uns klar, daß „sitzen" und „besitzen" ursprünglich miteinander zu tun haben. Und das ist nicht nur im Deutschen so; in gleicher Weise hängt schon im Lateinischen „possedere" (besitzen) mit „sedere" (sitzen) zusammen, und fast alle europäischen Sprachen haben dieses Muster übernommen; möglicherweise ist das deutsche Wort „besitzen" als Lehnübersetzung dem Lateinischen nachgebildet.

Spät erst, seit dem 16. Jahrhundert, ist das Wort „besitzen" belegt, und zunächst wird es nur für Grund und Boden verwendet, für das also, was den Indianern Nordamerikas als das Unbesitzbare schlechthin galt, für Europa aber zum Urmodell des gewinnträchtigen Besitzes wurde. Man sitzt auf einem Stück Land und hat es damit in Besitz; man übt damit Herrschaft aus in mehr oder minder begrenztem Umkreis, verfügt über Macht und Würden. Nicht nur zu seiner Bequemlichkeit sitzt der Mensch; das Sitzen ist aufgeladen mit symbolischen Vorstellungen von

Dignität und Einfluß, von Bedeutsamkeit und Prestige. Streng war früher geregelt, wer in wessen Gegenwart sitzen durfte oder nicht, und man „saß“ zu Gericht; auch heute noch werden die wichtigen Dinge in „Sitzungen“ geregelt, und wer dabei den „Vorsitz“ führt, hat das meiste Gewicht; Firmen oder Banken haben ihren „Sitz“ in dieser oder jener Stadt; wer es zu einem bedeutsamen Posten bringt, kommt „zu Stuhle“, und ein Minister klebt an seinem „Sessel“; wenn uns aber etwas erschreckt oder über die Maßen verwundert, dann haut es uns „ vom Stuhl“, und was wir leidenschaftlich begehren, darauf sind wir „versessen“, davon können wir sogar „besessen“ sein. Und wer sich nicht widerspruchslos der Ordnung fügt, die nicht zuletzt eine der Besitzstandsregelungen ist, der ist „aufsässig“ oder „widersetzlich“.

Tiere kauern oder hocken; nur der Mensch kann sitzen. Und nur der Mensch besitzt; nicht immer schlägt es ihm zum Glück aus, aber er muß besitzen, seit er nicht mehr als schweifender Jäger und Sammler von den Zufallsgeschenken der Natur lebt, sondern „seßhaft“ wurde, um selbst die Daseinsvorsorge in die Hand zu nehmen; seitdem muß er Vorratswirtschaft betreiben, also Besitz anhäufen, zunächst nur in Form der „Produkte“, dann auch in Form der „Produktionsmittel“, deren elementarstes die Erde selber ist. Und damit war jene Dialektik in Gang gesetzt, die dazu führen kann, daß der Besitzende von seinem Besitz besessen wird, und daß in einer Gesellschaftsordnung, die auf dem Besitzen gründet, der „Sinn des Habens“, wie der junge Karl Marx es ausgedrückt hat, so sehr zum Sinn aller Sinne wird, daß die Habenden wie die Nicht-Habenden sich selbst und ihren Mitmenschen und damit ihrer Menschlichkeit „entfremdet“ werden.

Dem buddhistischen oder hinduistischen Guru, der sich zum Meditieren niedersetzt, genügen als Sitzfläche die eigenen Schenkel; er sitzt symbolisch auf der Lotosblume als Sinnbild der kosmischen Harmonie, und die in sich ruhend aufgerichtete Wirbelsäule wird ihm zur Weltachse, die den Himmel mit der Erde verbindet. Eine Scheibe unten als Symbol der Erde, eine Scheibe darüber als Symbol des Himmels und dazwischen ein verbindender Schaft als Weltachse - das ist die einfachste Form des repräsentativen Hockers aus Schwarzafrika, wie ihn die Ausstellung „Afrikanische Sitze“ vorführt, die jetzt als Übernahme aus dem Vitra Design Museum in Weil am Rhein bis 23. April im Münchner Museum Villa Stuck zu sehen ist. Und es ist klar, daß auf Sitzmöbeln mit so weitreichender Symbolbedeutung nicht jedermann sitzen darf; sie waren Würdenträgern wie Königen oder Priestern vorbehalten. Und erst recht galt dies, wenn die Sitzfläche nicht von einem mehr oder minder ornamentierten Schaft getragen wurde, sondern von menschlichen Figuren. Man spricht in diesem Fall von „Karyatidenhockern“, und die Ausstellung bietet ein stattliches Panorama besonders schöner Stücke, die durch ihre Ausdrucksstärke ebenso beeindrucken wie durch den formalen Erfindungsreichtum und die skulpturale Kraft.

Der Blick in den Spiegel

Möglich, daß in den Karyatidenhockern eine Erinnerung an den Brauch fortlebt, daß Könige oder Häuptlinge sich auf am Boden kauernde Sklaven setzten, wie er durch einige historische Bildzeugnisse belegt ist. Sklavinnen sind die in aller Regel weiblichen Karyatidenfiguren der oft aus einem einzigen Holzblock geschnitzten Hocker aus vielen Teilen Afrikas allerdings nicht; Haltung und Körperschmuck weisen sie als vornehme Personen aus, Ahnenfiguren vielleicht, auf deren tragender Kraft die Würde des Herrschers beruht. Daß das Tragende als weiblich erscheint (nur ganz vereinzelt findet sich auch einmal eine männliche Karyatide), ist nicht ohne tieferen Sinn: in allen frühen Kulturen (die späteren verdrängen das ein wenig) ist das Weibliche als das Lebengebärende und Nährende mit den Elementarkräften von Erde und Natur assoziiert als das haltende und bergende Fundament, über das die freischweifende Männlichkeit sich machtstolz erhebt. Das Sitzen der in aller Regel männlichen Würdenträger auf den weiblichen Stützfiguren kann wohl auch als Inbesitznahme der weiblichen Kraft durch den Mann verstanden werden, ein Gedanke, den besonders sinnfällig jener Hocker der Dan (Elfenbeinküste) aus dem Africa Museum Tervuren suggeriert, bei dem für die tragende Frauengestalt ein Unterleib mit Beinen genügt.

Man kann die Zeugnisse afrikanischer Formphantasie als „Kunst“ im europäischen Sinn verstehen, als Ausdruck einer gestaltenschaffenden Kreativität, deren ästhetische Wirkungen losgelöst vom kulturellen Hintergrund erlebt werden können. Seit Picasso vor bald 90 Jahren die Originalität des „art nègre“ als Inspirationsquelle für seine eigene Kunst entdeckte und viele andere seinem Beispiel folgten, ist das eine geläufige Sichtweise, und es gibt keinen Grund, sie über die Figuralplastik hinaus nicht auch auf Dinge des täglichen Gebrauchs auszudehnen, soweit sie ästhetisch anspruchsvoll sind; bei den einfacheren der afrikanischen Sitze, den Alltagshockern ohne rituellen Hintergrund, tritt hier neben den formalen Erfindungsreichtum und die magische Ausdrucksgewalt ein Element des „Designs" von geradezu verwegener Schlichtheit.

Sandro Bocola, der Kurator der Ausstellung, sagt es ganz lapidar: die afrikanischen Sitzmöbel sind („mit wenigen Ausnahmen", fügt er hinzu) „Skulpturen". Und er verweist darauf, daß auch die „ästhetische Dimension" mit der kaum bewußt wahrgenommenen Festigung der „kollektiven Identität" eine „gesellschaftliche Aufgabe" erfülle. Ethnologen pflegen hier zu widersprechen: man verfälsche das Wesen der Objekte, wenn man sie aus ihrem kulturellen Funktionszusammenhang herausreiße und sie als „autonome" Kunstwerke präsentiere, fröne mit ihrer Vereinnahmung als „Kunst" gar einer subtilen Form des geistigen Kolonialismus.

Vermutlich sind beide Sichtweisen in ihrer Einseitigkeit so falsch wie richtig; sie können sich nur schwer ergänzen, aber sie können einander relativieren; jede ist der blinde Fleck der anderen. Es gibt aber noch eine dritte Ebene: jede Begegnung mit fremden Kulturen kann auch zum Blick in den Spiegel werden, der uns das Unerkannte und Dunkle an uns selber zeigt. Der wissenschaftliche Blick, der Begründungszusammenhänge aufhellen will, macht das Fremde zum bloßen Gegenstand objektivierender Erkenntnis und rückt es distanzierend in die Ferne; der ästhetische Blick verleibt es sich kurzschlüssig ein. Sehen wir aber im Fremden abgewandelte Spielformen jenes unergründlich vielgestaltigen Menschlichen, das wir selber sind, kann der Blick zugleich bescheidener und beherzter sein: wir können das ästhetisch Packende genießen, ohne zu vergessen, daß es aus uns verborgenen Wurzeln kommt, und wir können etwas vom kulturellen Hintergrund zu verstehen versuchen, ohne der Illusion zu erliegen, des Fremden damit begrifflich habhaft zu werden, weil das eigentliche Interesse darauf gerichtet ist, genauer zu erkennen. was wir selber als Menschen sind.

Dann können wir uns etwa bewußt werden. daß ja auch in unserer eigenen Kultur seit Jahrtausenden das Männliche auf dem Weiblichen sitzt und es in Besitz hält, und zwar so gründlich, daß „Gleichberechtigung" weitgehend zu dem Recht geworden ist, im Frauenkörper ein Männerleben zu führen. Wir können darüber nachdenken, wie unsere kulturell geprägten Denkgewohnheiten von verschwiegenen Verknüpfungsmustern des Sitzens und Besitzens durchwebt sind, und sind dann vielleicht gar nicht mehr so verwundert darüber, daß bei den meisten Ethnien Schwarzafrikas der Hocker, auch der ganz einfache für den schlichten Alltag, allerpersönlichster Besitz ist, den man nie und nimmer einem Fremden anbietet, nicht einmal einem anderen Familienmitglied überläßt, sondern zur Wand kippt, wenn man nicht selber darauf sitzt, damit kein anderer, auch kein ungebetener Geist, darauf Platz nimmt.

Warum man überhaupt ein Sitzmöbel braucht, ist zumindest beim Häuptling klar: er darf die Erde nicht berühren; nimmt man ihm die Sandalen weg, ist er abgesetzt (und auch im „Absetzen" klingt der Sitz noch nach). Aber auch die ganz einfachen Hocker: sie sind so niedrig und so winzig in der Sitzfläche, daß wohl auch sie mehr dem Abheben von der Erde als der Bequemlichkeit dienen. Die „Emanzipation von der Natur", der große Ehrgeiztraum der europäischen Aufklärung, der zur Gentechnik und zur „Künstlichen Intelligenz" geführt hat, beginnt mit dem Sitzen. Und aus dem Sitzen entspringt eine solche Würde, daß es bei den Aschanti in Ghana einen Hocker gab, den „goldenen Stuhl", auf den nicht einmal der König sich setzen durfte; niemand durfte auf ihm sitzen. Er galt als „Sitz" der Volksseele; vielleicht war er der Sitz des Sitzens an sich.

Einige der Sitze in der Ausstellung stehen in Zusammenhang mit Bräuchen der weiblichen Beschneidung: Stühle, mit denen die Mädchen nach der Beschneidung den „Stuhltanz" aufführen (ein Tanz in der Hocke, bei dem mit dem Stuhl rhythmisch auf den Boden geklopft wird), und Stühle, auf denen die Person sitzt, die die Beschneidung vornimmt. Die Beschneidung ist von unterschiedlicher Radikalität und dementsprechend mehr oder weniger grausam. Auch bei dieser rituellen Verstümmelung geht es um „Emanzipation von der Natur"; das Natürliche wird durch kulturell Gefordertes überformt. Und es geht um Unterwerfung und Inbesitznahme des Weiblichen durch Reduzierung der weiblichen Lustfähigkeit. Das Thema ist heikel und hat seine zwei Seiten; der Empörung westlicher Feministinnen weiß jeder kluge Ethnologe ein paar Beispiele von hochmodernen, akademisch gebildeten afrikanischen Frauen entgegenzuhalten, die in ihren Stamm zurückkehrten, um sich nachträglich beschneiden zu lassen und endlich zu ihrer wahren Identität zu finden. Das ist nicht ohne Tragik; der Preis für Geborgenheit in der Überlieferung kann sehr hoch sein. Aber auch hier gilt es, den Blick in den Spiegel nicht zu vergessen: wir reden, wenn wir uns im Für und Wider ereifern, nicht über Exotisches, sondern über uns selbst, als Menschen, die sich beschneiden lassen und andere beschneiden.

Und dann nimmt uns doch wieder einfach die Schönheit dieser Dinge gefangen: wie sinnreich ein einfaches Grundmuster unerschöpflich abgewandelt wird, wie herb und wild die Formen sich ballen und fügen, wie energiegeladen die Tier- und Menschenleiber sich winden und recken, wie beschwörend sich Hände heben, wie bannend Augen aus streng abstrahierten Gesichtern blicken. „Der Mensch ist ein Abgrund“, heißt es bei Büchner. Aber er kann sitzen, aufrecht sogar.

Wörter-Schorf auf verschämten Wunden

Kindheit im Krieg, gespiegelt in Schulaufsätzen

Was haben wir begriffen, die wir damals Kinder waren, als Deutschland den Weltuntergang probte? Lauernde Angst umkroch uns, wenn die Erwachsenen vom drohenden Krieg flüsterten. Eines Tages war er dann da, der Krieg; die Sonne schien, und alles war eigentlich wie immer. Aber dann kamen die Bomben. Nacht um Nacht wankte der Keller, und mein Vater gab es bald wieder auf, die Daten der Luftangriffe auf die weiße Kalkwand zu notieren, wo die krakeligen Bleistiftzahlen bereits lange Kolonnen bildeten. „Adol Fitla" hatte zu meinen ersten Schreibversuchen vor dem Schuleintritt gehört; an meinem fünften Geburtstag waren die Häuser beflaggt gewesen, und ich hatte keine Ahnung, daß das nicht meinetwegen geschah, sondern weil Hitler in Österreich einmarschiert war. Dumpfes Geraune von „KZs", in denen mißliebige Menschen verschwanden, verbreitete einen vagen Schrecken, und das verstohlen aufgeschnappte Schimpfwort „Nazischwein" barg unergründliche Rätsel. Mit fassungslosem Entsetzen aber vernahmen wir später, daß ein Einarmiger mit Aktentasche „unseren Führer" hatte umbringen wollen. Da hörte man schon den Geschützdonner der näherrückenden Westfront, aber der Endsieg stand doch vor der Tür, für den alle Räder rollen mußten. Vor dem Feind, der mithört, warnten überall die Plakate, aber spürbar war dieser Feind, wenn wir im bebenden Luftschutzkeller uns aneinanderkrallten und dann, hervorgekrochen aus dem schützenden Verließ, durch eine Mondlandschaft aus Schutt, hochgebogenen Schienen und hängenden Drähten schritten. Und bei aller Angst immer wieder eine irre Hoffnung: daß es endlich doch auch die gehaßte Schule erwischt. In zugeschnürter Kehle blieben Fragen stecken, auf die niemand antworten wollte.

Dann rollten amerikanische Panzer durch die Stadt. Kaugummikauende Männer, in Schnürstiefeln schlendernd, wurden bestaunt mit einer Mischung aus Schauder und Ehrfurcht. Seltsamerweise taten sie uns nichts. Der gottbegnadete Führer von gestern war nun das Haupt einer Verbrecherbande, die in Lagern unsagbar blutige Scheußlichkeiten begangen hatte. Niemand erklärte uns den Wechsel. Aber der Nachbar R. hob beim Grüßen noch immer unwillkürlich den Arm. Während wir mit hohlem

Magen Schlange standen um kärgliche Essensrationen, schnappten wir auf, was viele zu wissen behaupteten: der Krieg wird weitergehen - mit den Amerikanern gegen die Russen. Und dann, beim Abendessen, die Radio-Nachricht: die ersten Atombomben waren gefallen. Zwei Städte waren in Strahlenblitz und Aschenregen verschwunden. Das Essen blieb im Hals stecken.

Niemand hat damals, als endlich in notdürftig geflickten Trümmerschulen wieder der Unterricht begann, einen Aufsatz von mir verlangt, wie ich Krieg und Kriegsende, wie ich Rausch und Untergang der Nazi-"Volksgemeinschaft" erlebt hatte. Hätte ich denn eine Sprache dafür gehabt? In Nürnberg aber gab es einen weitblickenden Oberschulrat, der beizeiten erkannte, welche zeitgeschichtliche Quellenspur sich in Kinderseelen eingegraben haben mußte und verwischt zu werden drohte, wenn man sie nicht sicherte. 1946 startete Otto Barthel eine Aufsatzaktion in seinem Aufsichtsbezirk: Schüler der Altersklassen elf bis sechzehn sollten niederschreiben, was sie in der Zeit des „Dritten Reiches" erlebt hatten. Über 7000 Aufsätze kamen so zusammen; jahrzehntelang schlummerten sie im Nürnberger Stadtarchiv. Nach dem Tod des Sammlers hat Hannes Heer sie dort wiederentdeckt, ein Dramaturg und ehemaliger Lehrer, um ein knappes Jahrzehnt jünger als die Generation der Befragten. Er hat sie gesichtet und eine Auswahl als Taschenbuch (bei Rowohlt, 9.80 DM) unter dem Titel „Als ich 9 Jahre alt war, kam der Krieg" publiziert. Prägnanz, Originalität und echte „Kindhaftigkeit" des Ausdrucks (keine Verfälschung durch Elterneinfluß) waren die formalen Kriterien der Auswahl. Inhaltlich ging es Heer darum, möglichst viel sichtbar werden zu lassen von dem, was die Kinder tatsächlich wahrgenommen haben und wie sie gefühlsmäßig darauf reagierten. Texten mit klarer politischer Aussage (von Kindern der Verfolgten, aber auch von Nazi-Sprößlingen) gab er dabei einen gewissen Vorzug, was schon deshalb gerechtfertigt scheint, weil einiges darauf hindeutet, daß die Aktion seinerzeit durch hinhaltenden Widerstand von Eltern, teilweise wohl auch Lehrern entpolitisiert wurde.

„Ein Lesebuch gegen den Krieg" nennt Heer seine Auswahl im Untertitel. Da ist der Herausgeber bereits verengender Interpret seiner weiter greifenden Fragen an das Material. Als Mahnung gegen den Krieg, den Krieg ganz allgemein und den Krieg, der heute drohen könnte, gibt es aufrüttelndere Lektüre. In diesen Aufsätzen geht es um die prägenden Erfahrungen einer Generation, die jung in eine böse Zeit geworfen wurde, ohne zu begreifen. Die stumm an diesem Unbegriffenen würgte, bis es weggewürgt war. Sie stürzte sich mit nüchterner Tatkraft in Aufbau und Karriere. Illusionen hatte sie abgetan und mit den Illusionen das Fragen. Sie arrangierte sich mit den Sachzwängen, die sie produzierte. Sie suchte Wohlstand und Sicherheit. Meine Generation - in diesen kargen Texten begegnet sie sich selbst als dem Kind, das nicht begreifen konnte, nicht begreifen durfte.

„So mechanisch ging das alles"

„Es ist besser, wenn du das nicht verstehst," bekam eines dieser Kinder von der Mutter zu hören, wenn es die fremden Begriffe in den Wehrmachtsberichten im Radio nicht entschlüsseln konnte. Einige, wenige nur, hatten Väter, die von früher erzählen konnten, als alles schöner war und freier: „Man konnte seine Meinung sagen, und niemand war dem anderen böse." Und mußten dann mit ansehen, wie ein solcher Vater von der Gestapo geholt und auf der Straße zusammengeschlagen wurde, ehe er für lange oder für immer verschwand. Andere erlebten Elternstreit um ihre Jungvolk-Mitgliedschaft, die die Mutter mit Schmeichelrede verhindern, der Vater mit Prügeldrohung erzwingen wollte. Die meisten lebten in grauer Watte. Der Blick reicht da nicht weit, nur zum Allernächsten. Keiner kriegt etwas mit von fremdem Leid, von Tod und Elend bei Nachbarn, entfernten Bekannten. Keiner - wenn wir dem Herausgeber glauben, der auch das nichtveröffentlichte Material kennt - sprach von der Deportation der Juden in die Vernichtungslager, von der Drangsalierung jüdischer Mitschüler. Nur die Todesmärsche der vor den anrückenden Alliierten noch rasch weggetriebenen KZ-Häftlinge haben einige mit angesehen, haben erlebt, wie die vor Entkräftung Zusammenbrechenden durch Genickschuß erledigt wurden. „Die ganze Stadt war von diesem Elend ergriffen", heißt es, und einer notiert auch, daß eine Frau einen liegengebliebenen „Sträfling" auf ihren Wagen lud, um ihn zuhause zu pflegen.

Paradiesisch erscheint die Vorkriegszeit. Da gab es noch Bonbons, Schlagsahne, Schokolade. Andere erinnern beglückende Naturerlebnisse: die Blütenpracht auf der Mainau, einen Sternenhimmel. Oder die imposanten Aufmärsche des Reichsparteitages. Der Krieg wird anfangs unmittelbar nur spürbar, wenn die Nachricht kommt, daß der Vater gefallen ist. „Meine Mutter geht ans Fenster und weint still vor sich hin. Ich schleiche zur Tür hinaus und lasse mich nicht mehr blicken". Doch bald erfahren die Kinder den Krieg am eigenen Leib. Am brutalsten im Bordfeuer der Tiefflieger. „Das grüne Gras war rot von Blut." Einige Aufsatzschreiber malen ihre Erlebnisschilderung der Bombennächte dramatisch aus. Ein altkluges Aufsatzdeutsch greift zu entlehnten Metaphern, Spruchweisheiten, biblischem Pathos. Der Herausgeber mag wohl recht haben mit seiner These, daß der Rückgriff auf vorgestanzte Stilformeln ein Sprechen überhaupt erst möglich machte. Erschütternder ist die Sprachlosigkeit in anderen Texten, die völlige Inkongruenz von Erlebnis und Wort als Ausdruck des verstummten Gefühls. „Zum Glück brannte unser Haus nicht. Aber dafür war ein Unglück geschehen, da meine Mutter ums Leben gekommen war", heißt es in einem der Aufsätze. Ein anderer schließt den Bericht über eine Verschüttung durch Sprengbomben mit dem knappen Aktenvermerk: „Es kamen ums Leben: meine Mutter, der Hausherr." Und manche beherrschen bereits vollendet das Verdrängungsvokabular der Erwachsenen: „Die Nerven wurden sehr angestrengt"; „es war halt eine schwere Zeit". Leben stumpfte sich ab. „Ich möchte fast meinen, diese Zeit habe ich nur geträumt", schreibt einer. „So mechanisch ging das alles."

Und das Ende des Krieges, das Erwachen aus den Trümmern? Nichts von Befreiung, von Aufbruch in eine neue, andere Zeit. Keiner hat offenbar bei den Älteren fruchtbare Auseinandersetzung mit dem Geschehenen miterlebt, die ihm Orientierung geben konnte. Werte waren zerbrochen, die Scherben wurden weggekehrt. ..Die letzte Vergangenheit hat uns mißtrauisch gemacht", schreibt einer; „Wer kann da noch an irgendetwas glauben?" fragt ein anderer. „Nie wieder Krieg!" heißt es in mehr als einem Aufsatz, aber dies ist kaum verbunden mit politischem Erwachen.

„Ein neuer Begriff ist aufgetaucht: Demokratie." Er wird skeptisch registriert, bleibt so fremd wie das Vergangene, von dem auch die Eltern ungern sprechen - was manchmal mit rührendem Verständnis vermerkt wird: sie sind ja so abgerackert, haben so Schlimmes durchgemacht. Die Erfahrung, daß niemand da ist, den man fragen kann, setzt sich fort. Die angestrengteste Denkarbeit findet man bei jenen, denen Nazi-Väter einen Rechtfertigungszwang hinterlassen haben. Da geistert noch Hitler-Bewunderung („Ein gesunder Geist wehte durch die Reihen der jungen Generation"), und die Frage „Warum ist überhaupt Krieg? Warum sterben die vielen Menschen?" erstarrt zur rhetorischen Geste. Diese Jungen tragen an Lasten, denen die Älteren sich entzogen, und kommen nicht damit zu Rande. Aber nicht nur sie haben „für Politik kein Interesse".

„Wir aber sind skeptisch, verschlossen und mißtrauisch", heißt es in einem der Aufsätze. Da ist das Etikett schon vorweggenommen, das diese Generation bald erhalten sollte: die „skeptische Generation". An diesen frühen Selbstzeugnissen lernen wir begreifen, wie sie wurde, was sie ist - betrogen um ihre Kindheit, aufgewachsen unter unbegriffener Todesdrohung in einem Klima der Lüge. Sie konnte sich auszeichnen durch sachliche Tüchtigkeit, kaum durch Sensibilität, Phantasie und geistigen Mut. Damals, als sie als Heranwachsende Aufsätze schreiben mußten, saßen ihnen die Worthülsen wie Schorf auf verschämten Wunden. Der Schorf wurde dicker. Aber man braucht nur zu kratzen.1983 hat Hannes Heer in Hamburg im Anschluß an eine szenische Lesung aus dem Aufsatzmaterial viele Interviews mit Angehörigen der betroffenen Generation geführt. Und da brach einiges auf bei Menschen, die inzwischen um oder über 50 sind. Ein spätes Erschrecken meldet sich da, sich in einen Panzer verkrochen zu haben, der Schutz bieten sollte, aber auch den Zugang versperrte zum eigenen Selbst.

Verkrustungen beginnen sich zu lockern. Der Nürnberger Oberschulrat hat also spät noch etwas bewirkt. Ähnliches mag sonst vielleicht Kindern gelingen, die hartnäckig und bohrend genug zu fragen wissen.

Mit Kies verschütten, worüber kein Gras wachsen darf?

Ein Geschichtszeugnis aus der Endphase des Zweiten Weltkriegs soll beseitigt werden

Nicht nur Gras ist über die Geschichte gewachsen. Strauchwerk und Gebüsch ist gewachsen, Bäume sind gewachsen - fast schon wieder ein Wald. Langsam, sehr langsam holt im Mühldorfer Hart die Natur sich zurück, was barbarische Widernatur ihr entrissen hat in den letzten Aufzuckungen eines mörderischen Krieges. Doch die Narben bleiben. Der gigantische Betonbogen der Bunkerhalle, in der die Nazis das Düsenstrahlflugzeug ME 262 als im letzten Augenblick die Niederlage abwendende Wunderwaffe bauen wollten, widersetzt sich dem Bewuchs, wie er 1947 den Sprengversuchen der Amerikaner getrotzt hat. Abweisend nackt spannt sich die drei Meter dicke Gewölbeschale zwischen den vielfältigen Grüntönen des Mischwaldes, stachelig bewehrt mit den herausragenden Enden schwarzrostiger Armiereisen - ein finsteres Mahnmal für einen wahnwitzigen Kraftakt, in dem kämpferischer Durchhaltewille, technisches Genie und bestialische Menschenverachtung verschränkt sind.

Mindestens viertausend KZ-Häftlinge überwiegend jüdischer Herkunft haben ihr Leben gelassen beim Bau der verbunkerten Rüstungsfabrik im Wald, die eine längst unausweichliche Katastrophe in den erträumten Endsieg verwandeln helfen sollte. Der Tod dieser Zwangsarbeiter war bewußt einkalkuliert: „Vernichtung durch Arbeit". Sie starben an Unterernährung, Krankheit und Entkräftung, den Folgen unvorstellbar grausamer Existenzbedingungen; sie starben unter den Kugeln der SS-Wachmannschaften und unter den Stockhieben sadistischer Kapos; mindestens 550 wurden, krank geworden und nicht mehr nutzbar, zurücktransportiert nach Auschwitz und dürften dort in den Gaskammern umgekommen sein.

Leichte Vertiefungen im Waldboden verweisen als einzige Spuren noch auf das Lager, in dem die Häftlinge vegetierten: zeltartige Sperrholzverschläge zunächst im Spätsommer und Herbst 1944 („Sommerlager"), die dann im Dezember durch primitive Erdhütten ersetzt wurden („Winterlager"). Sichtbarer sind die Betonwannen der einstigen Latrinen, die unter freiem

Himmel angelegt waren und übelkeiterregenden Gestank verbreiteten, und die Überreste der Bunker der Wachmannschaften.

Nur der Buckelpanzer der Betonhalle ragt aus dem bergenden Laubwerk auf. Sieben von zwölf Bogenabschnitten der 85 Meter breiten, auf 400 Meter Gesamtlänge geplanten Flugzeugfabrik waren vor Kriegsende noch fertig geworden; sechs davon konnten die Amerikaner 1947 in Trümmer legen, der siebte und letzte trotzte beharrlich dem massiven Sprengstoffeinsatz.

Etwa fünfzehn Meter hoch ragt der Bogenscheitel über einem Verhau von Betontrümmern und Kiesschotter, das nach und nach von Gesträuch überwuchert wird; mehr als dreißig Meter hätte er sich über dem tief in die Erde abgesenkten Hallenboden erheben sollen. Genial einfach, für die Häftlingsarbeiter aber mörderisch war die Konstruktionsmethode: Ein mächtiger Kieswall, aufgeschüttet auf den gerodeten Waldboden, diente als Verschalung für den Betonguß, dessen gewaltigem Druck kein Holz- oder Stahlgerüst standgehalten hätte; war der Beton abgebunden, wurde der Verschalungskies über einen vorher angelegten Entnahmetunnel abtransportiert und für den nächsten Hallenabschnitt verwendet. Eine technische Großleistung, die das Ingenieurwissen des 20. Jahrhunderts mit der primitiven Menschenkraft archaischer Zeiten koppelte; sie wurde durchgesetzt mit gnadenloser Brutalität und erkauft mit unsagbarem menschlichem Leid. Deutsche Tüchtigkeit macht schaudern mit ihrer verstörenden Zwiegesichtigkeit.

Der Raum Mühldorf, wo ohnehin seit 1937 Rüstungsbetriebe konzentriert worden waren, schien besonders geeignet für dieses Gewaltunternehmen: Dichter Waldbestand bot günstige Tarnung, Kies war überreichlich vorhanden, der niedrige Grundwasserstand von 17 bis 18 Metern ersparte mühsames Abpumpen, und die nahe Bahnlinie mit Mühldorf als Knotenpunkt erleichterte den An- und Abtransport. Nur ein Teil der Fertigung, so der Bau der Motoren, war jedoch hier geplant; die Endmontage sollte bei Landsberg am Lech stattfinden, wo ähnliche Anlagen entstanden. Um die feindliche Aufklärung zu täuschen, wurde weiter östlich eine Baustellenattrappe angelegt - ganz ähnlich, wie es fast ein halbes Jahrhundert später Saddam Hussein getan hat.

Die Tarnung hat tatsächlich erstaunlich gut funktioniert. Erst in den allerletzten Kriegswochen wurde „Weingut I“ (wie die euphemistische Deckbezeichnung lautete) erspäht. Und nicht so sehr die alliierten Bombardements brachten die Arbeit zum Erliegen (die Halle war tatsächlich bombensicher gebaut), sondern die Tatsache, daß nach dem verheerenden Luftangriff vom 19. März 1945, bei dem an die 6000 Bomben auf Mühldorf niedergingen, die Häftlingsarbeiter dringender zu Trümmerräumung und notdürftigem Wiederaufbau in der Stadt gebraucht wurden, das Material immer knapper wurde und das Transportsystem kaum mehr funktionierte.

Kein Gras kann wachsen über diese Geschichte. Dafür sorgt unter anderem die kleine Dauerausstellung im Kreismuseum drinnen in der Stadt. Unter dem Motto „Als alles in Scherben fiel“ wird der Besucher dort nicht nur allgemein mit Aufstieg und Niedergang des Nationalsozialismus in der engeren Heimat konfrontiert, mit den Fahnenaufmärschen und Jubelgesichtern des großspurigen Beginns und den Trümmer- und Leichenbergen des katastrophischen Endes. Eine eigene Abteilung erinnert mit Fotos und Dokumenten auch an das Rüstungsbauwerk im Mühldorfer Hart und sehr konkret an das bejammernswerte Los der Sklavenarbeiter, die es in täglichem Zwölfstundeneinsatz (nur der Sonntagnachmittag war „frei“) hungernd und frierend, von Krankheiten ausgezehrt, von Ungeziefer geplagt und in ständiger Angst vor tödlicher Mißhandlung errichten mußten.

Zu lesen ist dort auch, daß trotz aller Geheimhaltung die meisten Mühldorfer wissen konnten und wußten, was draußen im Wald geschah. Der örtliche Heimatbund hat in seiner Zeitschrift „Das Mühlrad“ inzwischen zweimal mit sorgfältig recherchierten Beiträgen das Gedächtnis wachgehalten - auch an die vereinzelten Fälle beispielhaft mutiger Hilfeleistung. Und noch leben Zeitzeugen, die sich erinnern können, wie das war, als im Mai 1945 die Massengräber aufgespürt wurden, ehemalige Nazis weit mehr als zweitausend halbverweste Leichen ausgraben mußten und dann die ganze Mühldorfer Bevölkerung, von Schulkindern aufwärts, an der endlosen Reihe der offenen Särge vorbeizudefilieren hatte und von amerikanischen Posten nachdrücklich gezwungen wurde, auch wirklich hinzuschauen und sich nicht mit geschlossenen Augen hastig vorbeizustehlen; Hans Prähofer hat das Ritual der Beschämung, das mehrere Tage dauerte, in seinem Erinnerungsband „Wie es war“ beklemmend eindringlich beschrieben.

Wenn Gras nicht wachsen darf über diese Geschichte - kann man sie dann einfach zuschütten? Beispielsweise mit Unmengen von Kies? So plant es die Bundesvermögensverwaltung, vertreten durch die Oberfinanzdirektion München und das Finanzbauamt Rosenheim. Sie hat sich Gutachten erstellen lassen, wie im Vollzug des Kriegsfolgelastengesetzes die Ruinenreste des Fabrikationsgeländes beseitigt werden können. Vorgesehen ist, die gesamte Bogenhalle einen halben Meter hoch mit Kies oder ähnlichem Füllmaterial abzudecken und herausragende Betonteile abzumeißeln oder abzusprengen. Nicht Hilfe zum Vergessen ist freilich das Motiv dieser Zerstörungspläne, sondern die „Abwendung unmittelbarer Gefahr für Leib und Leben". Man könne nämlich, so heißt es in den Gutachten, vom Hallenbogen abstürzen, von herabfallenden Brocken erschlagen werden oder über vorstehende Armiereisen stolpern. Und die Verkehrssicherungspflicht liegt bei der öffentlichen Hand, auch wenn die seinerzeit beschlagnahmten Waldgrundstücke den privaten Eignern (die sich vor Gericht auch Entschädigung erstritten haben) wieder zurückgegeben wurden. Als zusätzliches Argument wird angeführt, durch Zuschüttung könne das Areal „rekultiviert" und wieder einer forstwirtschaftlichen Nutzung zugeführt werden.

Nicht nur der Mühldorfer Kreisheimatpfleger Ernst Aicher, seit achtzehn Jahren im Amt und mit den örtlichen Gegebenheiten bestens vertraut, widersetzt sich diesem Plan. Dagegen sind auch die Stadt Mühldorf, die benachbarte Stadt Waldkraiburg und das Landratsamt. Und auch das Bayerische Landesamt für Denkmalpflege hat Einspruch erhoben. Es hat die Fabrikruine auf die Liste der zu schützenden Geschichtsdenkmäler gesetzt und die Notwendigkeit der Erhaltung als „Mahnmal" von „hohem Zeugniswert" in einer umfangreichen Stellungnahme ausführlich begründet.

Über Sicherheit muß man natürlich nachdenken. Aber stolpern kann man im Wald auch über Wurzelstöcke und herabgefallene Äste, stürzen kann man von jedem Felsen, Steinschlag droht im Gebirge fast ständig. Eine einfache Alpenwanderung ist für den Ungeübten risikoreicher als das Ruinengelände im Mühldorfer Hart, das für Ortsunkundige schwer auffindbar ist und wo an einem sommerheißen Werktag im Mai weit und breit keine Menschenseele zu erblicken ist. Niemand aber käme auf die Idee, die Alpen für jeden zu sperren, der sich nicht als bergerfahren und narrensicher ausgerüstet ausweisen kann. Im näheren Umkreis erinnert sich niemand, daß es im Mühldorfer Hart in nunmehr fast fünfzig Jahren jemals zu einem ernstlichen Unfall gekommen wäre. Steht darum in den Gutachten das zusätzliche Bedenken, als „gefährlicher Abenteuerspielplatz" biete das Ruinengelände auch „Behausungsmöglichkeiten", die „Personen aus gesellschaftlichen Randgruppen" anlocken könnten? Nur lachen kann jeder, der das Gelände einmal durchstreift hat, über die Hoffnung auf „Rekultivierung": Bei halbwegs vertretbarem Aufwand dauert das mindestens Jahrzehnte.

Denkmalschutz ist meistens teuer; in diesem Fall kostet er nichts. Das Denkmalamt verlangt keine Aufwendungen für Pflege und Erhaltung, sondern empfiehlt ausdrücklich, das Gelände sich selbst und dem allmählich sich ausbreitenden Bewuchs zu überlassen; auch dieses langsame Zurücksinken in die Natur gehört zu seiner symbolischen Aussage. Der Verkehrssicherungspflicht aber wäre mit minimalen Kosten Genüge getan: Ein Zaun um das Areal, Schranken an den Zufahrten und Warnschilder, die auf die Lebensgefahr aufmerksam machen und jede Haftung ausschließen, müßten ausreichen.

Noch sind keine Berechnungen bekannt geworden, was die aufwendige Zuschüttungsaktion kosten soll. Daß es sich um mindestens siebenstellige Beträge handeln muß, offenbart bloßer Augenschein am Ort auch dem Laien. Der Kiesberg, der aufgetürmt werden müßte, um eine 85 Meter lange, 33 Meter breite und fast 15 Meter hohe Bauruine unter sich zu begraben, wäre beispiellos. Hinzurechnen muß man die Vergeudung von wertvollem Naturmaterial und die unvermeidlichen Waldschäden durch Baumaschinen und Transportfahrzeuge.

Das Kreismuseum Mühldorf, von einem Förderverein getragen und ehrenamtlich geleitet, hat keinen Ankaufsetat. Dem ganzen Landkreis stehen an jährlichen Zuschußmitteln für die Denkmalpflege gerade 100000 Mark zur Verfügung. Das fordert zu bitteren Vergleichen heraus: für aufbauende Kultur- und Heimatarbeit Kleckerbeträge, für ein geschichtsblindes Zerstörungswerk aber sollen die Millionen fließen?

Neuer Wahnwitz zur Auslöschung eines Wahnwitzes? Dahin wird es nicht kommen. Kein Mensch kann und mag sich vorstellen, daß ein solches Maß an Widervernunft möglich sein sollte in diesem Land.

Das alte ungeheure „Das bist Du"

Umstritten, erschreckend und heilsam: die Wehrmachts-Ausstellung „Vernichtungskrieg"

Die Fakten sind bitter, und an den Fakten ist nicht zu rütteln. Die Menschenseele aber erträgt schmerzhafte Wahrheit nicht unbegrenzt. Die Techniken der Verleugnung und Verdrängung des Unerträglichen, der beschönigenden Umfärbung der Erinnerung sind keine Erfindungen einer trickreichen moralischen Verstocktheit, sondern gehören zum angeborenen Repertoire instinktiver Strategien, die das Überleben sichern.

Viele Kinder gingen jämmerlich zugrunde, wenn die Natur ihnen nicht die Gabe verliehen hätte, eine grausame Realität durch geschönte Wahrnehmung zu mildern. Die Gnade des getrübten Blickes ist freilich nicht umsonst zu haben, denn das Verleugnete und Verdrängte verschwindet nicht einfach, sondern sinkt ins Unbewußte ab und entfaltet dort weiterhin seine Wirkung, die relativ harmlos, aber auch bösartig sein kann.

Seit Sigmund Freud gehört dies zum Wissen vom Menschen, das schon in früheren Epochen Dichter und Seelsorger intuitiv erahnt haben. Für ein gestärktes Ich kann die Wiederbegegnung mit der verdrängten bitteren „Wahrheit", kann der Schmerz des Erinnerns heilend und erlösend wirken - darauf basierte einst die Beichttradition der katholischen Kirche und basieren heute die therapeutischen Techniken, mit denen tiefenpsychologisch geschulte Seelenärzte ihren an unverarbeiteten Konflikten leidenden Klienten zu größerer Lebensklarheit, Autonomie und Selbstverantwortung zu verhelfen suchen. Der im vergangenen Jahr verstorbene Münchner Psychoanalytiker Albert Görres, ein undogmatischer Seelenforscher und tiefgläubiger Katholik, hat die Heilkraft der schmerzlichen Wahrheit gerne mit der Erlösung durch das Kreuz verglichen und im Aufdecken von tröstenden Lebenslügen, im Annehmen des Verdrängten eine moderne Variante dessen gesehen, was einst Nachfolge Christi hieß: das Kreuz auf sich nehmen und tragen.

Selbst in der Psychotherapie aber hat es Jahrzehnte gedauert, bis die seelischen Spätfolgen der Nazizeit und des Zweiten Weltkrieges ins Blickfeld rücken konnten, bis Patienten in der Lage waren, über ihre damaligen Erlebnisse als Kinder und Halbwüchsige oder auch über das lastende Schweigen ihrer Eltern offen zu reden, und bis eine Generation von Therapeuten nachgewachsen war, die ein Sensorium entwickelte für die „giftigen Deponien des NS-Untergrundes“ in der Seele, wie Tilman Moser das genannt hat. Es kann also kaum überraschen, daß erst ein halbes Jahrhundert nach Kriegsende allmählich in das öffentliche Bewußtsein einzudringen beginnt, was der zeitgeschichtlichen Forschung seit langem bekannt ist: die massive Verstrickung auch der Wehrmacht in die Vernichtungsmaschinerie des nationalsozialistischen Herrschaftswahns. Und es kann auch keineswegs überraschen, daß die späte Demontage der Legende von der „sauberen Wehrmacht“ durchaus nicht überall freudige Zustimmung findet, sondern Reaktionen auslöst, die sich nicht immer mit der Elle der abgewogenen Vernunft messen lassen. Wo an schmerzhafte Wunden gerührt wird, muß auch geschrien werden dürfen; mit gelassener Verstandeskühle allein ist die heilsame Klärungsarbeit nicht zu leisten. Auch die willigen Hilfsdienste von Teilen der Justiz, der Medizin und der Wissenschaft für den Mordapparat der Nazis konnten nur zögerlich und lükkenhaft aufgearbeitet werden; hier aber handelte es sich um klar abgrenzbare Berufsgruppen, während die vielen Millionen deutschen Soldaten des Zweiten Weltkrieges aus allen Bevölkerungsschichten kamen, so daß so gut wie jeder heute lebende Deutsche einen Vater, Großvater oder Onkel hat, dessen Andenken betroffen sein könnte, wenn von „Verbrechen der Wehrmacht“ die Rede ist.

Die Last des Schweigens

Es leben aber nicht nur Menschen unter uns, die um das unbesudelte Andenken ihrer Väter und Großväter bangen. Es leben auch Menschen unter uns, die als blutjunge Soldaten in Rußland oder Serbien Zeugen bestialischer Mordaktionen geworden sind und mit der quälenden Erinnerung jahrzehntelang allein gelassen wurden, weil niemand davon hören wollte, niemand ihnen Glauben schenken mochte. Jetzt sind sie hochbetagt und sehen mit der Ausstellung „Vernichtungskrieg - Verbrechen der Wehrmacht 1941 bis 1944“ endlich eine Chance, daß offen von dem gesprochen werden kann, was sie ihr Leben lang stumm in sich hineinwürgen mußten. Wer auch nur mit einem dieser Menschen gesprochen hat, die ein halbes Jahrhundert lang ganz allein auf ihre Schultern genommen haben, was alle mitzutragen hätten, für den kann es nicht den Schatten eines Zweifels geben, daß es endlich an der Zeit ist, das letzte Tabu der Nazi-Zeit zu brechen und den Kollektiv-Freispruch zu widerrufen, der die Rolle der Wehrmacht in Hitlers Vernichtungskampf gegen die Völker des Ostens vor kritischer Nachfrage schützte. Nicht nur den Opfern sind wir den Mut zu genauerem Hinschauen schuldig, sondern auch den überlebenden Zeugen; sie dürfen nicht dazu verurteilt bleiben, ihr quälendes Wissen ungehört ins Grab mitzunehmen.

Vielleicht war es gar nicht verkehrt, daß in Regensburg ein kirchliches Bildungswerk die Ausstellung „Vernichtungskrieg“ unter seine Fittiche genommen hat. Die Auseinandersetzung verlief dort ohne ärgerliche Turbulenzen, und weit mehr Menschen haben sich in Regensburg der Konfrontation mit den erschütternden Bildern und Dokumenten ausgesetzt als im zwanzigmal größeren Hamburg, von wo die von Jan Philipp Reemtsmas Institut für Sozialforschung getragene und von Hannes Heer verantwortete Ausstellung ihren Ausgang nahm. So ehrenwert die Entschlossenheit der Münchner Stadtspitze auch ist, gerade in der ehemaligen „Hauptstadt der Bewegung“ Flagge zu zeigen und die umstrittene Ausstellung in städtischer Regie im Rathaus zu präsentieren - eine zusätzliche Belastung wurde damit in Kauf genommen. Gewiß ist, wie Oberbürgermeister Ude bei der von heftigem Gezänk überschatteten Ausstellungseröffnung sagte, das Rathaus in einer Demokratie eine Stätte kontroverser Diskussionen; es ist aber unvermeidlicherweise auch ein Ort der parteipolitischen Polarisierung. Politische Instanzen sind nicht die idealen Sachwalter einer so heiklen Aufgabe, weil der Eindruck aufkommen kann, es solle verordnet werden, was sich nicht verordnen läßt. Der „verschämte Winkel“, in den Ude die Ausstellung nicht verbannt sehen wollte, wäre zum Rathaus wohl nicht die einzige Alternative gewesen.

Jan Philipp Reemtsma gab in seiner leisen und nachdenklichen Rede zur Ausstellungseröffnung bewegende Beispiele für die Paradoxien des Fliehens vor der Wahrheit und des Suchens nach der Wahrheit. Es handelt sich um ganz individuelle Prozesse der Erinnerungsprüfung und Gewissensklärung, denen nichts so schlecht bekommt wie auch nur der Anschein eines moralischen Hochmutes nachgeborener Sittenrichter oder das grelle Scheinwerferlicht übergroßer öffentlicher Aufmerksamkeit. So wie nicht die Wehrmacht als Ganzes schuldig oder unschuldig gesprochen werden kann, sondern der einzelne Wehrmachtsangehörige nach dem Maß seiner Schuld oder Unschuld befragt werden muß, so kann auch die Auseinandersetzung mit der historischen Wahrheit (oder dem, was er dafür hält) nur jeder einzelne für sich selbst leisten und verantworten. Eine Ausstellung, die kein Tribunal sein will, sondern die Augen öffnen will für das, was tatsächlich geschehen ist, braucht keine öffentlichen Tribünen, auf denen weithin sichtbar links die Schafe und rechts die Böcke sitzen, links die einsichtsvoll bußfertigen Erinnerungsarbeiter und rechts die hartnäckig Verstockten.

Die Ausstellung ist eröffnet; wir können also herabsteigen von den Tribünen und uns den Dokumenten zuwenden. Ihre harte und nüchterne Sprache läßt keine Pauschalurteile zu, sondern zwingt zur Differenzierung. Dies wird dem Besucher gleich am Eingang mit aller Deutlichkeit gesagt, und die ebenfalls gleich am Eingang aufgestellte Behauptung, daß „die Wehrmacht an allen Verbrechen aktiv und als Gesamtorganisation beteiligt" war, tritt dazu nur scheinbar in Widerspruch. „Als Gesamtorganisation" war die Wehrmacht an den Verbrechen insofern beteiligt, als Hitler sie ausdrücklich als die „zweite Säule" seines Herrschaftssystems bezeichnet hat und die auf den „Führer" persönlich vereidigte Führung dies auch wußte; als Gesamtorganisation war sie beteiligt, weil ihr eine rücksichtslos inhumane Kriegsführung ausdrücklich anbefohlen war. An der Ostfront wurde eben - im Unterschied zur Westfront - kein „normaler" Krieg geführt, sondern ein Vernichtungskrieg, zu dessen Zielsetzungen die vollständige Ausrottung der jüdischen Bevölkerung, der „Zigeuner" und der kommunistischen Kader und die erhebliche Dezimierung der übrigen Bevölkerung gehörte, der im erweiterten Reich eine Sklavenrolle zugedacht war. Dies heißt aber durchaus nicht, daß jeder Soldat oder auch nur jeder Offizier diese Zielsetzung kannte oder guthieß, und es heißt ebenso wenig, daß jeder Frontkämpfer von den grausamen Details ihrer Durchsetzung wußte oder gar an Mordaktionen beteiligt war.

An drei Einzelkapiteln wird exemplarisch dokumentiert, mit welcher Gnadenlosigkeit der Krieg gegen die Zivilbevölkerung geführt wurde und wie nahtlos das Programm der Judenvernichtung mit der Eroberungsstrategie verzahnt war: am Vorrücken der 6. Armee von der Ukraine nach Stalingrad, an der dreijährigen Besetzung Weißrußlands mit der Aktion „Judenrein", den Ghetto-Morden und dem Massensterben von Kriegsgefangenen und an der Okkupation Serbiens, wo die Überfälle von Partisanen mit brutalen Massenexekutionen von Geiseln beantwortet wurden und Wehrmachtseinheiten aktiv daran mitwirkten, das Land in kürzester Zeit „judenfrei" zu machen. Eine eigene Abteilung dokumentiert die verbrecherischen Befehle, eine andere die Versuche, die Beteiligung der Wehrmacht an Mordaktionen zu vertuschen.

Jene Landser, die in Feldpostbriefen nach Hause von Judenerschießungen so ungerührt oder gar lustvoll berichteten wie von harmlosen Feierabendvergnügungen (die Stabsführung mußte schließlich scharf die „Wahrung des Dienstgeheimnisses im Briefverkehr" anmahnen), sind freilich für die Wehrmachtsangehörigen insgesamt so wenig repräsentativ wie die 20 000 zum Tod verurteilten Soldaten, die ihren Widerstand gegen einen verbrecherischen Krieg mit dem Leben büßten. Die meisten haben wohl mehr oder weniger widerwillig mitgemacht in einem Krieg, der für sie so schmutzig war, wie Krieg nun einmal ist. Es gibt viele Zeugnisse dafür, daß auch Männer, die angewidert von den Schlächtereien als aufrechte Antifaschisten und Demokraten nach Hause kamen, nur schwer den Gedanken ertragen, in einer insgesamt verbrecherischen Armee gedient zu haben. Aber den Ausstellungsmachern konnte bisher kein einziger ernstlicher Irrtum nachgewiesen werden; ihr Material ist solide recherchiert (die Vorarbeiten für das Serbien-Kapitel wurden bezeichnenderweise zuerst in der Schriftenreihe des Militärgeschichtlichen Forschungsamtes Freiburg publiziert). Auffallend wenig Berührungsängste scheint bei diesem Thema ausgerechnet die Bundeswehr zu haben, die sich in ihrer eigenen, demokratischen Tradition klar geschieden weiß von der Wehrmacht Adolf Hitlers. Und viele ehemalige Frontsoldaten haben brieflich an Oberbürgermeister Ude appelliert, sich durch Proteste gegen die Ausstellung nicht irremachen zu lassen. Sogar die Zeitschrift „Truppenpraxis" hat, wie Ude erwähnte, dazu aufgerufen, gegen die Legende von der „sauberen Wehrmacht" anzugehen.

„Damals war es den Menschen gleichgültig, wer sie umbrachte; das waren einfach Deutsche in Uniform", sagte der polnische Schriftsteller Andrzej Szczypiorski bei der Ausstellungseröffnung. Heute kann es uns nicht gleichgültig sein, denn erst der klare Blick auf die belegbaren Fakten zerstreut die Nebel kollektiver Schuldzuweisungen wie ungerechtfertigter kollektiver Freisprüche und macht eine differenzierte Betrachtung konkreter Verantwortlichkeit möglich. Deutsche Uniform ist nicht gleich deutsche Uniform, ein SS-Rock ist nicht in jedem Falle blutbesudelt und ein Soldatenmantel nicht von Hause aus fleckenlos. Das Rahmenprogramm der Münchner Volkshochschule zur Ausstellung, das auch die Gegner des Projektes zu Wort kommen läßt, wird wohl dazu beitragen, daß die Debatte zwar nicht leidenschaftslos gelassen, aber zivilisiert geführt werden kann. Und wer sich anrühren läßt von den Leiden der Opfer, statt rechtbehalten zu wollen gegen andere, wird vor den Bildern und Dokumenten dieser Ausstellung wohl eher sehr still werden. Selbst Ernst Jünger, der große Lobredner des kriegerischen Heldentums, war entsetzt von seinen Beobachtungen an der Kaukasusfront, wo Menschen wie „Ungeziefer" bekämpft wurden, und vermißte mit Schaudern „das alte, ungeheure ‚Das bist Du' ".

Die neue Nibelungentreue

Solidarität mit Amerika müßte nicht kopflos sein

Ein lang verschollenes Wort ist heimgekehrt in den öffentlichen Sprachgebrauch: das Wort Solidarität. Seit vielen Jahren hatte man das Wort gemieden, als könne man sich anstecken an ihm mit einer entstellenden Krankheit. Solidarität paßte nicht in den Kältehauch der neoliberalistischen Deregulierung, die mit der Nestwärme des Sozialstaates aufräumte und dem klaren Gesetz des Dschungels wieder Geltung verschaffte, daß der Starke freie Bahn haben muß und die Schwächeren selber schuld sind an ihrem Unglück. Wer hätte sich da noch an die Zeiten erinnern lassen wollen, als der Sozialpsychologe Horst-Eberhard Richter das „Lernziel Solidarität" ausrief für eine humanisierte Gesellschaft, die sich nicht auf den Gebrauch der Ellenbogen gründet, sondern auf Mitgefühl und wechselseitige Hilfe?

Doch jetzt ist das Wort zurückgekehrt auf die politische Bühne. Und wie edel es auf einmal aussieht! Es trägt nicht mehr

Latzhose oder verwaschene Jeans, sondern teure Armani-Anzüge und feine Krawatten. Solidarität mit Amerika wird eingefordert, seit ein furchtbares Verbrechen das World Trade Center in New York auslöschte und rund 3.000 Menschen in einen qualvollen Tod riß. Und weil die pure Solidarität noch immer nicht solidarisch genug scheint, bekundet und verlangt der Bundeskanzler die „uneingeschränkte Solidarität" Deutschlands. Die Frage, ob es denn auch eine eingeschränkte Solidarität geben kann, ist komplexer als die Auflösung einer offenkundigen Tautologie erwarten läßt, und wir werden gleich sehen, daß der Zusatz „uneingeschränkt" die geforderte Solidarität auf eine gefährliche Weise einschränkt. Zunächst aber muß gefragt werden, was Solidarität eigentlich ist.

Seit das Wort aus dem juristischen Sprachgebrauch in den politischen überging, war Solidarität stets das Kraftreservoir der Ohnmächtigen im gemeinsamen Kampf um ihnen vorenthaltene Rechte. Ihre Basis ist die Verbundenheit im Gefühl des gemeinsam erlebten Leidens, ihre Stoßkraft die Hoffnung auf einen Zustand größerer Gerechtigkeit und die Zuversicht, durch gemeinsames Handeln diesem Ziel näher zu kommen. Das Verbrechen vom 11. September hat Amerika mit einem Schlag in die ungewohnte Rolle des ohnmächtigen Opfers versetzt und ihm damit zunächst einmal gesichert, was die elementare Grundlage aller Solidarität ist: schrankenloses Mitgefühl. Dieses Mitgefühl mit den Toten wie mit ihren trauernden Angehörigen ist für jeden einigermaßen Empfindungsfähigen schlichte Selbstverständlichkeit. Es ist so selbstverständlich wie das Mitgefühl mit den 5.000 Kindern, die jeden Monat im Irak sterben, weil die Fortdauer der Sanktionen die Lebensmittelversorgung lähmt und die Wiederherstellung des im Golfkrieg zerstörten und seither verrotteten und verseuchten Trinkwassernetzes verhindert. Das sind nach UNICEF-Ermittlungen inzwischen ein halbe Million tote Kinder, und an Mitgefühl mit ihnen wird es gewiß doch keiner von jenen fehlen lassen, die jetzt zur Solidarität mit Amerika aufrufen.

Der Übergang aus der Rolle des leidenden Opfers in die des Täters, der seinerseits zuschlägt, verschiebt das Bedeutungsgewicht von Solidarität erheblich. Und es wäre ein merkwürdig verengter Begriff von Solidarität, wenn in diese Solidarität nicht einfließen dürfte, was unser Bestes ist: unsere moralische Sensibilität und unsere Fähigkeit zu vernünftiger Analyse und zu nüchternem Abwägen der Folgen des Handelns. Verstehen wir Solidarität so, daß wir nur vorbehaltlos ja und amen zu sagen hätten zu allem, was Amerika als Gegenreaktion auf den Terroranschlag unternimmt, so wird die vorgeblich uneingeschränkte Solidarität zu einer bedenklich eingeschränkten, um entscheidende Dimensionen unseres möglichen Beitrags verkürzten. Und die Wirkung dieser eingeschränkten Solidarität ist wiederum hochgradig einschränkend. Eingeschränkt wird zunächst der Rahmen dessen, was offen ausgesprochen werden darf, längerfristig damit aber auch notwendig dessen, was wir zu denken, ja auch nur wahrzunehmen wagen. Das wäre höchst paradox in einer Krisensituation, in der es doch um den Schutz der zivilisierten Welt und ihrer Freiheitserrungenschaften vor einem dumpfen Fanatismus gehen soll. Kritik nicht ertragen zu können, gilt doch als Kennzeichen des unaufgeklärten Islam.

Müßte wahre Solidarität nicht warnen vor Fehlentscheidungen, nicht hinweisen auf die moralische Fragwürdigkeit wie auch auf die schlichte Unzweckmäßigkeit eines militärischen Vorgehens gegen das verelendete Afghanistan - eines Unternehmens, dessen unabsehbare Gefahren ein Erfolg selbst dann nicht aufwöge, wenn dieser Erfolg nicht ganz so unwahrscheinlich wäre, wie er ist? Daß Terrorismus durch repressive Gewalt nicht ausgerottet werden kann, sondern nur angestachelt wird, ist weltweit gesichertes Erfahrungswissen. Gelingt es tatsächlich, bin Laden zu schnappen oder zu töten, so macht man ihn zum Märtyrer, und neue bin Ladens werden nachwachsen, so lange weiter Haß gesät wird, von dem der Terrorismus sich nährt.

Damit ist die Frage nach den Ursachen des Terrorismus gestellt, und diese Frage ist jetzt schon nahezu tabuisiert; wer sie aufwirft, setzt sich dem Verdacht aus, den Terrorismus entschuldigen zu wollen, gar gutzuheißen. Aber wenn es wahr ist, daß das Elend der Gedemütigten für den Terroristen nur der ideologische Vorwand ist für sadistische Untaten, so ist doch ebenso wahr, daß er ohne diesen Vorwand weder die kriminelle Energie aufbrächte noch das Sympathisantentum fände, das in schützt und trägt. Gerade im Interesse Amerikas, das sich ja vor künftigen Attentaten schützen will, muß die Frage nach dem Nährboden des Terrorismus unerbittlich gestellt werden. Und vielleicht ist es die Solidaritätspflicht der Freunde Amerikas, den USA dabei zu helfen, ihre Rolle in der Welt in einer Weise neu zu bestimmen, daß sie nicht mehr für einen großen Teil der Menschheit das bevorzugte Haßobjekt sein müssen.

Es klingt gewiss sehr häßlich, wenn Noam Chomsky, der große amerikanische Sprachforscher, die USA in seinem jüngsten Buch zu den „Schurkenstaaten“ zählt; so muß man nicht reden. Daß aber die USA sich keinen Pfifferling um internationales Recht scheren, wenn es ihre Machtposition zu wahren gilt, kann Chomsky seriös belegen, nicht nur mit so unverdächtigen Quellen wie Analysen der American Society of International Law, sondern auch mit sehr unverblümten Aussagen amerikanischer Außenminister und UNO-Botschafter. Im Namen der Ideale von Freiheit und Demokratie haben die USA jahrzehntelang ihre Wühlagenten und ihre Truppen ausgesandt, um die Freiheit dort auszuhebeln oder niederzuwalzen, wo sie ihren Machtinteressen im Wege stand - von Indonesien bis Guatemala, von Vietnam bis Nicaragua; die Opfer der Interventionen zählen nach Millionen. Das wirft unter anderem die Frage auf, wer eigentlich die Definitionsmacht für den Begriff „Terror“ hat. Mit anderen Worten: ob mit zweierlei Maß gemessen werden darf. Zwischen den Amerikanern und ihrer Führung mußs natürlich ebenso sorgfältig unterschieden werden wie zwischen friedlichen Muslimen und ihren gewaltbereiten Glaubensgenossen. Und natürlich kann es nicht um ein Aufrechnen vergangener Schuld gehen, sondern darum, die besseren Traditionen Amerikas zu mobilisieren für eine andere Politik mit anderen Zielsetzungen und anderen Methoden. Für eine Politik der solidarischen Bemühung um eine gerechtere Weltordnung - im Rahmen der Vereinten. Nationen, die sofort an Autorität und Wirkung enorm gewinnen können, wenn die USA sie ehrlich unterstützen. Auch in den USA selbst gibt es kompetente, gewichtige Stimmen, die genau das fordern, und der europäische Solidaritätsbeitrag sollte nicht darin bestehen, das offizielle Amerika taub zu machen für solche Stimmen.

Was heute „uneingeschränkte Solidarität“ genannt wird, hieß 1914 „Nibelungentreue“, und wir wissen noch gut, wohin das geführt hat. Wenn, wie so oft gesagt wurde, nach dem 11. September nichts mehr so ist wie zuvor, dann sollte sich das zuerst daran zeigen, daß uns anderes einfällt als die uralten Reflexe des Dreinschlagens. Unsere Solidarität mit Amerika nicht um die Dimension des kritischen Denkens zu verkürzen, sondern sie gerade im warnenden Mitdenken und Andersdenken zu zeigen, sind wir nicht nur den Elenden dieser Erde schuldig, die unter einer pervers ungerechten Weltordnung leiden. Wir sind es Amerika schuldig, wenn wir seine wahren Freunde sein wollen.

Wirklichkeit im Zwischenraum

Der Fall Handke, zweite Runde

Nein, ein Kartoffelacker war da nicht, gleich hinter dem Obstbaumgarten beim Dorf Perucac; Peter Handke muß sich korrigieren. Noch einmal ist er hinuntergefahren in dieses Serbien, für das seine „Winterliche Reise zu den Flüssen Donau, Save, Morawa und Drina" mit so gellendem Hohn-Echo nach „Gerechtigkeit" gebrüllt hatte; diesmal wirbelte kein Schnee, sondern es flockte das Blütengewölle der Pappeln, und nun gelang ihm auch von der serbischen Flußseite, wo „die Szenerie nah am Unheimlichen heil erschien" der Übergang über die Drina ins Bosnische, „wo kaum ein Gehöft mehr sein Dach hatte und in der Regel nur noch die nackten Mauergevierte dastanden" - nach Visegrad also, wo das Leben sich auf den Kirchhof geflüchtet hat und das Verschwinden der einst so stolz ragenden Minarette eine vage Irritation im Hintergrund bleibt, und weiter in das „Schmauchtal" von Srebrenica, das in seiner „Ausgeräuchertheit" auf ihn wirkt wie „dahergefahren und -geschossen aus der Nacht der Zeiten" (Peter Handke: Sommerlicher Nachtrag zu einer winterlichen Reise; Suhrkamp Verlag, Frankfurt/M., 92 Seiten, 24,80 DM).

Noch auf der serbischen Seite hat Handke erstmals der Gedanke heimgesucht, „ich könnte durch mein Niederschreiben etwas Unrichtiges, Falsches, ja Unrechtes getan haben" - nicht des falsch lokalisierten Kartoffelackers wegen, sondern wegen einer Frau, die ganz so, wie Handke sie in seiner „Winterlichen Reise" zitiert hat, nun doch nicht gesprochen haben will; er hat sie nicht genügend „umerzählt", um sie unidentifizierbar zu machen und vor den Folgen ihrer offenen Worte zu schützen. Damit ist klar, wem Handkes Loyalität gilt und wem allein er sich verantwortlich weiß - nicht jedenfalls der westlichen Öffentlichkeit, die empfindlich reagiert, wenn ihr Freund-Feind-Schema vom Bosnienkrieg in Frage gestellt wird. Den Kritikern seiner „Winterlichen Reise", die ihm Realitätsblindheit, Verbrechensbeschönigung und proserbische Propaganda vorgeworfen haben, antwortet Handke nicht. Und doch korrigiert er mehr als nur eine topographische Angabe über einen Kartoffelacker; schon das Beharren auf diesem eher belanglosen Detail ist ein neuerliches Aufbegehren gegen die aufdringliche Scheinrealität der Medien-Bilder und ihren deformierenden Bewußtseinszwang, ein inständiges Festhalten an der stillen Anwesenheit der Dingwelt, die für sich selber spricht. Handkes „Nachtrag" ist das stillschweigende Eingeständnis eines schriftstellerischen Scheiterns und zugleich der Versuch, dieses Scheitern durch modifizierte Wiederholung ungeschehen zu machen.

Bedächtiger geworden ist der Tonfall. Gelegt hat sich der blindwütige Furor gegen die blickgängelnde Meinungsdiktatur der Journaille, dem Handke in der „Winterlichen Reise" mit zyklopisch getürmten Wortinjurien frönte und der seine Satzgebilde in canceröse Zerfallswucherungen trieb; nur wenn er über die „Internationale Friedensvertragsdurchführungstruppe" spricht, wird seine Stimme auch jetzt noch schrill. Und klarer wird nun in der gemächlicheren Gangart, was eigentlich Thema und Anliegen dieses Autors gewesen ist: nicht nur und nicht einmal in erster Linie die Parteinahme für ein Volk, das zu Unrecht den Fluch der Alleinschuld am Blutwahn des Bosnienkrieges trägt, sondern die ohnmächtige Verzweiflungswut über den Zerfall der Wirklichkeit. Denn mehr noch als im Golfkrieg hat im Bosnienkrieg die medieninszenierte Scheinrealität jeden authentischen Kontakt mit dem wirklich Geschehenden durch sein trügerisches Surrogat ersetzt, hautnah und doch phantasmatisch, so daß zugleich mit der Einheit eines scheinbar intakten Vielvölkerstaates auch das Vertrauen in die Verläßlichkeit dessen zerbrach, was wir „Wirklichkeit" nennen. Nein, schlimmer: dieses Vertrauen war ja immer ein prekäres gewesen, von Skepsis unterminiert; nun aber schickte ein Kunstprodukt von sekundärer „Wirklichkeit" sich an, absolute Gültigkeit für ein Truggebilde zu erzwingen.

Mit dem Anschreiben gegen die Diktatur der Medien war

Handke beim Ur- und Kernthema aller Schriftstellerei: bei der Frage nach der „Wahrheit", der Frage also, was „Welt" eigentlich ist und wie wir etwas von ihr wissen können, wie unser Bewußtsein sie „erschafft", indem es sich zu ihr in Beziehung setzt. Um so fataler das Scheitern - ein literarisches Skandalon, das im Schlachtgetöse um Handkes politische Provokation, um seine Sympathien für den „Aggressor" und seine mangelnde Solidarität mit den „Opfern", nahezu unbemerkt blieb. Denn das Elend des Falles Handke, das Elend von Handkes Fall war nicht, daß er sich erdreistet hat, das Ursachengeflecht des postjugoslawischen Bürgerkrieges anders sehen zu wollen, als eine stillschweigende Übereinkunft es zu sehen befiehlt; für eine solch andere Sicht gab es ja gute Gründe, ja fast eine Notwendigkeit, weil alternativlose Einseitigkeit des Blicks dem Gegenwartsbewußtsein und der demokratischen Öffentlichkeit schlecht bekommt - auch dann schlecht bekäme, wenn sie sachlich im Recht wäre. Das Elend war, daß Handke, unreflektiert losbelfernd, seine schriftstellerische Position nicht klärte und seine literarischen Mittel durch wahllosen Gebrauch verdarb; er diskreditierte damit seine Sache wie seine Professionalität als Autor.

Ungeklärt war vor allem, wie das zwar bedrängend gewaltsame, aber doch unfaßbar abstrakte politische Geschehen sich zum Erfahrungshorizont des Schriftstellers verhält, zu den Wahrnehmungen und Reflexionen, über die er sprechen kann, ohne seine Kompetenz zu überschreiten und seine Wahrhaftigkeit zu verraten; mit anderen Worten: wie ein Autor, dem die authentische Subjektivität die Königspforte zur Welt ist, mit mittelbaren, nicht selbstgeprüften Informationen umgehen darf, auf die er nicht völlig verzichten kann - eine nicht nur literaturtheoretisch eminent wichtige Frage in einer medienvermittelten, medienbeherrschten Welt, die jede ursprüngliche, personale Wirklichkeitserfahrung enteignet. In der Rolle des politischen Publizisten, der seine Interpretation des Geschehens mit rationaler Argumentation aus solide recherchierten „Fakten" zimmert, wollte Handke sich nicht sehen und konnte er sich als Adept der „reinen Literatur" nicht sehen wollen; trotzdem ließ er sich zur polemischen Attitüde des Pamphletisten hinreißen, der gegen eine Front von Meinungsfeinden wüste Invektiven schleudert, aber die Beweislast für seine Behauptungen nicht auf sich nehmen will. Damit brachte sich Handke um den Kredit für sein eigentliches Anliegen: dem mediengemachten Realitätssurrogat die stille Aufmerksamkeit für Phänomene entgegenzusetzen, die sich dem offenen Blick von selber erschließen.

Die Flüsse entlangwandern, über Berge kurven, den Menschen auf dem Markt zusehen - das war für Handke eine Möglichkeit, zurückzutreten vom lärmigen Vordergrund, Abstand und Ruhe zu gewinnen für einen unbefangeneren und tieferdringenden Blick. Aber einerseits selber zum Medienschreihals werden, der mit der Schrillheit seiner Stimme überzeugen zu müssen meint, und andererseits mit Goethescher Abgeklärtheit sich in die Welt des unauffällig Elementaren zu versenken und den Kriegsschrecken in Bosnien durch feinbeobachtete Gelassenheiten eines kriegsfernen serbischen Alltags zu brechen (ganz so, als wäre Handke ein zweiter Adalbert Stifter, der die Greuel des Dreißigjährigen Krieges aus den blauen Schatten des längst über der Brandstätte wieder zusammengewachsenen Hochwaldes hervordämmern läßt) - das konnte nicht gehen. Handke hat damit nicht nur der „Gerechtigkeit für Serbien" geschadet, für die er eintreten wollte, sondern auch dem Ansehen der Literatur und nicht nur seiner eigenen. Vielleicht hat er darum bei seiner Lesetournee mit so unglaublicher Gereiztheit jeden Einwand abgeschmettert, weil er dies dunkel geahnt hat.

Im „Nachtrag" ist Handke wieder mehr bei sich selber und ungleich näher am Ort des Geschehens und bei den leidend betroffenen Menschen. Bei serbischen Menschen (wer sonst nimmt sie wahr?), die über den Gräbern ihrer Toten einen Nachglanz von Leben im Weinen finden, ohne Zukunft in Ruinen hausen und dankbar sind, wenn einer sie aufsucht, der sie nicht samt und sonders für Verbrecher hält. Auch hier ragen noch sperrig die historischen Aufrechnungen hinein, von denen man deutlich reden oder aber schweigen müßte: die „Vorgeschichte", also die traumatischen Erinnerungen an die Massaker an Serben in der Ustascha-Zeit, nicht nur in Kroatien, sondern auch in Bosnien, die den für Handke nur „mutmaßlichen" Genozid in Srebrenica auch in Handkes Augen nicht entschuldigen können, aber ebenso mitbedacht werden müssen wie - vor solchem geschichtlichem Hintergrund - die Angst der Serben in souverän gewordenen jugoslawischen Teilstaaten mit nationalistischer Tendenz und ohne verläßlichen Minderheitenschutz. Doch solche polemischen Einsprengel sind selten geworden. Mit geduldigerer Empfängnisbereitschaft des Hinschauens und Hinhorchens, mit größerem Mut auch, eigene Zweifel und Ungewißheiten auszuhalten, kann Handke nun deutlicher machen, was er meint mit dem „Zwischenraumschaffen", mit dem anderen, dem „dritten Blickwinkel", der durch ruhiges Anschauen des Unbeachteten die festgefügten Deutungsmuster mit ihren „Bösewichten" und „Opfern" auflockern soll, vielleicht entbehrlich machen kann.

Wie erfährt man etwas über eine Welt, von der man allzu viel gehört hat und viel zu wenig weiß? Das ist Handkes Problem, das ist unser aller Problem; das ist vor allem das Problem allen Schreibens: Impuls zum Schreiben und sein Hemmnis. „Nur kein Ausfragen, nur kein Datenerforschen", hat Handke sich vorgenommen für die zweite Reise - um sich immer wieder dabei zu ertappen, daß dann in der Regel er es war, „der alles Fragen auf sich nahm". Wiederkommen und länger bleiben - das ist der „Aufruf" an sich, den er auf den letzten Seiten notiert. Wiederkommen „und dort möglichst lange nichts fragen, das Fragen hinausschieben bis zum richtigen Moment - erst einmal nur dabeisitzen, dabeihocken, den Kopf mit in die Hände stützen".

Sich erst einmal ganz einlassen auf die Ratlosigkeit - das klingt schon sehr viel weniger selbstgewiß als die Vollmundigkeiten der „Winterlichen Reise". Mit der Erfahrung des Nichtwissens fängt alles Erkennen und auch alles Schreiben an. Auch mit dem genauen und ehrlichen Wahrnehmen der eigenen Befindlichkeit im Angesicht des Unfaßbaren: das Ich als Resonanzkörper der zersprungenen Welt. Und etwas mag hinzukommen, das in Handkes „Nachtrag" noch ein flüchtiger Gedanke bleibt, aber nicht als gelebte Erfahrung spürbar wird: der „Durchbruch der Trauer", der „Durchbruch zur Trauer". Dann könnte Literatur wieder möglich sein, auch engagierte Literatur. Handkes „Nachtrag" ist eine Vorübung.

V. Sprache und Wirklichkeit

Anstrengung nach Rettung des Planeten

Eine Sprachglosse - und ein wenig mehr

Gedankenlosigkeit kann es in sich haben; man muß nur genau hinschauen, um in der Sprachschlamperei Wahrheitsspuren zu entdecken. Im ambitionierten Feuilleton des führenden süddeutschen Weltblattes lesen wir über eine Monumentalplastik, die neuerdings in der City von Basel steht, unweit der Börse, inmitten des geschäftigen Treibens der Banken. „Hämmernder Mann“ heißt die Skulptur, und wir dürfen den Hämmernden ungescheut einen Riesen nennen, denn er ist zwar flach wie ein dünnes Brett, also eigentlich eine Silhouette ohne dritte Dimension, aber reichlich dreizehn Meter hoch, und daß der Riese hämmert, suggeriert nicht bloß ein hammerschwingend erhobener Arm, sondern dieser Arm saust tatsächlich auf und nieder, wird durch einen eingebauten Motor in konstanter Bewegung gehalten.

Der Feuilletonist schreibt: „Der Künstler sieht in seinem monumentalen Werk ein Symbol menschlicher Arbeit, das stellvertretend für die Anstrengung nach Rettung unseres Planeten stehen solle.“ Ein Symbol menschlicher Arbeit kann der Hammer sein, und als solches zierte er, zusammen mit einem anderen Symbol menschlicher Arbeit (in diesem Fall der geistigen, nicht der manuellen) bis vor kurzem die Flagge eines deutschen Staates, den es nun bald nicht mehr geben wird; der hämmernde Mann aber, der so aufdringlich den Arm schwingt, als traue sich der Künstler längst nicht mehr zu, auch mit einer unbewegten Form Bewegung zu evozieren, ist ein so simples und direktes Abbild eines arbeitenden Menschen, daß man nicht einmal von einer Allegorie sprechen könnte, auf keinen Fall aber von einem Symbol, denn Symbole sind stets mehrdeutig als hochgradige und darum rational nicht ganz auslotbare Verdichtungen mehrerer Bedeutungsebenen. Nun aber soll dieses Symbol, wenn es denn eines wäre, „stellvertretend“ für etwas anderes stehen, und das kann ein Symbol nun wirklich nicht, weil es das, worauf es verweist, ja ganz unmittelbar ist und zugleich in einem umfassenderen Sinnbezug aufhebt.

Die Frage, wessen Stelle das Symbol denn da vertritt, drängt sich natürlich auf, und die Überlegung schließt sich sogleich an, daß wir alle, was die Rettung unseres Planeten angeht, ja tatsächlich auf Stellvertreter zu warten scheinen, die die Mühsal an unserer Statt auf sich nehmen, also einen hämmernden Riesen, der sich stellvertretend anstrengt, gut gebrauchen könnten. Wobei dann zu hoffen wäre, daß er mehr versteht als nur drauflosuzhämmern, ab und zu wenigstens auch nachdenkend innehält. Denn beim Hämmern - ganz gleich, was da gehämmert wird - kommt es nicht nur auf Kraft und Gleichmäßigkeit des Schlages an, sondern auf Augenmaß und sensibel gesteuerte Feinmotorik in der Führung von Hammer und Werkstück; wer je einem Steinmetz oder Kunstschmied zugeschaut hat, der weiß, daß die Bewegungsabläufe ungleich komplizierter sind als das schlichte Auf und Ab unseres Basler Riesen, dessen motorgetriebener Arm zwar Arbeit versinnbildlichen mag, aber eben nicht menschliche Arbeit, sondern Maschinenarbeit.

Nun kann natürlich auch der arbeitende Mensch sich der arbeitenden Maschine angleichen; er ist dann nicht recht bei der Sache, verrichtet seine Tätigkeit mechanisch und arbeitet, entweder aus äußeren oder inneren Gründen, entfremdet. Offenbar ist das bei unserem Riesen der Fall, denn wir lesen weiter: „Das gemächliche Auf und Ab des motorbetriebenen Kolosses scheint die Bewegung eines müden Maurers oder Bergarbeiters zu suggerieren, der sehnsüchtig das Arbeitsende erwartet." Nur en passant sei die Frage aufgeworfen, wieso das Kunstwerk (falls es denn eines ist) einen Eindruck, den es auf den Berichterstatter tatsächlich gemacht hat, nur hervorzurufen „scheint"; die skeptische Einschränkung wäre nur am Platz, wenn nicht von der tatsächlich erlebten, sondern von der mutmaßlich angestrebten Wirkung die Rede wäre. Weit schwerer zu lösen ist das Dilemma, wie ein vom Werkeln Ermüdeter, der nur noch den Augenblick herbeisehnt, wo er den Hammer endlich fallen lassen kann, jene Anstrengungen versinnbildlichen soll, die zur Rettung unseres Planeten nötig wären.

Denn worin immer diese Anstrengungen genau bestehen mögen - sie werden sicher mit sehr viel Wachheit, Konzentration und Engagement erbracht werden müssen. Sehen wir uns aber den Text noch einmal an, so ist dort ja auch nicht von Anstrengungen für die Rettung unseres Planeten die Rede, sondern von der „Anstrengung nach Rettung unseres Planeten", und das kann nach allen Regeln der Grammatik nur heißen: nachdem endlich (weiß der Himmel, wie) die Rettung unseres Planeten gelungen ist, wird (weiß der Himmel, warum) eine Anstrengung zu leisten sein, und für diese steht stellvertretend das Symbol des kolossalen müden Maurers.

Mißglückter Satzbau ist immer ein untrügliches Zeichen dafür, daß mit den geäußerten Gedanken etwas nicht stimmt: was nicht klar formuliert werden kann, ist nicht sauber gedacht. An unserem Beispiel stimmt gedanklich einiges nicht, und zwar nicht erst beim Berichterstatter, sondern offenbar schon beim Künstler. Kehren wir noch einmal zu dem „stellvertretend" zurück: stellvertretend, so interpretiert der Feuilletonist den Künstler, soll ein Symbol für menschliche Arbeit schlechthin für eine ganz spezifische Anstrengung stehen, die heute angesichts der fortschreitenden Naturzerstörung für die Rettung unseres Planeten geleistet werden muß; das aber ist gar nicht möglich, weil zwingend immer nur das Besondere auf das Allgemeine verweisen kann und nicht das Allgemeine auf das Besondere. Woher sollen wir wissen, welcher von den zahllosen möglichen Aspekten menschlicher Arbeit gemeint ist, wenn auf das spezifisch Gemeinte nicht konkret Bezug genommen wird? Wäre dies aber geschehen, so wäre der hämmernde Riese nicht ein Sinnbild menschlicher Arbeit, sondern ein Sinnbild der Mühe um die Rettung des Planeten, und die ganze umständliche und windschiefe Satzkonstruktion wäre überflüssig gewesen.

Die Folgerung muß lauten, daß der Künstler entweder nicht auszudrücken vermochte, was er ausdrücken wollte, oder aber einem harmlosen Gebilde mit der Erinnerung an die bedrohte Erde nachträglich höhere Weihen geben wollte. Denn offensichtlich hat er etwas geschaffen, das eher an den Kräfteverschleiß mechanisierter und entfremdeter Arbeit denken läßt. Die Frage ist dann natürlich auch, was von einer Kunstberichterstattung zu halten ist, die das künstlerische Versagen bzw. den modischen Etikettenschwindel entweder nicht bemerkt oder wohlwollend verschweigt.

Gehen wir aber noch einen Schritt weiter. Die Eingriffe in den Naturhaushalt, die uns heute um die Rettung des Planeten bangen lassen, sind das Ergebnis menschlicher Arbeit, vielleicht menschlicher Arbeitswut. Jede Arbeit als verändernde Auseinandersetzung mit dem natürlich Vorhandenen verbraucht Energie und Rohstoffe, trägt also bei zur Erschöpfung der Ressourcen; sie hinterläßt Rückstände und schafft damit Folgeprobleme.

Physikalisch ausgedrückt: sie vermehrt die Entropie. Arbeit ist der Ausdruck des menschlichen Willens, sich mit dem, was er vorfindet, nicht einfach abzufinden, wie es Tiere und Pflanzen tun, sondern sich selbst die Bedingungen des Daseins zu schaffen. Solange die Mittel bescheiden waren, blieben auch die Auswirkungen auf die Umwelt begrenzt. Seitdem aber Physik (Großmaschinen), Chemie (neue Stoffe), Atomphysik (Eingriff in die Bausteine der Materie), Elektronik (Beschleunigung von Produktion und Kommunikation) und schließlich Gentechnik (neue Lebewesen) die Möglichkeiten ins Unvorstellbare potenzieren, wachsen dem Menschen auch die selbstgeschaffenen Gefahren über den Kopf, so daß immer mehr Leute an einer Rettungsmöglichkeit verzweifeln und mit Hoimar von Ditfurth die Zeit gekommen sehen, das sprichwörtliche Luthersche Apfelbäumchen zu pflanzen.

Die Natur durch verändernde Arbeit seinen Bedürfnissen zu unterwerfen, ist dem Menschen offenbar gegeben, nicht im gleichen Maße aber die Fähigkeit, die Folgen dieses Tuns rechtzeitig abzuschätzen und auf das ihm selber Zuträgliche zu begrenzen, so daß wir heute nicht wissen, ob wir uns mit den Eingriffen in Oberflächengestalt und Klima der Erde, der Vernichtung zahlloser Tier- und Pflanzenarten und der Anreicherung von Boden, Luft und Wasser mit Unmengen von Giftstoffen nicht längst das eigene Grab geschaufelt haben. Ob die Rettung da durch eben die „menschliche Arbeit" kommen kann, die uns in diese bedrückende Lage gebracht hat, oder nicht eher von einem Verzicht auf Arbeit im Sinne eines gelassenen, bescheidenen Zurückfindens zur Respektierung des natürlich Gegebenen, wäre zumindest des Nachdenkens wert.

Denken wir zum Beispiel an die Yequana. Diese Indianer Südamerikas, die vor etlichen Jahren, als Jean Liedloff sie studierte und beschrieb, noch in harmonischem Einklang mit der Natur lebten, materiell äußerst karg, aber weitaus glücklicher und zufriedener als der komfortverwöhnte Zivilisationsmensch, haben für „Arbeit" kein Wort; sie kennen nur Bezeichnungen für einzelne Tätigkeiten. Nicht daß ihr Leben nicht voller Mühsal wäre. Brauchen sie Wasser, so können sie nicht einfach den Hahn aufdrehen, wie wir das tun; sie müssen es von weit her heranschleppen auf beschwerlichen und nicht ungefährlichen Wegen über sehr steile Hänge. Als ihnen aber vorgeschlagen wurde, Leitungen zu bauen und das Wasser zu ihren ärmlichen Hütten hinaufzupumpen, schüttelten sie unwillig erstaunt die Köpfe: was sollte es ihnen bringen, diese ständigen anstrengenden Fußmärsche zum Wasserholen überflüssig zu machen, die einfach zu ihrem Leben gehörten und Anlaß boten zu so viel ausgelassener Fröhlichkeit? Wenn ein neues Haus gebaut werden mußte, dann war das ein gemeinsames Fest, und wenn sie keine Lust mehr hatten, weiterzumachen, dann hörten sie eben auf: morgen ist auch noch ein Tag. Die Yequana haben, weil sie nicht im modernen Sinne „menschliche Arbeit" leisteten, keine Umweltprobleme geschaffen und damit keine Notwendigkeit zu einer „Anstrengung nach Rettung unseres Planeten".

„Der Mensch soll nicht schaffen; Gott hat die Welt schon erschaffen", sagte mir vor Jahren einmal ein nordamerikanischer Medizinmann. Zu solch fromm bescheidener Weltsicht können wir schwerlich zurück; zu viel haben wir schon geschaffen, das uns nun umstellt und nicht mehr entläßt aus seinem Zwang. Ob uns die Rettung des Planeten noch gelingt, ist nicht ganz sicher, aber sicher ist, daß für die Aufgabe, die da vor uns liegt, wohl kaum ein hammerschwingender Muskelmann das rechte Vorbild sein kann. Dann schon eher jene „globale telekommunikative Vernetzung", der, unserem Feuilletonisten zufolge, der Künstler seinen Baseler Riesen „in offenbar bewußtem Gegensatz" entgegenstellte. Gemeint ist mit der „globalen telekommunikativen Vernetzung" zwar das „internationale Business", aber wir können das auch anders lesen. „Global" enthält die Aufforderung, weltumspannend zu denken (also beispielsweise unsere ungelösten Probleme nicht einfach der Dritten Welt vor die Füße zu kippen, etwa in Gestalt von Müll, profitträchtigen Waffen und bei uns nicht mehr absetzbaren Pestiziden); „Vernetzung" erinnert uns daran, daß alles in der Welt miteinander verwoben ist, also nichts isoliert betrachtet werden kann, daß jede Handlung weitreichende Folgen in entfernten Räumen und Zeiten hat, die wir nicht überblicken können, aber in Rechnung stellen müssen, woraus sich die Verpflichtung zu selbstkritischer Einsicht in die Grenzen unseres Wissens und zu vorsichtigster Zurückhaltung bei risikoverdächtigem Handeln ergibt. „Telekommunikation" schließlich verweist uns darauf, daß die Menschheit in einem gemeinsamen, recht klein gewordenen Boot sitzt, heute aber die Möglichkeiten hat, sich weltweit über die gemeinsamen Überlebensinteressen zu verständigen, und dies daher auch tun muß.

Worauf läuft das alles nun hinaus? Darauf, daß in den Feuilletons, die doch Hüter klaren Denkens und disziplinierter Sprache sein sollten, manchmal noch schlampiger dahergefaselt wird als in der Politik? Oder darauf, daß wir vielleicht anfangen müßten, die gängige Überschätzung des Künstlers etwas abzubauen? Künstlern wird das Vorrecht der Kreativität zugesprochen, und es gehört oft wenig dazu, den Anspruch einzulösen, vorausgesetzt, über das Produkt läßt sich hochtrabend schwadronieren; vielleicht besteht aber die bedeutendere Kreativität heute darin, das Duschwasser für die Klosettspülung zu nutzen, der Verpackungsindustrie ein Schnippchen zu schlagen oder dem Müllschlendrian in den Krankenhäusern auf die Spur zu kommen und Vorschläge für vernünftige Abhilfe zu entwickeln.

Wenden wir es aber anders: unser süddeutscher Weltblatt-Feuilletonist ist vermutlich ein didaktisches Genie. Mit ein paar zunächst ganz harmlos erscheinenden Sprachschnitzern hat er mehr Denken in Bewegung gebracht, als er mit zwei Dutzend korrekt gebauten Sätzen hatte tun können.

Kollateralschaden am Wort

Von der hohen Kunst der politischen Lüge

Nicht die Atombombe ist das Problem, hat Albert Einstein gesagt; das Problem sind die Herzen der Menschen. Nicht die Wörter sind das Problem, könnte man abwandeln; das Problem sind die Köpfe der Menschen. Mit Wörtern kann man lügen und betrügen, mit Wörtern kann man die Wahrheit verschleiern oder verdrehen. Aber es sind nicht die Wörter, die lügen; es ist nicht die Sprache, die täuscht. Wörter sind unschuldig - von ganz wenigen Ausnahmen abgesehen, wo ein Wort in böser Absicht eigens geschaffen wurde wie die „Endlösung“ der Nazis oder die „Megatoten“ der atomaren Abschreckung. Erst der arglistige Gebrauch in trügerischer Absicht drückt einem Wort den Stempel der Lüge auf. Die hohe Kunst der politischen Lüge besteht freilich darin, ein an sich harmloses, unverdächtiges Wort mit der lügnerischen Absicht so dauerhaft zu imprägnieren, daß sie ihm künftig anhaftet wie eine zweite Natur und auch dort noch zur Wirkung kommt, wo das mit Lüge durchtränkte Wort ganz arglos gebraucht wird von Menschen, die niemanden belügen wollen, sondern nur selbst belogen worden sind.

Solche Art der Lüge injiziert den Wörtern gewissermaßen ein Gift, an dem jeder sich infiziert, der mit diesem Wort in Berührung kommt. Erfolgreich aber ist nur die unauffällige Lüge. Das lügnerisch präparierte Wort darf keinen Argwohn wecken, es muß vertraueneinflößend klingen. Schutz vor dem Betrogenwerden bietet darum nicht ein spezielles Mißtrauen gegen bestimmte verdächtige Wörter, sondern nur eine generelle sprachliche Wachsamkeit gegenüber unterschwelligen Suggestionen, die uns daran gewöhnen sollen, eine bestimmte Sicht der Dinge für die selbstverständliche und einzig richtige zu halten.

„Modernisierung" etwa ist gewiß ein unverdächtiges Wort. Daß der Staat, die Wirtschaft, die Gesellschaft moderner werden soll, muß jedem wünschenswert erscheinen, wenn man davon ausgehen darf, daß das Modernere, also Fortgeschrittenere, Entwickeltere auch in jedem Fall das Bessere ist. Das aber hängt davon ab, welche Zielvorstellungen man hat und welche Wertentscheidungen man trifft. Als „modern" in einem humanen Sinne könnte etwa eine Gesellschaft gelten, die für eine gerechte Verteilung der Lebenschancen und der Lasten sorgt, die Kluft zwischen Arm und Reich nicht immer größer werden läßt, Großverdiener und Spekulanten mit der gleichen Strenge zur Steuerzahlung zwingt wie Lohnabhängige und insgesamt nicht den Egoismus belohnt, sondern die Entwicklung von Solidarität begünstigt. Tatsächlich aber dient „Modernisierung" als Tarnwort für eine neoliberalistische Ideologie, die die Interessen des Unternehmertums mit der Wirtschaft schlechthin gleichsetzt und durch den Abbau von sozialen Rechten die Lust am Investieren stimulieren will. Die Theorie dabei ist, daß irgendwie auch die Ärmsten etwas davon haben, wenn die Reichen immer reicher werden, und weil diese Theorie nicht ohne weiteres einleuchtet, muß mit verschleiernden Hohlwörtern wie „Modernisierung" nachgeholfen werden. Die Wirkung wird gesteigert, wenn man auch noch viel von „Leistung" und „Verantwortung" redet und beide Begriffe immer so gebraucht, als ob nur Topmanager und Finanzmakler etwas leisteten und Verantwortung trügen, der

Busfahrer oder die Altenpflegerin hingegen verantwortungsscheue Faulpelze wären.

Zum „Unwort des Jahres“ wird die „Modernisierung“ wohl nie gekürt werden; dafür ist dieses Schlagwort der ideologischen Indoktrinierung viel zu smart und windschlüpfig. Auch die „Globalisierung“ wird nie als „Unwort des Jahres“ am Pranger stehen, obwohl es sich um ein durch und durch verlogenes Gebilde handelt. Suggeriert wird mit dem Wort, daß die Menschheit nun endlich dabei sei, alle trennenden Grenzen niederzureißen und sich erdumspannend zu einen; tatsächlich aber darf nur das Finanzkapital sich weltweit austoben und mit riskanten Spekulationen die Stabilität halber Kontinente gefährden, während die Menschen an das Elend ihrer Herkunft gefesselt bleiben und an Eisernen Vorhängen abprallen, wenn sie dorthin gehen wollen, wo der Wohlstand und die Sicherheit vor Verfolgung winken.

Nein, die „Unwörter des Jahres“ sind von anderem Kaliber. Überdeutlich tragen sie das Kainsmal der Verrohung; man erkennt ihre Inhumanität sofort, und niemand fällt auf sie herein. Zuletzt war jetzt der „Kollateralschaden“ an der Reihe, jenes Wort, mit dem der Pressesprecher der Nato im Kosovokrieg die zweimalige Bombardierung eines zivilen Eisenbahnzuges mit vielen Dutzenden von Todesopfern zur bedauerlichen Bagatelle erklärte. Dies war von all den Lügen eines Lügenkrieges die plumpeste, darum kurzbeinigste und wirkungsloseste. Viel subtiler wurde gelogen, wenn es nicht um die Vertuschung von Pannen ging, sondern um die Rechtfertigung des Militäreinsatzes als erstens unvermeidbar und zweitens als Akt der Menschenliebe. Das Versagen der Politik, der Rückfall in die Barbarei des blinden Dreinschlagens durfte nicht sichtbar werden, und darum sprach man statt von Krieg bloß von „Luftschlägen“, man sprach von der „humanitären Katastrophe“, die man zu verhindern vorgab, indem man sie herbeiführte, man sprach unentwegt vom Schutz der Menschenrechte, während man Menschenrechte verletzte, und die Kriegspropagandisten unter den Intellektuellen überschlugen sich mit Wortschöpfungen wie „militärischer Humanismus“ oder gar „militärischer Pazifismus“. Den Gipfel der Sprachverbiegung aber erklomm der Bundesaußenminister mit seiner Mobilisierungsformel „Nie wieder Auschwitz!“, mit der er dreierlei auf einmal erreichte: die Dämonisierung des Kriegsgegners, die nachträgliche Verharmlosung der

Nazi-Verbrechen und die Beschönigung der merkwürdigen Tatsache, daß ausgerechnet ehemalige Friedensprediger Deutschland erstmals wieder in einen Angriffskrieg führten. Gegenüber solchen Zynismen wirkt die brutale Kaltschnäuzigkeit des „Kollateralschadens“ schon fast wieder ehrlich.

Auch ein Wort wie „Kollateralschaden“ ist ja nicht von Hause aus des Teufels; in einem rein technischen Zusammenhang mag es seinen legitimen Ort haben, und inhuman ist erst seine Anwendung auf das Leiden und Sterben von Menschen. Menschlich Lebendiges in technische Funktionsabläufe umzufälschen, ist freilich ein beliebter Trick der politischen Lüge. Es ist noch nicht lange her, dass das Wort „Akzeptanz“ Hochkonjunktur hatte, mit dem sich menschliche Entscheidungsprozesse mit ihren komplexen Motivationen zu einer simplen Mechanik umstilisieren lassen. Ob es um die Risiken der Atomtechnik ging oder um andere gefährliche Dinge, die mit gutem Grund nicht einfach hingenommen werden müßten - man brauchte nur von Verbesserung der Akzeptanz zu sprechen, und schon waren die lästigen Menschen mit ihren Gefühlen, Gedanken und oft stichhaltigen Argumenten verschwunden; man brauchte sie nicht mehr ernst zu nehmen, sondern hatte nur noch eine Apparatur vor sich, die mit ein paar steuernden Handgriffen auf die gewünschte höhere Drehzahl zu bringen sein mußte.

Es gibt freilich auch ein fehlgeleitetes Mißtrauen gegen Wörter, von dem selbst Aufklärer sich blenden lassen. Neuerdings scheint das Wort „Volk“, suspekt zu werden; „Bevölkerung“ wird als zeitgemäßer und demokratischer empfohlen. Aufmerksamkeit verschafft hat diesen Tendenzen der Künstler Hans Haacke mit seinem nun offenbar definitiv beschlossenen Kunstprojekt für den Berliner Reichstag, das mit dem Neon-Schriftzug „Der Bevölkerung“ die Reichstags-Widmungsinschrift „Dem deutschen Volke“ außer Kraft setzen will. „Bevölkerung“ ist freilich ein Begriff der Administration und der Statistik; schon der Wortstruktur nach ist „Bevölkerung“ passives Objekt von Verwaltungsmaßnahmen wie die Begrünung einer Autobahnböschung, die Bewaldung einer Brachfläche oder die Beschulung einer Altersgruppe. Bevölkerung kann also niemals handelndes politisches Subjekt sein, schon gar nicht der Souverän, von dem laut Grundgesetz alle Staatsgewalt ausgeht. Das Wort „Volk“ aber, in der Nazizeit ein Lügenwort, hat nicht nur eine nationalromantische, sondern auch eine freiheitlich-demokratische Tradition. Für die politische Mündigkeit des Volkes stritten die Freiheitskämpfer des vorigen Jahrhunderts, als „Volksstaat“ hat Kurt Eisner im November 1918 in Bayern die Republik ausgerufen, mit dem Ruf „Wir sind das Volk“ erhoben sich in der ehemaligen DDR mutige Menschen gegen die SED-Herrschaft und brachten sie zu Fall. Daß ein Volk keine Blutsgemeinschaft ist, sondern eine Verfassungsgemeinschaft mit gleichen Rechten und Pflichten für alle ohne Ansehen der Herkunft, kann man auch ohne Änderung des Wortes begreifen lernen. Auch hier gilt: Nicht auf das Wort kommt es an, sondern auf den Geist, mit dem wir es erfüllen.

Der Offenbarungseid der Sprachreformer

Orthographielektion für politisch Aufgeweckte

Unsere Dickfelligkeit ist bewundernswert. Wen kümmert es, daß der Kosovokrieg, angeblich unausweichlich zur Sicherung der Menschenrechte, auch nach offiziellem Eingeständnis sinnlos war, daß die NATO sich sogar nach dem rückblickenden Urteil ihrer parlamentarischen Versammlung vor den Karren albanischer Terroristen hat spannen lassen? Wen regt es auf, daß die Fortdauer der Sanktionen gegen den Irak nach Erkenntnissen von UNICEF jeden Tag über 150 Kinder das Leben kostet? Wen juckt es, daß die amerikanischen Bomben auf eine Pharmafabrik im Sudan als Vergeltung für die Terroranschläge in Nairobi und Daressalam nicht etwa die Infrastruktur des internationalen Terrorismus getroffen, sondern ein verelendetes Land fast vollständig seiner Versorgung mit Medikamenten beraubt haben und an den Folgen mindestens Zehntausende von Menschen gestorben sind?

Gemessen an solchen gleichgültig hingenommenen Entsetzlichkeiten mag es als Lappalie erscheinen, daß die Öffentlichkeit mit der Rechtschreibreform jahrelang betrogen worden ist und daß dies nun auch die Zwischenstaatliche Kommission für deutsche Rechtschreibung in ihrem jüngsten Bericht an die Kultusminister ziemlich unverhüllt eingesteht. Was aber Reformerwillkür, abgesichert durch die Staatsmacht, mit unserer Sprache anstellt, hat Auswirkungen nicht nur auf das Lesen und Schreiben, verändert nicht nur den Alltag der Schulstuben, Verlagshäuser und Zeitungsredaktionen. Denn unsere gesamte Weltwahrnehmung ist durch Sprache vermittelt, und je differenzierter diese Sprache ist, desto genauer können wir Situationen verstehen, Probleme analysieren und uns über politische Entscheidungen verständigen.

Mit dieser Differenziertheit der Sprache scheint die Rechtschreibung bei vordergründiger Betrachtung wenig zu tun zu haben. Und wenn die 1996 beschlossene Orthographiereform nicht mehr gebracht hätte als den albernen Dreifachkonsonanten für die „Schifffahrt" und die „Brennnessel", das Doppel-s statt „ß" für den „Fluss" und die Konjunktion „dass" und ein absurdes „ä" statt „e" für die „Gämse", den „Stängel" und das Adjektiv „aufwändig", dann könnte man über die ganze Angelegenheit mit einem Kopfschütteln hinweggehen. Die Reformer haben aber sehr viel mehr getan. Sie haben tief eingeschnitten in die Substanz der Sprache. Mit den neuen Regeln für Getrennt- und Zusammenschreibung haben sie im großen Stil Wortbildungsprozesse rückgängig gemacht. Daß damit das Rad der Sprachentwicklung gewaltsam um zwei Jahrhunderte rückwärts gedreht wurde, ist schon aberwitzig genug, denn eine Reform, falls sie überhaupt zulässig ist, muß nach vorne gerichtet sein und dem natürlichen Gang des Sprachwandels folgen. Das Schlimmere aber ist: viele Hunderte, wenn nicht Tausende von gängigen zusammengesetzten Wörtern wurden so aus dem Sprachschatz gestrichen, und in den meisten Fällen ist damit ein Verlust von Bedeutungsunterscheidungen verbunden. Die Ausdrucksvielfalt, vor allem der Nuancenreichtum und die Differenzierungsgenauigkeit unserer Sprache ist damit drastisch reduziert worden - ein beispielloser Akt obrigkeitlich verordneter kultureller Regression. Auch die Neubildung von Wortzusammensetzungen wurde abgeblockt - ein Anschlag auf das Kreativitätspotential der deutschen Sprache. Und obendrein verlangt die Neuschreibung zahllose eklatant grammatikwidrige Schreibungen, die den Kundigen zwingen, sein sprachliches Gewissen zu vergewaltigen und die innere Logik der Sprache zu mißachten.

Man müßte schon reichlich naiv sein, um die Zuversicht zu

haben, daß so massive Eingriffe in die Tiefenstrukturen der Sprache und des Sprachverständnisses ohne schwerwiegende Langzeitfolgen bleiben könnten. Wenn die Sprache an Artikuliertheit verliert, muß zwangsläufig auch die Präzision des Denkens leiden, und dies wirkt sich nicht erst in den subtilen Begriffsoperationen der höheren Denkkultur aus, sondern schon in der alltäglichen Wahrnehmung und Deutung unserer Welt. Es ist durchaus nicht abwegig zu vermuten, daß die fahrlässige Sprachvergröberung die ohnehin geschwächte Sensibilität für die moralischen Komplikationen der politischen Realität noch weiter abstumpfen wird. Hellhörige Köpfe haben sich darum bei der überstürzten Einführung der Rechtschreibreform nicht nur an die Torheit der wackeren Schildbürger erinnert gefühlt, sondern auch an die gezielten Sprachmanipulationen des „Großen Bruders“ in Orwells Überwachungsstaat.

Ein Rätsel war es darum schon immer, daß eine Kulturnation sich diese Sprachenteignung gefallen ließ. Erstaunlich ist vor allem die Schafsgeduld, mit der die deutschen Journalisten die Beschädigung ihres Handwerkzeugs und damit die Einschränkung der Freiheit der Berufsausübung hingenommen haben. Will man hier nicht naheliegenderweise von Selbstentmündigung sprechen, die sich aus der langen Tradition deutschen Untertanengeistes erklären ließe, so kann als mildernder Umstand die trickreiche Desinformationsstrategie der Reformer herangezogen werden und die Suggestivmacht des Wortes „Reform“. Reform - das klingt doch immer nach Voranschreiten des Menschengeistes, nach notwendiger Verbesserung. Und wer setzt sich gern dem Verdacht aus, ein Rückständiger zu sein, der die Segnungen des Fortschritts verschmäht?

Der Fortschritt sollte sein, daß eine angeblich von Zufälligkeiten strotzende Orthographie durch eine logisch konsistente Systematik klarer und einfacher Regeln ersetzt wird. Daß davon keine Rede sein kann, daß im Gegenteil die Widersprüche und Ungereimtheiten drastisch zugenommen haben, ist von Kennern der Materie immer wieder überzeugend nachgewiesen worden, und die Reformer sind bis heute jedes stichhaltige Gegenargument schuldig geblieben. Nun aber muß sogar die Zwischenstaatliche Kommission eingestehen, daß es mit der logischen Konsistenz der Regelsystematik ganz gewaltig hapert. Die Kommission, die ja aus den gleichen Leuten besteht, die die

Reform ausgeheckt haben, nimmt ihre eigenen Regeln nicht mehr ernst und fängt an, der schieren Beliebigkeit das Wort zu reden. Sie räumt ein, daß eine wichtige Teilregel „nicht sehr explizit formuliert gewesen sei - ein rührendes Understatement für das, was man sonst „konfus" nennt. Für eine andere Teilregel gibt sie sogar zu, sie sei überhaupt nicht im Regelteil aufgeführt gewesen, habe aber aus ein paar einzelnen Eintragungen im Wörterverzeichnis „rekonstruiert" werden können. Damit haben die Reformer den Offenbarungseid geleistet.

Das entlarvende Geständnis steht im Zusammenhang mit einer versteckten Reform der Reform, die im August 2000 in der 22. Auflage des Dudens vorgenommen worden war: viele der zunächst strikt verbotenen Zusammenschreibungen vom Typus „aufsehenerregend" oder „erfolgversprechend" waren dort wieder zugelassen worden, wenn auch nur als tolerierte Variante, und dafür war sogar eine zusätzliche Regel neu eingeführt worden. Reform der Reform - das durfte natürlich nicht zugegeben werden, denn es hätte impliziert, daß die Reform korrekturbedürftig, also mangelhaft war. Darum versucht die Kommission die Sache so darzustellen, als hätten die Korrekturen des Duden lediglich deutlich gemacht, was doch von Anfang an erklärte Absicht der Reformer war, aber leider von den Wörterbuchmachern und der Öffentlichkeit ganz falsch verstanden wurde. Wenn dies wirklich nicht das ungeschickte Vertuschen einer Reform der Reform sein sollte, so ist es etwas noch weitaus Skandalöseres als simple Roßtäuscherei. Denn es hieße: jahrelang hat die Kommission es stillschweigend und tatenlos hingenommen, daß eine irreführende Darstellung der Reformabsicht die Praxis des Neuschriebs diktierte. Schulkinder und Lehrer hätten sich dann völlig sinnlos mit Rechtschreib-Albernheiten drangsalieren lassen, die so gar nicht gewollt waren.

Das Eingeständnis der Inkompetenz und Verantwortungslosigkeit ist vernichtend und endgültig. Angesichts der gewaltigen materiellen und immateriellen Kosten der Reform wäre es naheliegend, über Regreßansprüche an ihre Urheber nachzudenken. Vor allem muß ihrem destruktiven Treiben ein Ende gesetzt werden. Das letzte Feigenblatt ist gefallen. Die Kultusminister haben kein Alibi mehr. Vor dem längst fälligen Abbruch des unseriösen Experiments können sie sich nicht länger drücken.

Der Sieg der Maschine

Die Maschine siegte, der Großmeister verlor. In der sechsten Partie mußte Garri Kasparow sich nach 19 Zügen geschlagen geben; der Computer „Deep Blue“ hatte die größeren strategischen Ressourcen und die stabileren Nerven. Ein Triumph der Elektronik über das menschliche Gehirn, des technischen Bastelwerks über seinen Schöpfer?

Ob der liebe Gott einen Stein von solcher Schwere erschaffen kann, daß er ihn selbst nicht aufzuheben vermöchte, lautet eine alte Vexierfrage, an der sich der jüdische Witz und die Spitzfindigkeit der Logiker erprobte. Was der Allmacht Gottes per definitionen verwehrt ist, gelingt der begrenzten Macht des Menschen: sich selbst zu überbieten. Seine Motorräder rasen schneller als der hurtigste Sprinter, seine Kräne stemmen gewichtigere Lasten als der muskelstrotzendste Athlet, und seine Computer vollziehen in Sekundenschnelle Rechenoperationen, für die ein mathematisches Genie Jahrzehnte bräuchte. Noch aber läßt sich kein Roboter konstruieren, der es fertig brächte, einen Hosenknopf anzunähen oder zur Hausbar zu gehen und sich einen Whisky einzugießen.

200 Millionen Spielvarianten kann der Schachcomputer „Deep Blue“ in einer Sekunde durchchecken - fast einhundertmillionenmal mehr als sein menschlicher Gegenspieler Kasparow, der dann doch eine Partie gewann und in drei weiteren ein Remis erzielte. Darauf ist diese Maschine ja getrimmt, dafür wurde sie mit dem Schachverstand ganzer Heerscharen von Programmierern gefüttert. Aber hat „Deep Blue“ um seinen Sieg gezittert und gebangt? Hat er sich geärgert über die Niederlage in der ersten Partie, sich dann gefreut über die Mattsetzung Kasparows in der Entscheidungsrunde und über die 1,2 Millionen Mark Siegesprämie? Nichts davon steht in den Berichten.

Hat „Deep Blue“ vielleicht ein Dankgebet zum Himmel geschickt, als sein Triumph feststand, oder vor Freude gesungen? Hat er sich gewundert, daß Kasparow so „riskant“ spielte, wie manche Beobachter meinen, oder so „defensiv“, wie andere Analytiker sagen? Hat er sich gefragt, was in seinem menschlichen Gegenüber wohl vorgehen mag und warum es offenbar nicht in der allerbesten Kondition ist? Kamen ihm Zweifel an der eigenen Strategie, und denkt er nun darüber nach, wie er das nächste Mal noch eindrucksvoller siegen kann?

Prüft er gar sein Gewissen, ob eigentlich Waffengleichheit bestand, der Sieg also ethisch legitim ist? Grübelt er über den philosophischen Konsequenzen seines Triumphes und überlegt sich, ob Lamettries These („L´Homme machine“) bestätigt oder nur der cartesianische Dualismus widerlegt ist? Rätselt er darüber, wer er selber ist, wenn er einen Menschen besiegen kann, und erschauert er gar vor der Möglichkeit, das Mysterium des Geistes könne sich auf eine außerordentlich komplexe Verschlingung des binären Codes von 0 und 1 reduzieren?

Wir blicken in einen Abgrund. Aber das war der Mensch sich selbst schon immer, und alles, was er macht, sind verzweifelte Versuche, diesen Abgrund zu überspringen. Schon arbeiten die Experten für künstliche Intelligenz an Computern, die auch Emotionen haben sollen. Das kann nach Lage der Dinge nur heißen: denen eine Verknüpfung von Operationsergebnissen mit bestimmten Reaktionen einprogrammiert ist, die menschlichem Emotionsausdruck analog sind. Die Maschine kann lernen, zu „wissen“ wann Freude oder Trauer „fällig“ ist, aber sie kann nicht trauern oder sich freuen. Und erst, wenn sie erschrecken könnte über sich selbst und ihre Möglichkeiten, wäre die Maschine dem Menschen ähnlich geworden. Nichts spricht dafür, daß das jemals so sein wird. Vieles aber spricht dafür, daß Geist und Materie weder so strikt geschieden sind, wie es abendländischer Denktradition entspricht, noch so banal identisch, wie der Materialismus wähnt.

Anders Denkende

Ob Frauen anders denken als Männer, war vor ein paar Jahren in der Frauenbewegung eine ernsthaft diskutierte Frage. Und natürlich ging es nicht nur darum, ob Frauen dazu neigen, über viele Dinge des Lebens andere Ansichten zu haben als Männer, denn daß dies der Fall ist, kann als Erfahrungstatsache gelten und muß nicht erst ergrübelt werden. Sondern die Frage war, ob der Vorgang des Denkens bei Frauen ein anderer ist, ob es so etwas wie eine eigene weibliche Logik geben könnte.

Ob die Fragestellung sinnvoll oder absurd ist, sei dahingestellt. Wäre sie mit Ja zu beantworten, so wären Frauen aus der Sicht der Männer die anders Denkenden - Menschen, deren Denkapparat auf andere Weise arbeitet. Nicht notwendig aber wären sie darum auch schon Andersdenkende, also Menschen, die über die Grundfragen der Gesellschaft andere Ansichten haben. Denn zu unkonventionellen Ansichten über das Leben kann man ebenso gut durch strenge logische Deduktion gelangen wie durch die Intuition des Herzens oder auf den krummen Wegen der „fuzzy logic", und umgekehrt können Menschen mit dem gleichen strikt rationalen Denkstil so diametral entgegengesetzte Ansichten haben, daß sie, obwohl keiner anders denkt als der andere einander dennoch zum Andersdenkenden werden, der die Toleranz auf die Probe stellt.

Zwei iranische Schriftstellerinnen sind jetzt für ihre Zivilcourage mit der Carl-von-Ossietzky-Medaille geehrt worden. Sie erhalten die Auszeichnung stellvertretend für alle unterdrückten Minderheiten, für alle Oppositionellen, für alle „anders Denkenden". So steht es in den Zeitungen, und ein Münchner Blatt hat die Meldung sogar mit der Überschrift „Anders Denkende" versehen. Heißt dies nun, daß mit der Ehrung eine Minderheit der abweichenden Gehirne ermutigt werden soll, deren exotische Denkmethoden als anthropologische Variante oder als rare kulturelle Besonderheit der schützenden Aufmerksamkeit bedürfen? Ganz sicher nicht. Gemeint ist, was man in Osteuropa „Dissidenten" genannt hat: die kritischen Geister, die auf ihrer Mündigkeit beharren und sich von den Herrschenden nicht vorschreiben lassen, was sie zu denken haben. Die Andersdenkenden also, die von ihrem Menschenrecht auf Vernunft Gebrauch machen und die Arroganz der Macht, die ihnen das verbieten will, für einen Wahn der anders Denkenden halten müssen.

Warum schreiben die Zeitungen dann nicht korrekt von „Andersdenkenden"? Weil es das Wort leider nicht mehr gibt. Es wurde abgeschafft von den Rechtschreibreformern, die die Sprache durchaus nicht zu Recht stutzten, als sie sie so schamlos zurechtstutzten. Auch Gleichgesinnte könnten die Andersdenkenden, wenn es sie noch gäbe, nicht mehr finden. Und ausgerechnet ein glühender Verehrer von Günter Grass mußte kürzlich seine emphatische Zustimmung zur Verleihung des Nobelpreises mit hinterfotzig angedeutetem Zweifel relativieren. Denn in seinem Artikel stand, es handle sich um einen „wohl verdienten" (also vermutlich verdienten) Preis; was er eigentlich hatte sagen wollen, darf er in keiner deutschen Zeitung mehr schreiben. Es läge im wohlverstandenen (sogar: wohl verstandenen) Interesse aller, den Unfug endlich zu korrigieren.

Wir Weltmeister

Wer ist ein Weltmeister? Meisterschaft im Umgang mit der Welt, der arg bedrohten, wäre sehr vonnöten. Doch sie ist nicht gemeint, wenn Weltmeisterschaften ausgetragen werden. Ein Meister, so belehrt uns das etymologische Wörterbuch, ist einer, der größer ist als die Größeren. Denn das lateinische Wort „magister", von dem unser Lehnwort „Meister" sich herleitet, ist ein doppelter Komparativ zu „magnus" (groß). Wettstreit und Konkurrenzdenken wohnen dem Streben nach Meisterschaft also schon von der Ursprungsbedeutung des Wortes her inne, auch wenn ein Schreinermeister oder ein Kfz-Meister ganz einfach jemand ist, der sein Handwerk beherrscht und eine Prüfung bestanden hat. Wer Meister sein will, muß andere übertrumpfen, und daß dies nicht nur im Guten, sondern auch im Schlimmen geschehen kann, wissen wir spätestens, seitdem Paul Celan gedichtet hat: „Der Tod ist ein Meister aus Deutschland." Nur östliches Denken aber kennt Meisterschaft nicht als Leistung, sondern als ehrgeizloses Nicht-Tun, als weise bescheidenes Sich-Einfügen in die Ordnung des Kosmos.

Wo es Sieger gibt, muß es Verlierer geben. So fordert es nicht nur die Logik des Wettstreits, sondern auch seine Psychologie. Der Triumph über den unterlegenen Gegner macht den Sieg erst richtig schön. Aber müssen Siege sein? Sieg gibt es nur, wo Kampf ist, und wo Kampf ist, gibt es immer Verlust: den sichtbaren der Toten und den weniger sichtbaren der inneren Verrohung.

Der Kampf sei der Vater aller Dinge, hat man frühere Generationen gelehrt. Darwin gab diesem Mythos die biologische Weihe: nur der Tüchtigste überlebt. Längst wissen wir es anders: mit dem Kampfinstinkt allein hätte der Mensch als Gattung nicht überdauert. Seine Evolution verdankt er nicht aggressivem Durchsetzungsvermögen, sondern seiner Fähigkeit zu intelligenter Kooperation. Im steinzeitlichen Australien etwa umfaßte ein ausgeklügeltes System von Austausch, Zusammenarbeit und wechselseitiger Respektierung fast den gesamten Kontinent. Die fortgeschrittene Zivilisation hingegen appelliert mit ihren großen kollektiven Ritualen, die vorgeblich die Welt verbinden, an primitive Kampfgelüste. Diese Rituale sind nicht einfach der Ausdruck eingefleischter Verhaltensmuster; sie festigen und prägen diese Muster auch und erheben sie stillschweigend zur Norm.

Im Fußball etwa gilt Solidarität nur der eigenen Mannschaft, und Kooperation ist nur erwünscht, so weit sie dazu beiträgt, einen Ball im gegnerischen Tor zu landen. Doch Spiele wären denkbar, bei denen es nicht darauf ankommt, einen Gegner auszustechen, sondern durch geschicktes Zusammenwirken ein gemeinsames Ziel elegant zu erreichen und dazu einen möglichst originellen Beitrag zu leisten. Und selbst der traditionelle Fußball könnte anders erlebt werden, als ästhetisches Ereignis zum Beispiel, als Choreographie auf dem Rasen, als klug geplante und formschön entwickelte Spielstrategie. Psychoanalytiker meinen gar, der Schuß ins Tor sei eigentlich ein ritualisierter Sexualakt, also symbolischer Vollzug von etwas, bei dem es Sieger und Besiegte allenfalls für Sadisten gibt. Könnte man sich nicht gemeinsam am Gelingen freuen, statt wahnhaft nach Sieg zu fiebern und die ebenso mögliche Niederlage wie einen Weltuntergang zu fürchten?

Fatal ist die Verquickung des Siegestaumels mit der Massenpsychologie der Nationen. Auf dem Spielfeld gibt es immer nur elf Sieger, aber Millionen Gleichgesinnter siegen symbolisch mit und schöpfen daraus Kraftnahrung für ein geschwächtes Selbstwertgefühl. Was historisch so viel Unheil gebracht hat und heute an vielen Stellen wieder gefährlich virulent ist, wird dadurch unnötig angeheizt: nationaler Dünkel und nationales Ressentiment. Nur eine kleine Minderheit läßt die Wut über ein verlorenes Halbfinale in Haß und Gewalt explodieren. Die „Hooligans" als reisende Schlägertrupps sind sozial oder psychisch Entgleiste, ein Randphänomen von numerisch geringer Bedeutung, aber folgenschwerer Wirkung. Das Klima jedoch, in dem ihre Exzesse möglich werden, schaffen wir alle. Nicht zuletzt die Medien, deren demagogische Sprache mitunter den Eindruck erweckt, der Fußball sei eine Fortsetzung des Krieges mit anderen Mitteln.

Deutschland sei Weltmeister, ist jetzt zu hören. Welch ein Unsinn! Hat denn Deutschland in Rom gekickt? Es war gar nicht dort; es hockte vor den Fernsehschirmen und ließ danach die Autohupen dröhnen. Ein Grund zur Freude? Ein Grund zur Freude wäre es, wenn bei den nächsten Weltmeisterschaften nicht mehr Nationen gegeneinander anträten und wenn uns in einem zweiten Schritt überhaupt andere Spiele einfielen, die dem Zustand unserer Welt angemessener sind. Fehlt es an Ideen? Hier wäre Meisterschaft gefragt. Weltmeisterschaften, wie wir sie kennen, sind eine Einübung in atavistisches Denken und Fühlen. Sie behindern die Entwicklung jener Fähigkeiten, die wir brauchen, um unsere gefährdete Welt zu meistern.

Ungewißheit ist das Salz des Lebens

Weltverlust durch Wissensmacht
Hommage an Erwin Chargaff

„Nichts verbreitet ein so starkes Aroma der Weisheit wie ein geschlossener Mund." Das ist ein gefährlicher Satz für jemand, der gerade den Mund aufzumachen beginnt und aufpassen muß, den Mund nicht zu voll zu nehmen. Der Satz stammt von Erwin Chargaff, der ja auch sehr vernehmlich den Mund aufgemacht hat, sofern man das Schreiben als eine Art des Mundaufmachens bezeichnen darf, und dadurch das Aroma der Weisheit durchaus nicht verloren, sondern für die, die ihn lieben und verehren, immer mehr gewonnen hat - auch wenn wir zugeben müssen, so ganz genau nicht sagen zu können, was Weisheit eigentlich ist, und auch wenn das Aroma dieser Weisheit in Zeiten wie den unsrigen notwendig etwas durchdringend Bitteres hat. Immerhin können wir von Erwin Chargaff lernen, daß Weisheit etwas völlig anderes ist als Wissen, ja vermutlich durch nichts so zuverlässig verhindert wird wie durch die Gier nach immer mehr Wissen, die für unser wissenschaftshöriges Zeitalter so kennzeichnend ist. Denn das Wissen erzeugt, weil es Macht verheißt, eine Süchtigkeit, die immer mehr in sich hineinschlingen muß, ohne satt werden zu können, während der Weisheit die eulenspiegelhafte Paradoxie eigen ist, schon mit dem bloßen Aroma sättigen oder, wie man leider nur für Säuglinge sagt, stillen zu können.

Daß die Weisheit in bösen Zeiten bitter schmecken muß, gibt ihr mitunter den Tonfall des Satirikers. „Immer wieder macht man die Fehler der Gegenwart, indem man versucht, die Fehler der Vergangenheit zu vermeiden" - das wäre ein Chargaff-Satz, mit dem ich hätte beginnen können, einer jener pointierten Chargaff-Sätze, mit denen in dem Essayisten Chargaff sich der Aphoristiker meldet. Der Satz wurde während des Golfkrieges geschrieben, als die Bombardierung Bagdads den seit einem halben Jahrhundert in New York lebenden österreichischen Juden Chargaff zu der Frage veranlaßte, warum es einen Staat Kuwait gibt, aber keinen Staat Palästina, und zu der Feststellung, daß es ihm, dem Autoverächter, egal sei, „ob das Rohöl von einem autoritären Emir oder einer totalitären Parteiführung bezogen wird". Der Satz von den Fehlern der Gegenwart zur Vermeidung der Fehler der Vergangenheit geht so weiter: „Was man bei

Hitler versäumt hat, versucht man an dem kleinen Saddam Hussein wiederschlechtzumachen" - mit der Abwandlung eines einzigen Wortes ist die gesamte Rechtfertigungsideologie des militärischen Interventionismus aus den Angeln gehoben. Ich weiß nicht, was Erwin Chargaff heute dazu sagen würde - heute, da dank NATO-Bomben die ethnische Säuberung des Kosovo bald perfekt ist und Palästina noch immer kein Staat, sondem weiterhin Schußfeld ist. Aber prophetisch war seine Sorge durchaus. Als der - so Chargaff - „verlogenste Krieg", der „kurze Feldzug des unangenehmen Riesen gegen den unangenehmen Zwerg" mit einem - so Chargaff - „zum riesenhaften Sieg heraufgeblasenen Erfolg" beendet war, schrieb er: „Das Bewußtsein, daß die USA jetzt als einzige Weltmacht übriggeblieben ist, erzeugt eine Art von Drogenrausch. Ein Organismus voll von Antikörpern gegen nicht existierende Infektionen wird diese erfinden müssen, und wehe uns, wenn der große Plumpsack sich einmal gewöhnt hat umzugehen!"

So schreibt einer, dessen Mutter in einem der Vernichtungslager des nationalsozialistischen Rassenwahns ermordet wurde und der dem gleichen Schicksal nur durch rechtzeitige Auswanderung entgangen ist. Und der wohl deshalb auch auf dem Boden Amerikas, das ihm weniger als Heimat und etwas mehr als Exil wurde, den Blutgeruch wahrnehmen durfte, den Blutgeruch des physischen Völkermordes an den Indianern und des kulturellen Völkermordes an den als Sklaven importierten Schwarzen, deren Sklaverei, wie Chargaff notiert, metaphysisch betrachtet „nicht abgeschafft war, sondern nur, lebendig und blutend, im Sand begraben". Mit dem Bewußtsein dieser - so Chargaff - „Atridenschuld von wahrhaft mythischer Größe" konnte Chargaff unter dem Eindruck des Golfkrieges fragen: „Darf ein Volk, das dafür sorgte, die eigentliche Bevölkerung seines präsumptiven Landes auszurotten, bevor es in seinem Besitz war, darf ein solches Volk sich als Hohepriester der internationalen Moral aufspielen?"

Ich setze dies hierher, weil der politische Scharfblick Erwin Chargaffs - und ich bitte das Wort „Scharfblick" in seiner doppelten Bedeutung abzuschmecken - weit weniger bekannt ist als seine Kassandrarufe gegen die Teufeleien einer größenwahnsinnig gewordenen Naturwissenschaft, die der Börsenspekulation ähnlicher geworden ist als dem, was früher einmal Erkenntnishunger oder Liebe zur Wahrheit hieß, und die sich, mit Chargaffs Worten, zum „bewaffneten Arm des Kapitalismus" hat machen lassen. Wenn Chargaff von dem „vernichtenden Kolonialkrieg gegen die Natur" spricht, den die Wissenschaft führe, oder von einem „rohen Raubzug ins Innere der Natur", wenn er den Naturwissenschaften vorhält, daß sie die Natur nicht erkennen und verstehen, sondern sprengen und nach Menschengutdünken ummodeln wollen, wenn er sie gar eine „Krankheit des westlichen Geistes" nennt, so hat man das in der Forschungsindustrie nicht gerne gehört. Erst recht nicht, wenn er die hastigen Bastelversuche der Gentechnik am Evolutionsprozeß, der doch auf unendlich langsame Abwandlungen und Neuanpassungen angelegt ist, ganz unverblümt ein „unvorstellbares Verbrechen" nennt. Das sind immerhin drastische Worte, wie sie von den Theologen, die heute in Ethikkommissionen sitzen, selbst der am wenigsten hasenherzige nicht einmal unter Zähneklappern über die Lippen brächte.

Vermutlich zweifelt Chargaff nicht zu unrecht, ob er überhaupt verstanden wird, wenn er sagt, daß jede der wissenschaftlich-technologischen Großtaten die Berührungspunkte zwischen Menschheit und Wirklichkeit unwiderruflich verringere, also Weltverlust bedeute. Denn was soll das schon heißen: Berührungspunkte mit der Wirklichkeit? Daß zur vollen Wirklichkeit die Offenheit für das unauslotbare Geheimnis gehört, der numinose Schauer des Wunderbaren, daß sie auf fatale Weise entkernt wird, wenn man sie auf die Meßbarkeit wissenschaftlicher Tatsachen reduziert, stört den Fortschrittsrausch wissenschaftlich-technischer Weltumkrempelung kein bißchen. Und über Chargaffs Satz „Ungewißheit ist das Salz des Lebens" kann der Molekularbiologe wohl nur den Kopf schütteln. Die Naturwissenschaften, so Chargaff, befassen sich nur mit Fakten und Daten, fragen aber nicht, wer die Facta - also das Erschaffene - gemacht und die Data - das Gegebene - gegeben hat. Das wäre nicht zu tadeln, solange die Einschränkung des Fragehorizonts aus scheuem Respekt vor den dunklen Hintergründen des Faktischen kommt. Seit die Wissenschaft sich aber anmaßt, selber die Macherin von Fakten und die Geberin von Daten zu sein, seit sie also, wie der Physiker Hans-Peter Dürr einmal gesagt hat, von der Wissenschaft zur Machenschaft geworden ist, hat sie - so Chargaff - den Facta und Data ein Drittes hinzugefügt: die

Rapta, das Entrissene, das Geraubte. Sie ist der Hybris verfallen, einer Hybris übrigens, die längst nicht mehr der Höhenflug genial kühner Köpfe ist, sondern stumpfsinnige Kärrnerarbeit von beamteten Forschungszwergen, die an den Ketten des Industriekapitals und ohne einen Funken von Verantwortlichkeit der Banalität des Bösen frönen. Dies ist, so steht es in einem schönen Aufsatz Erwin Chargaffs über die französische Philosophin und Mystikerin Simone Weill, die „Erbsünde der modernen Wissenschaft".

Wer solche Verdikte hört und vom Lebensgang Erwin Chargaffs noch nichts weiß, könnte leicht nun meinen, es handle sich um ein typisches Beispiel für die Kluft zwischen den sogenannten zwei Kulturen, um den technikfeindlichen Dünkel des elitären Geistesmenschen, der die Scheuklappen seiner humanistischen Traditionen trägt und von der nüchternen Welt naturwissenschaftlicher Fakten keine Ahnung hat. Doch Erwin Chargaff ist Naturwissenschaftler, und zwar nicht irgendeiner unter vielen, sondern eine der herausragendsten, kreativsten Pioniergestalten der Biochemie. Geboren 1905 in Czernowitz, aufgewachsen in Wien, wo er sehr früh in den Bannkreis des unerbittlichen Sprachdiagnostikers Karl Kraus geriet, den er als seinen einzigen wirklichen Lehrer bezeichnet, hat er sich trotz einer starken Neigung zu Sprachen und Literatur für das Studium der Chemie entschieden - aus Gelderwerbsgründen, wie er mit dem für ihn kennzeichnenden ironischen Understatement behauptet. Schon den 23jährigen führte ein Forschungsstipendium der Yale University in die USA, doch nach zwei Jahren kehrte er noch einmal nach Europa zurück - „der seltene Fall einer Ratte, die das sinkende Schiff betritt", hat er dazu bissig angemerkt - , arbeitete in Berlin am Bakteriologischen Institut der Universität, sah sich aber 1933 durch „den Stil und die Physiognomien der neuen Mächte" veranlaßt, schleunigst das Land zu verlassen. Nach einer Zwischenstation am Institut Pasteur in Paris ging er 1934 erneut und diesmal für immer in die Vereinigten Staaten, wo er es zum Professor und Institutsdirektor für Biochemie an der Columbia University brachte und bahnbrechende Forschungsarbeit leistete.

Man darf wohl sagen, daß Chargaff dem Nobelpreis nur mit knapper Not entgangen ist. Denn ohne Chargaffs mühselige Aufdeckung der Basenkomplementarität im Aufbau der DNS, ohne seine Gedankenexperimente über die Doppelsträngigkeit des DNS-Moleküls hätten Watson und Crick schwerlich das berühmte Doppelhelix-Modell der DNS entwickeln können, das ihnen 1962 den Nobelpreis für Medizin einbrachte - jene Doppelhelix, deren mächtiges Symbol, wie Chargaff spottet, „das Kreuz als die Unterschrift des biologischen Analphabeten ersetzt hat". Daß es Chargaff erspart blieb, „ein Ausstellungsobjekt in den Ruhmeshallen der Naturwissenschaftsmuseen zu werden", wie er selbst das genannt hat, lag freilich nicht nur daran, daß es ihm an ellbogenstarkem Durchsetzungswillen und am karrierefördernden Fachidiotentum fehlte; eine Rolle hat wohl auch gespielt, daß manche Forscher es in der Kunst, die Vorarbeit anderer zu bagatellisieren, es zu erstaunlicher Perfektion bringen.

Aber auch ohne Nobelpreis weiß dieser Erwin Chargaff genauer als jeder andere, warum uns vor den Segensverheißungen der Gentechnik schaudern muß, warum er vor einem blinden Herumpfuschen an der Schöpfung warnt. Er durchschaut nicht nur den Filz zwischen Wissenschaft und Gewinnspekulation, in dem von Freiheit der Forschung längst keine Rede mehr sein kann und alle vorgeblichen Ziele der Leidensmilderung für Kranke nur Bemäntelung von Geltungssucht und Profitgier sind; er weiß auch, wie jämmerlich wenig wir mit der sogenannten Entschlüsselung des Genoms tatsächlich wissen. Denn weder ist bekannt, wozu die dunklen, für die Übertragung der Erbinformation scheinbar funktionslosen Abschnitte zwischen den Genen eigentlich da sind, noch, ob die Gene wirklich das Entscheidende sind. Und wieso der Bauplan des Lebens, als den man das Genom gerne bezeichnet, zugleich der Baumeister und das Handwerkerteam für die Errichtung des Bauwerks sein kann, bleibt ein undurchdringliches Rätsel. Daß mit der willkürlichen Erzeugung neuer Lebensformen etwas Unwiderrufliches geschieht und daß dieses Unwiderrufliche schon darum nicht zu verantworten ist, weil die Folgen von keinem Menschenverstand überblickt und sicher vorausgesagt werden können, ist freilich eine Einsicht der bloßen wachen Vernunft, die durch den verengten Blickwinkel des Fachmannes sonst eher verdunkelt wird - einer der Gründe, warum Chargaff das spezialisierte Expertentum verachtet, warum er einen Essay „Lob des Laien" geschrieben hat und sich selbst gern als „Universal-Laien" bezeichnet.

Ich denke, Chargaff hätte zugestimmt, wenn ich sage, daß die von so viel Euphorie begleiteten Wissensgewinne der Genforschung mehr über den Geisteszustand der heutigen Menschheit aussagen als über das Geheimnis des Lebens. Hat er doch selbst geschrieben: „Daß die Naturvorgänge rational erklärbar sind, sagt vielleicht mehr über die menschliche Ratio aus als über die Naturvorgänge." Er hat eben nie vergessen, daß - ich zitiere - "die von uns gestellten Fragen sich an unserer abgründigen Unwissenheit über die Natur des Lebens entlangtasten müssen" und daß darum die uns von der Natur gegebenen Antworten „nur eine Verzerrung der Wahrheit sein können". Und nie vergessen hat er den Abwurf der Atombomben auf Hiroshima und Nagasaki, der ihm, so sagt er, den „Nexus zwischen Wissenschaft und Mord" klar machte. Und vielleicht ist es ein wenig auch die dunkle Angst vor einer möglichen Mitschuld, die seinen Warnungen vor der wissenschaftlichen Verwüstung der Welt die prophetische Schärfe gibt, die ihn nach einer „Naturwissenschaft mit menschlichem Antlitz", nach einer kleineren, bescheideneren, demütigeren Wissenschaft rufen läßt.

Daß Erwin Chargaff zur noblen Familie der Skeptiker gehört, wäre auch dann unbezweifelbar, wenn er sich nicht selbst wiederholt einen Skeptiker genannt hätte. Freilich gehört er zu jenen Skeptikern, die seine eigene Mahnung beherzigen, daß der Skeptiker auch der eigenen Skepsis gegenüber skeptisch zu bleiben habe. Und vor allem ist er ein Skeptiker, der sich eine lebhaft schwingende Erschütterbarkeit und Begeisterungsfähigkeit bewahrt hat und sich nach eigenem Bekenntnis immer für die „Kanten" interessiert hat, „an denen Skepsis und Mystik zusammentreffen". Und nur an diesen Kanten findet man die wahren Skeptiker, deren Erkennungsmerkmal die Fähigkeit zum Staunen ist. Vielleicht hätte Chargaff an der Definition C. G. Jungs Geschmack gefunden, daß der Skeptiker über „die kostbare Gabe des Zweifels" verfügt, „der die Jungfräulichkeit der Erscheinung unberührt läßt".

Vor allem aber ist Erwin Chargaff Essayist. Ein Essayist, dessen scharfkantige Sätze wie Blitzschläge weitläufige Geisteslandschaften erhellen und sich insofern der Dichtung annähern, als sie meistens mehr sagen, als sie sagen. Ein Essayist, der das Fragmentarische der Kurzform mit hoher Kunst über ihre gerissenen Ränder hinausschwingen läßt, den geöffneten Horizont nie mit erschöpfender Argumentation verrammelt und in seinen besten Momenten an die Donnergewalt seines Lehrmeisters Karl Kraus und an den zitternden Witz Lichtenbergs heranreicht.

Ich kann hier die vielen Bücher Chargaffs, von der Autobiographie „Das Feuer des Heraklit“ bis zum jüngst erschienenen, ursprünglich englisch geschriebenen Band „Ernste Fragen“ weder einzeln würdigen noch auch nur aufzählen, möchte aber nicht zu erwähnen versäumen, daß es in all den Essay-Bänden nicht nur um die Irrwege des Wissensdranges und seine macherischen Konsequenzen geht, sondern immer wieder auch mit stupender Belesenheit und hoher Einfühlungskraft um literarische Themen, beispielsweise um die so anrührend schlichte Lyrik des späten, wahnsinnig gewordenen Hölderlin. Und manchmal fällt aus Chargaffs Wohnung im 13. Stock am Central Park in New York auch der Blick auf die Obdachlosen auf den Bänken, denen „unsere Wissenschaft, unsere Politik und unsere Philosophie das Bißchen genommen haben, woran sie reich waren“.

„In der Nacht ist es nicht schwer, schwarzzusehen“, sagt Chargaff. Aber auch dies sagt er: „Die Brutalität der Gegenwart zwingt uns Entscheidungen auf, denen wir nicht gewachsen sind. Ich sehe nur zwei Lösungen. Entweder setzen wir unsere gegenwärtige Lebensweise fort, bis ein terminaler Zusammenbruch der Umwelt uns die Entscheidung aus den Händen nimmt. Oder es kommt dazu, daß sehr, sehr viele einzelne willens werden, das Dilemma in ihren eigenen Herzen zu sprengen und sich zu einer anderen Naturbetrachtung zu erziehen. Aus vielen einzelnen, die sich der Herrlichkeit unserer Welt bewußt werden, ersteht eine herrlichere Welt. Damit das geschehen kann, müssen wir uns selbst lehren zu unterscheiden zwischen dem Wichtigen und dem Angenehmen.“

Käme es dazu, dann müßte Chargaff sich nicht mehr vorkommen, als ob er „einer Apokalypse mit der Fliegenklappe entgegenträte“, und die Blüte der Naturwissenschaft würde nicht mehr in unser Jahrhundert passen „wie das Messer in die Wunde“.

Daran, daß Chargaff einen Essay über die Vergeblichkeit des Widerspruchs geschrieben hat, will ich jetzt lieber nicht erinnern. Eher an jenen anderen, wunderbar kurzen Essay, der eine Danksagung ist an das Schaudern in der Nacht als eine Brücke zum

Jenseits wie zum Diesseits, und der mit den Worten endet: „Was uns geblieben ist, ist die schlaflose Nacht. Sie ist die einzige Mahnung, daß unser angeschwemmtes Wissen ein Schaum ist und ein Scherben. Und noch eines ist uns, den Wenigen, geblieben: dieses Frösteln ohne Hauch, diese Ahnung ohne Grund, die sprachlose Stille, welche zur Stimme wird."

Inhalt

V. Sprache und Wirklichkeit

Nachweise

Seite	11	Bayer. Staatszeitung	15.3.2002
Seite	15	Bayer. Staatszeitung	3.3.1995
Seite	20	Bayer. Staatszeitung	8.3.1991
Seite	23	Bayer. Staatszeitung	6.8.1993
Seite	26	Bayer. Staatszeitung	31.8.1990
Seite	31	Bayer. Staatszeitung	21.11.1997
Seite	35	Bayer. Staatszeitung	12.1.1990
Seite	38	Bayer. Staatszeitung	26.6.1992
Seite	43	Bayer. Rundfunk	20.6.1999
Seite	47	Bayer. Staatszeitung	16.4.1993
Seite	53	Bayer. Staatszeitung	13.1.1995
Seite	57	Bayer. Staatszeitung	19.1.1990
Seite	60	Bayer. Staatszeitung	19.12.1997
Seite	63	Bayer. Staatszeitung	19.11.1993
Seite	70	Bayer. Staatszeitung	15.12.1995
Seite	73	Bayer. Staatszeitung	26.4.1996
Seite	83	Bayer. Staatszeitung	13.3.1995
Seite	87	Bayer. Staatszeitung	27.12.1995
Seite	92	Bayer. Staatszeitung	23.7.1993
Seite	94	Bayer. Staatszeitung	27.11.1992
Seite	101	Bayer. Rundfunk	18.7.1999
Seite	105	Bayer. Staatszeitung	31.1.1997
Seite	111	Bayer. Rundfunk	9.2.2002
Seite	115	Bayer. Staatszeitung	29.6.2001
Seite	120	Bayer. Staatszeitung	22.2.1991
Seite	128	Bayer. Staatszeitung	6.3.1998
Seite	133	Bayer. Staatszeitung	19. 3.1993
Seite	139	Bayer. Staatszeitung	7.6.2002
Seite	147	Bayer. Staatszeitung	15.9.1995
Seite	153	Bayer. Staatszeitung	18.1.1991
Seite	158	Bayer. Staatszeitung	31.3.1989
Seite	163	Bayer. Staatszeitung	10.3.1995
Seite	169	Bayer. Staatszeitung	11.5.1984
Seite	174	Bayer. Staatszeitung	29.5.1992
Seite	179	Bayer. Staatszeitung	28.2.1997
Seite	184	Bayer. Rundfunk	28.10.2001
Seite	188	neue deutsche Literatur	1997/1
Seite	195	Bayer. Staatszeitung	7.9.1990
Seite	200	Bayer. Rundfunk	20.2.2000
Seite	204	Bayer. Rundfunk	17.3.2002
Seite	208	Bayer. Staatszeitung	16.5.1997
Seite	210	Bayer. Staatszeitung	10.12.1999
Seite	211	Bayer. Staatszeitung	13.7.1990
Seite	214	Laudatio auf Erwin Chargaff (Friedrich-Märker-Preis, 26.11.2000)	

Christine Rieck-Sonntag
Hans Krieger

Blinzelblicke

Ein Frühjahr in Manhattan
Bilder und Gedichte

72 Seiten, 24 farbige Abbildungen, € 13.80
ISBN 3-935339-05-4

„Die Gedichte von Hans Krieger, stets lakonisch im Tonfall, benennen sehr genau den Moment, der eine Reihe von Assoziationen im Schreibenden ausgelöst hat, die noch lange nachklingen ... Den Bildern von Christine Rieck-Sonntag gelingt es immer wieder, im Wechselspiel von spontaner Pinselschrift und kalkulierter Farbgebung den Schwebezustand zwischen Flüchtigkeit und Dauer zu erreichen... Zwei anrührende Perspektiven auf New York, diese nüchterne Stadt, die uns immer wieder träumen macht."

Wieland Schmied

„Was darin mit dichterischer Sehkraft formuliert ist, jagt einem Schauer über den Rücken." *Bernhard Setzwein, „Bayerische Staatszeitung"*

„Ein Zyklus von Gedichten, die in poetischen Klangbildern und erregten Rhythmen den Zauber und die verstörenden Widersprüche dieser einzigartigen Stadt beschwören." *„German Times", New York*

„Tänzerisch leicht wehen die Farbflecken über die Leinwand, als habe das wuchtige Sujet die Landshuter Künstlerin zu einer Art federndem Wolkenkratzer-Ballett inspiriert ... Tänzerisch und bei aller inneren Spannung ganz unprätentiös wirkt auch der Rhythmus der Gedichte. Das Staunen über die fremde Weltstadt ist zugleich ein Erkennen, ein bewußtes Durchschauen, das in kraftvoll-filigranen Klangmodulationen eine luzide Offenheit des Wahrnehmens atmosphärisch vergegenwärtigt ... Besonders ergreifend wirken diese Texte aber immer dort, wo sie über ihren unmittelbaren Anlaß, über die spezifische New-York-Impression hinausführen."

Alexander Altmann, „Landshuter Zeitung"

„Die lyrischen Blinzelblicke brauchen nicht viele Worte und schaffen dennoch eines: die reale Welt dokumentieren und ihr eine Bedeutung geben - historisch, emotional oder situativ." *„Nürnberger Nachrichten"*

Arcos Verlag